高等院校数字化建设精品教材

经 济 数 学

（下）

主　编　　吴　珊
副主编　　江小勤　胡　雷

内 容 简 介

为了适应国家的教育教学改革,满足应用型高等学校本科层次的教学要求,更好地培养经济和管理类应用型人才,参照国家有关教育部门所规定教学内容的广度和深度的要求,编者编写了本书.

本书分为上、下两册,共九章.本书内容设计简明,结构体系又不失完整,主要知识涵盖函数、极限与连续、导数与微分、微分中值定理与导数的应用、不定积分、定积分、多元函数微积分学、常微分方程初步、无穷级数等.

本着"打好基础,够用为度;服务专业,兼顾数学体系"的原则,本书不盲目攀比难度,而是力求做到难度适当、深入浅出、举一反三、融会贯通.在数学思想和方法的讲解过程中,本书注重数形结合,并与实践应用背景相结合,强调应用能力的培养.在教材体系、内容和例题的选择等方面,本书吸收了国内外优秀教材的优点,也汇集了编者的教学经验.

本书可作为应用型高等学校本科非数学专业的高等数学或微积分课程的教材使用,也可作为部分专科的同类课程教材使用.

前　言

为了适应国家的教育教学改革,满足应用型高等学校本科层次的教学要求,更好地培养经济和管理类应用型人才,参照国家有关教育部门所规定教学内容的广度和深度的要求,我们编写了本书.

本书分为上、下两册,共九章.本书内容设计简明,结构体系又不失完整,主要知识涵盖函数、极限与连续、导数与微分、微分中值定理与导数的应用、不定积分、定积分、多元函数微积分学、常微分方程初步、无穷级数等.本书每章的小结中都配有知识导航图,便于学生掌握知识的前后联系;每章后还配有复习题,用于学生巩固知识;每节后均配有难度和题量适中的练习,便于教师课堂教学.为了兼顾学生的考研需求,本书还遴选了考研真题中的经典题型,放在对应章节之后;对于难以理解的知识点,还拍摄了教学视频,学生通过扫描二维码,可以反复学习该知识点.

本着"打好基础,够用为度;服务专业,兼顾数学体系"的原则,本书不盲目攀比难度,而是力求做到难度适当、深入浅出、举一反三、融会贯通.在数学思想和方法的讲解过程中,本书注重数形结合,并与实践应用背景相结合,强调应用能力的培养.在教材体系、内容和例题的选择等方面,本书吸收了国内外优秀教材的优点,也汇集了编者的教学经验.

为了加深对概念的理解,培养逻辑推理能力,本书对于比较简单的定理给出了证明过程,这有助于加深前期所学定理的理解;而对于某些证明过程复杂的定理和性质,则略去了证明过程.

本书可作为应用型高等学校本科的经济和管理等非数学专业的高等数学或微积分课程的教材使用,也可作为部分专科的同类课程教材使用.

本书由吴珊、江小勤、胡雷编写,吴珊任主编,江小勤、胡雷任副主编.本书自2020年出版以来,获得业界好评,在充分吸收读者意见与教学建议的基础上,于2022年7月进行了修订.本书一直受到学校及出版社相关领导的鼓励与支持,并获得了多位专家、教授和同事的悉心指导与帮助,沈辉、陈会利编辑了配套教学资源,魏楠、龚维安提供了版式和装帧设计方案,在此表示最真挚的感谢!

由于编者水平有限,书中难免有不足之处,恳请广大读者提出宝贵的意见与建议.编者将会根据各位提出的建议,对教材不断改进与完善,更好地为教学服务.

编　者

目 录

第五章 不定积分 1
- §5.1 不定积分的概念 2
  - 一、原函数的定义(2) 二、不定积分的定义(3)
  - 三、不定积分的几何意义(4)
  - 习题 5.1(4)
- §5.2 基本积分公式与不定积分的性质 5
  - 一、基本积分公式(5) 二、不定积分的性质(7)
  - 习题 5.2(9)
- §5.3 换元积分法 10
  - 一、第一类换元积分法(10) 二、第二类换元积分法(15)
  - 习题 5.3(19)
- §5.4 分部积分法 20
  - 习题 5.4(24)
- §5.5 几种特殊类型函数的不定积分 24
  - 一、有理函数的不定积分(24) 二、三角函数有理式的不定积分(27)
  - 习题 5.5(28)
- 考研真题(29)
- 本章小结(30)
- 本章复习题(31)

第六章 定积分 34
- §6.1 定积分的概念与性质 35
  - 一、引例(35) 二、定积分的定义(37)
  - 三、定积分的几何意义(39) 四、定积分的性质(40)
  - 习题 6.1(44)
- §6.2 微积分基本公式 44
  - 一、变上限积分函数及其导数(45) 二、微积分基本公式(47)
  - 习题 6.2(49)
- §6.3 定积分的换元积分法 50
  - 习题 6.3(53)
- §6.4 定积分的分部积分法 53

习题 6.4(56)

§6.5 定积分的应用 ·· 56
　　一、定积分的几何学应用(56)　二、定积分的经济学应用(59)
　　三、定积分在其他方面的应用(61)
　　习题 6.5(62)

§6.6 广义积分初步 ·· 62
　　一、无限区间上的广义积分(62)
　　二、无界函数的广义积分(65)　三、Γ 函数(66)
　　习题 6.6(68)

考研真题(68)

本章小结(71)

本章复习题(74)

第七章　多元函数微积分学 ·· 77

§7.1 多元函数的相关概念 ·· 78
　　一、平面点集(78)　二、二元函数的定义(79)
　　三、二元函数的几何意义(81)　四、二元函数的极限(81)
　　五、二元函数的连续性(83)
　　习题 7.1(85)

§7.2 偏导数与全微分 ·· 86
　　一、偏导数(86)　二、高阶偏导数(90)
　　三、全微分(91)
　　习题 7.2(94)

§7.3 复合函数与隐函数的偏导数 ·· 95
　　一、复合函数的偏导数(95)　二、隐函数的导数与偏导数(97)
　　习题 7.3(100)

§7.4 二元函数的极值与最值 ·· 100
　　一、二元函数的极值(100)　二、二元函数的最值(103)
　　三、二元函数的条件极值(103)
　　习题 7.4(106)

§7.5 二重积分的概念与性质 ·· 106
　　一、二重积分的基本概念(106)　二、二重积分的性质(108)
　　习题 7.5(110)

§7.6 二重积分的计算 ·· 110
　　一、积分区域为矩形闭区域(111)
　　二、积分区域为 X-型区域(111)
　　三、积分区域为 Y-型区域(112)
　　四、积分区域为复合积分区域(115)

习题 7.6(116)

本章小结(117)

本章复习题(120)

第八章 常微分方程初步 ………………………………………… 123

§8.1 常微分方程的基本概念 ……………………………………… 124

一、引例(124) 二、微分方程的概念(124)

习题 8.1(126)

§8.2 一阶微分方程 ……………………………………………… 127

一、可分离变量的微分方程(127) 二、齐次微分方程(129)

三、一阶线性微分方程(131)

习题 8.2(133)

§8.3 可降阶的二阶微分方程 ……………………………………… 134

一、$y''=f(x)$型的微分方程(134) 二、$y''=f(x,y')$型的微分方程(134)

三、$y''=f(y,y')$型的微分方程(135)

习题 8.3(137)

考研真题(137)

本章小结(138)

本章复习题(140)

第九章 无穷级数 …………………………………………………… 142

§9.1 常数项级数的概念与性质 …………………………………… 143

一、常数项级数的定义(143) 二、常数项级数的性质(146)

习题 9.1(149)

§9.2 正项级数及其审敛法 ………………………………………… 150

一、正项级数及其收敛的基本定理(150) 二、正项级数的审敛法(151)

习题 9.2(155)

§9.3 任意项级数及其审敛法 ……………………………………… 156

一、交错级数及其审敛法(156) 二、任意项级数的绝对收敛与条件收敛(157)

习题 9.3(159)

§9.4 幂级数 ……………………………………………………… 160

一、函数项级数的定义(160) 二、幂级数及其收敛半径和收敛域(160)

三、幂级数的性质(164)

习题 9.4(165)

§9.5 某些初等函数的幂级数展开式 ……………………………… 166

一、泰勒中值定理(166) 二、泰勒级数(167)

三、直接展开法(168) 四、间接展开法(169)

*五、幂级数展开式的应用(170)

习题 9.5(173)
考研真题(173)
本章小结(176)
本章复习题(180)

参考答案 ……………………………………………………………………… 183

第五章

不定积分

通过上册的学习,我们掌握了对已知函数求导数的问题,现在我们要思考一个逆向问题:已知函数的导数,求函数本身,即求一个未知函数,使其导数恰好是某一已知函数.这种由导数或微分求原来函数的逆运算称为不定积分.本章将介绍不定积分的概念及其计算方法.

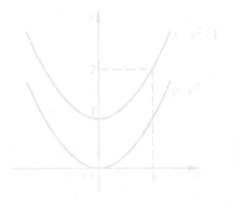

§5.1 不定积分的概念

一、原函数的定义

如果已知物体的运动方程为 $s=f(t)$，则此物体的速度是路程 s 对时间 t 的导数.

一个相反的问题是：已知物体运动的速度 v 是时间 t 的函数：$v=v(t)$，求物体的运动方程 $s=f(t)$，使得它的导数 $f'(t)$ 等于已知函数 $v(t)$.

定义 1 设 $F(x),f(x)$ 是定义在区间 I 上的函数. 如果对于任意的 $x\in I$，都满足

$$F'(x)=f(x) \quad \text{或} \quad \mathrm{d}F(x)=f(x)\mathrm{d}x,$$

则称 $F(x)$ 是函数 $f(x)$ 在区间 I 上的一个**原函数**.

例如，在区间 $(-\infty,+\infty)$ 上，已知函数 $f(x)=\cos x$，由于函数 $F(x)=\sin x$ 满足

$$F'(x)=(\sin x)'=\cos x,$$

因此 $F(x)=\sin x$ 是 $f(x)=\cos x$ 的一个原函数. 同理，$\sin x+1$，$\sin x+C$（C 为任意常数）都是 $\cos x$ 的原函数.

又如，在区间 $(-\infty,+\infty)$ 上，已知函数 $f(x)=2x$，由于函数 $F(x)=x^2$ 满足

$$F'(x)=(x^2)'=2x,$$

因此 $F(x)=x^2$ 是 $f(x)=2x$ 的一个原函数. 同理，x^2-1，x^2+C（C 为任意常数）都是 $2x$ 的原函数.

由此可知，当一个函数具有原函数时，它的原函数不止一个.

关于原函数，我们不禁要问：一个函数具备什么条件，能保证它的原函数一定存在？这个问题将在下一章中讨论，这里先介绍一个结论.

定理 1（原函数存在定理） 如果函数 $f(x)$ 在区间 I 上连续，那么在 I 上存在可导函数 $F(x)$，使得

$$F'(x)=f(x) \quad (x\in I).$$

简单地说就是：连续函数一定有原函数. 因为初等函数在其定义区间内连续，所以初等函数在其定义区间内一定有原函数.

由导数的性质易得如下两点结论：

(1) 若一个函数 $f(x)$ 有原函数 $F(x)$，则 $F(x)+C$（C 为任意

常数)也是 $f(x)$ 的原函数. 这是因为
$$[F(x)+C]' = f(x).$$
可见,如果 $f(x)$ 有一个原函数,那么 $f(x)$ 就有无限个原函数.

(2) $f(x)$ 的任意两个原函数 $F(x)$ 和 $G(x)$ 之间只相差一个常数. 这是因为
$$[F(x)-G(x)]' = f(x) - f(x) = 0,$$
所以 $F(x) - G(x) = C$.

注:若函数 $f(x)$ 有一个原函数 $F(x)$,那么 $f(x)$ 的全体原函数就是函数族 $\{F(x)+C \mid -\infty < C < +\infty\}$. 为了书写方便,简记为
$$F(x) + C \quad (C \text{ 为任意常数}).$$

二、不定积分的定义

定义 2 在区间 I 上,函数 $f(x)$ 的全体原函数 $F(x)+C$(C 为任意常数)称为 $f(x)$ 在区间 I 上的**不定积分**,记作 $\int f(x)\mathrm{d}x$,即
$$\int f(x)\mathrm{d}x = F(x) + C,$$
其中记号"$\int$"称为**积分号**,$f(x)$ 称为**被积函数**,$f(x)\mathrm{d}x$ 称为**被积表达式**,x 称为**积分变量**,C 称为**积分常数**.

注:求一个函数的不定积分,实际上只需求出它的一个原函数,再加上任意常数即得.

例 1 求函数 $f(x) = 3x^2$ 的不定积分.

解 因为 $(x^3)' = 3x^2$,所以
$$\int 3x^2 \mathrm{d}x = x^3 + C.$$

例 2 求函数 $f(x) = \dfrac{1}{x}$ 的不定积分.

解 当 $x > 0$ 时,$(\ln x)' = \dfrac{1}{x}$,所以
$$\int \frac{\mathrm{d}x}{x} = \ln x + C \quad (x > 0);$$
当 $x < 0$ 时,$[\ln(-x)]' = \dfrac{1}{-x}(-1) = \dfrac{1}{x}$,所以
$$\int \frac{\mathrm{d}x}{x} = \ln(-x) + C \quad (x < 0).$$

综上可知
$$\int \frac{\mathrm{d}x}{x} = \ln|x| + C \quad (x \neq 0).$$

例3 检验下列积分结果：

$$\int \frac{dx}{\sqrt{x-x^2}} = \arcsin(2x-1) + C_1 \quad \text{和} \quad \int \frac{dx}{\sqrt{x-x^2}} = -2\arcsin\sqrt{1-x} + C_2,$$

其中 C_1, C_2 为任意常数.

解 由 $x-x^2 > 0$, 得 $0 < x < 1$, 所以

$$[\arcsin(2x-1)]' = \frac{1}{\sqrt{1-(2x-1)^2}}(2x-1)' = \frac{2}{\sqrt{4x-4x^2}} = \frac{1}{\sqrt{x-x^2}},$$

$$(-2\arcsin\sqrt{1-x})' = -2\frac{1}{\sqrt{1-(\sqrt{1-x})^2}}(\sqrt{1-x})' = \frac{-2}{\sqrt{x}} \cdot \frac{-1}{2\sqrt{1-x}} = \frac{1}{\sqrt{x-x^2}}.$$

故上述积分结果都是正确的.

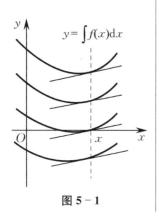

图 5-1

一般地，检验积分结果 $\int f(x)dx = F(x) + C$ 是否正确，只要将结果 $F(x)$ 求导，看它的导数是否等于被积函数 $f(x)$.

三、不定积分的几何意义

函数 $f(x)$ 的原函数的图像称为 $f(x)$ 的**积分曲线**. 因为函数 $f(x)$ 的原函数有无限多个，所以 $f(x)$ 的积分曲线也有无限多条. 函数 $f(x)$ 的不定积分 $\int f(x)dx$ 表示 $f(x)$ 的一族积分曲线，而 $f(x)$ 正是这些积分曲线的斜率(见图 5-1).

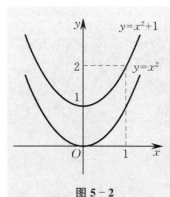

图 5-2

例4 设一曲线经过点 $(1,2)$，且其上任一点处的切线斜率等于该点横坐标的两倍，求此曲线的方程.

解 设所求曲线的方程为 $y = f(x)$. 由题设，该曲线上任一点 (x,y) 处的切线斜率为

$$\frac{dy}{dx} = 2x,$$

即 $f(x)$ 是 $2x$ 的一个原函数. 而 $2x$ 的全体原函数为

$$\int 2x\, dx = x^2 + C,$$

故 $y = f(x)$ 就是曲线族 $y = x^2 + C$ (见图 5-2) 中的某一条. 将 $x=1, y=2$ 代入上式，得 $C=1$，所以 $y = x^2 + 1$ 就是所求曲线的方程.

习题 5.1

1. 写出下列函数的一个原函数：

   (1) $2x^5$; (2) $-\cos x$;

   (3) $\dfrac{1}{2\sqrt{t}}$; (4) $-\dfrac{2}{\sqrt{1-x^2}}$.

2. 根据不定积分的定义验证下列等式：

(1) $\int \dfrac{\mathrm{d}x}{x^3} = -\dfrac{1}{2}x^{-2} + C$；

(2) $\int (\sin x + \cos x)\mathrm{d}x = -\cos x + \sin x + C$.

3. 根据下列等式，求被积函数 $f(x)$：

(1) $\int f(x)\mathrm{d}x = \ln(x + \sqrt{1+x^2}) + C$；

(2) $\int f(x)\mathrm{d}x = \dfrac{1}{\sqrt{1+x^2}} + C$.

4. 若函数 $f(x)$ 的一个原函数为 $\sin 2x$，则 $f'(x) = $ _____.

5. 已知 $f'(x) = 3x^2$，且 $f(0) = 1$，则 $f(x) = $ _____.

6. 选择题：

(1) 若 $F(x)$ 是函数 $f(x)$ 的一个原函数，C 为常数，则下列函数中（　　）仍是 $f(x)$ 的原函数；

  A. $F(Cx)$ B. $F(x+C)$ C. $CF(x)$ D. $F(x)+C$

(2) 下列各组函数中，（　　）是同一个函数的原函数.

  A. $\arctan x$ 和 $\operatorname{arccot} x$ B. $\sin^2 x$ 和 $\cos^2 x$

  C. $(\mathrm{e}^x + \mathrm{e}^{-x})^2$ 和 $\mathrm{e}^{2x} + \mathrm{e}^{-2x}$ D. $\dfrac{2^x}{\ln 2}$ 和 $2^x + \ln 2$

§5.2 基本积分公式与不定积分的性质

一、基本积分公式

由原函数的定义，很自然地我们可以从常数和基本初等函数的导数公式得到相应的积分公式.

例如，因为

$$\left(\dfrac{1}{n+1}x^{n+1}\right)' = x^n,$$

所以 $\dfrac{1}{n+1}x^{n+1}$ 是函数 x^n 的一个原函数，于是

$$\int x^n \mathrm{d}x = \dfrac{1}{n+1}x^{n+1} + C \quad (n \neq -1).$$

类似地，可以得到其他积分公式. 我们把一些基本的积分公式

列成一个表,通常称为**基本积分表**.

(1) $\int 0\mathrm{d}x = C$;

(2) $\int x^n \mathrm{d}x = \dfrac{1}{n+1}x^{n+1} + C$ $(n \neq -1)$;

(3) $\int \dfrac{\mathrm{d}x}{x} = \ln|x| + C$;

(4) $\int \mathrm{e}^x \mathrm{d}x = \mathrm{e}^x + C$;

(5) $\int a^x \mathrm{d}x = \dfrac{1}{\ln a} a^x + C$ $(a > 0$ 且 $a \neq 1)$;

(6) $\int \dfrac{\mathrm{d}x}{\sqrt{1-x^2}} = \arcsin x + C$;

(7) $\int \dfrac{\mathrm{d}x}{1+x^2} = \arctan x + C$;

(8) $\int \sin x \mathrm{d}x = -\cos x + C$;

(9) $\int \cos x \mathrm{d}x = \sin x + C$;

(10) $\int \dfrac{\mathrm{d}x}{\cos^2 x} = \int \sec^2 x \mathrm{d}x = \tan x + C$;

(11) $\int \dfrac{\mathrm{d}x}{\sin^2 x} = \int \csc^2 x \mathrm{d}x = -\cot x + C$;

(12) $\int \sec x \tan x \mathrm{d}x = \sec x + C$;

(13) $\int \csc x \cot x \mathrm{d}x = -\csc x + C$.

以上所列的基本积分公式,是求不定积分的基础,必须熟记. 在应用这些公式时,有时需要对被积函数做适当的变形,请看下面两个例子.

例 1 求 $\int \dfrac{\mathrm{d}x}{x\sqrt{x}}$.

解 把被积函数化成 x^n 的形式,应用基本积分公式(2),便得
$$\int \dfrac{\mathrm{d}x}{x\sqrt{x}} = \int x^{-\frac{3}{2}} \mathrm{d}x = \dfrac{1}{-\dfrac{3}{2}+1} x^{-\frac{3}{2}+1} + C = -2x^{-\frac{1}{2}} + C.$$

例 2 求 $\int 3^x \mathrm{e}^x \mathrm{d}x$.

解 因为 $3^x \mathrm{e}^x = (3\mathrm{e})^x$,把 $3\mathrm{e}$ 看作 a,应用基本积分公式(5),便得
$$\int 3^x \mathrm{e}^x \mathrm{d}x = \int (3\mathrm{e})^x \mathrm{d}x = \dfrac{1}{\ln 3\mathrm{e}} (3\mathrm{e})^x + C = \dfrac{1}{1+\ln 3} 3^x \mathrm{e}^x + C.$$

二、不定积分的性质

性质 1 $\left[\int f(x)\mathrm{d}x\right]' = f(x)$ 或 $\mathrm{d}\left[\int f(x)\mathrm{d}x\right] = f(x)\mathrm{d}x$.

性质 2 $\int F'(x)\mathrm{d}x = F(x)+C$ 或 $\int \mathrm{d}[F(x)] = F(x)+C$.

注：(1) 积分与微分是一对互逆运算；
(2) 不定积分的导数（或微分）等于被积函数（或被积表达式）；
(3) 一个函数的导数（或微分）的不定积分与这个函数相差一个任意常数.

性质 3 $\int af(x)\mathrm{d}x = a\int f(x)\mathrm{d}x$ （a 是常数且 $a \neq 0$）.

这是因为，上式右端的导数为
$$\left[a\int f(x)\mathrm{d}x\right]' = a\left[\int f(x)\mathrm{d}x\right]' = af(x),$$

它恰好是左端的被积函数，所以 $a\int f(x)\mathrm{d}x$ 是 $af(x)$ 的不定积分.

思考：为什么要强调 a 是非零常数？

性质 4 $\int [f(x)\pm g(x)]\mathrm{d}x = \int f(x)\mathrm{d}x \pm \int g(x)\mathrm{d}x$.

这是因为
$$\left[\int f(x)\mathrm{d}x \pm \int g(x)\mathrm{d}x\right]' = \left[\int f(x)\mathrm{d}x\right]' \pm \left[\int g(x)\mathrm{d}x\right]'$$
$$= f(x) \pm g(x).$$

注：由性质 3 和性质 4 可得到
$$\int [\alpha f(x)+\beta g(x)]\mathrm{d}x = \alpha\int f(x)\mathrm{d}x + \beta\int g(x)\mathrm{d}x,$$

其中 α,β 为任意常数. 此公式还可以推广到有限个函数的情形.

利用基本积分表及不定积分的性质，我们可以求出一些简单函数的不定积分.

例 3 求 $\int (\mathrm{e}^x - 3\cos x)\mathrm{d}x$.

解 $\int (\mathrm{e}^x - 3\cos x)\mathrm{d}x = \int \mathrm{e}^x \mathrm{d}x - 3\int \cos x \mathrm{d}x = \mathrm{e}^x - 3\sin x + C$.

注：(1) 同时计算多个不定积分时，任意常数合并写成一个；
(2) 逐个计算多个不定积分时，不论前面已经计算了多少个不定积分，只要还有一个不定积分未算完，中间过程都不要写出任意常数，待算完最后一个时，任意常数合并写成一个.

例 4 求 $\int (2 - \sqrt[3]{x})x\mathrm{d}x$.

解 $\int(2-\sqrt[3]{x})x\mathrm{d}x = \int(2x-x^{\frac{4}{3}})\mathrm{d}x = \int 2x\mathrm{d}x - \int x^{\frac{4}{3}}\mathrm{d}x = x^2 - \frac{3}{7}x^{\frac{7}{3}} + C.$

例 5 求 $\int\left(x+\frac{1}{x}-\sqrt{x}+\frac{3}{x^3}\right)\mathrm{d}x.$

解 $\int\left(x+\frac{1}{x}-\sqrt{x}+\frac{3}{x^3}\right)\mathrm{d}x = \int x\mathrm{d}x + \int\frac{\mathrm{d}x}{x} - \int x^{\frac{1}{2}}\mathrm{d}x + 3\int x^{-3}\mathrm{d}x$

$$= \frac{x^2}{2} + \ln|x| - \frac{2}{3}x^{\frac{3}{2}} - \frac{3}{2}x^{-2} + C.$$

例 6 求 $\int\frac{x^2}{1+x^2}\mathrm{d}x.$

解 $\int\frac{x^2}{1+x^2}\mathrm{d}x = \int\frac{x^2+1-1}{1+x^2}\mathrm{d}x = \int\left(1-\frac{1}{1+x^2}\right)\mathrm{d}x = x - \arctan x + C.$

注：由于基本积分表中没有这种类型，因此需要先把被积函数变形，化成基本积分表中所列类型，再逐项积分.

例 7 求 $\int\frac{x^4}{1+x^2}\mathrm{d}x.$

解 $\int\frac{x^4}{1+x^2}\mathrm{d}x = \int\left(x^2-1+\frac{1}{1+x^2}\right)\mathrm{d}x = \int x^2\mathrm{d}x - \int 1\mathrm{d}x + \int\frac{\mathrm{d}x}{1+x^2}$

$$= \frac{1}{3}x^3 - x + \arctan x + C.$$

注：当被积函数为 1 时，通常可简记为 $\int 1\mathrm{d}x = \int\mathrm{d}x.$

例 8 求 $\int\frac{(x-1)^3}{x^2}\mathrm{d}x.$

解 $\int\frac{(x-1)^3}{x^2}\mathrm{d}x = \int\frac{x^3-3x^2+3x-1}{x^2}\mathrm{d}x = \int\left(x-3+\frac{3}{x}-\frac{1}{x^2}\right)\mathrm{d}x$

$$= \int x\mathrm{d}x - 3\int\mathrm{d}x + 3\int\frac{\mathrm{d}x}{x} - \int\frac{\mathrm{d}x}{x^2}$$

$$= \frac{1}{2}x^2 - 3x + 3\ln|x| + \frac{1}{x} + C.$$

例 9 求 $\int\cos^2\frac{x}{2}\mathrm{d}x.$

解 $\int\cos^2\frac{x}{2}\mathrm{d}x = \int\frac{1+\cos x}{2}\mathrm{d}x = \frac{1}{2}\int\mathrm{d}x + \frac{1}{2}\int\cos x\mathrm{d}x = \frac{1}{2}x + \frac{1}{2}\sin x + C.$

例 10 求 $\int\tan^2 x\mathrm{d}x.$

解 $\int\tan^2 x\mathrm{d}x = \int(\sec^2 x - 1)\mathrm{d}x = \int\sec^2 x\mathrm{d}x - \int\mathrm{d}x = \tan x - x + C.$

例 11 某化工厂生产某种产品，每日生产的产品的总成本 y（单位：元）的变化率（边际成本）是日产量 x（单位：件）的函数：$y' = 7 + \frac{25}{\sqrt{x}}$. 已知固定成本为 1 000 元，求总成本与日产量的函数关系.

解 因为总成本 y 是总成本变化率 y' 的原函数，所以有

$$y = \int \left(7 + \frac{25}{\sqrt{x}}\right) dx = 7x + 50\sqrt{x} + C.$$

已知固定成本为 1 000 元,即当 $x = 0$ 时,$y = 1\,000$,因此有 $C = 1\,000$ 元. 于是,可得
$$y = 7x + 50\sqrt{x} + 1\,000.$$
这就是总成本 y 与日产量 x 的函数关系.

习题 5.2

1. 选择题:

(1) 若 $\int d[f(x)] = \int d[g(x)]$,则下列等式中不成立的是(   );

A. $f(x) = g(x)$ B. $f'(x) = g'(x)$

C. $d[f(x)] = d[g(x)]$ D. $d\left[\int f'(x)dx\right] = d\left[\int g'(x)dx\right]$

(2) 设函数 $f(x)$ 在区间 I 内连续,则 $f(x)$ 在 I 内(   );

A. 必存在导函数 B. 必存在原函数 C. 必有界 D. 必有极值

(3) 下列等式中成立的是(   );

A. $d\left[\int f(x)dx\right] = f(x)$ B. $\dfrac{d}{dx}\int f(x)dx = f(x)dx$

C. $\dfrac{d}{dx}\int f(x)dx = f(x) + C$ D. $d\left[\int f(x)dx\right] = f(x)dx$

(4) 设 $f'(x)$ 存在,则 $\left\{\int d[f(x)]\right\}' = ($ $)$.

A. $f(x)$ B. $f'(x)$ C. $f(x) + C$ D. $f'(x) + C$

2. 求下列不定积分:

(1) $\int \dfrac{dx}{x^2}$;

(2) $\int x\sqrt{x}\, dx$;

(3) $\int \dfrac{dx}{\sqrt{x}}$;

(4) $\int x^2 \sqrt[3]{x}\, dx$;

(5) $\int \dfrac{dx}{x^2 \sqrt{x}}$;

(6) $\int \sqrt[m]{x^n}\, dx$;

(7) $\int 5x^3\, dx$;

(8) $\int \dfrac{dh}{\sqrt{2gh}}$;

(9) $\int 2^x e^x\, dx$.

3. 求下列不定积分:

(1) $\int (2x + 3)\, dx$;

(2) $\int (1-x)^2 x\, dx$;

(3) $\int \dfrac{1+x}{\sqrt{x}}\, dx$;

(4) $\int \dfrac{(1-2x)^2}{x\sqrt[3]{x}}\, dx$;

(5) $\int \dfrac{3 \cdot 2^x - 2 \cdot 3^x}{2^x}\, dx$;

(6) $\int (2\sin x - 3\cos x)\, dx$;

(7) $\int \left(\dfrac{2}{1+x^2} - \dfrac{3}{\sqrt{1-x^2}}\right) \mathrm{d}x$;

(8) $\int \dfrac{3x^4 + 3x^2 + 1}{x^2 + 1} \mathrm{d}x$;

(9) $\int \dfrac{2x^2}{1+x^2} \mathrm{d}x$;

(10) $\int \mathrm{e}^x \left(2 - \dfrac{\mathrm{e}^{-x}}{\sqrt{x}}\right) \mathrm{d}x$;

(11) $\int \dfrac{\sqrt{1+x^2}}{\sqrt{1-x^4}} \mathrm{d}x$;

(12) $\int \dfrac{\mathrm{d}x}{x^2(1+x^2)}$;

(13) $\int \sec x(\sec x - \tan x) \mathrm{d}x$;

(14) $\int \dfrac{\sin 2x}{\cos x} \mathrm{d}x$;

(15) $\int \sin^2 \dfrac{x}{2} \mathrm{d}x$;

(16) $\int \dfrac{\mathrm{d}x}{\sin^2 x \cos^2 x}$;

(17) $\int \left(\dfrac{1}{x^2} + \dfrac{2}{x^3} - \dfrac{3}{x^4}\right) \mathrm{d}x$;

(18) $\int (2^x + 2^{2x}) \mathrm{d}x$.

4. 一曲线通过点 $(1,-2)$，且其上任一点处的切线斜率等于该点横坐标的两倍，求该曲线的方程．

5. 一物体由静止开始做变速直线运动，经 t（单位：s）后的速度为 $3t^2$（单位：m/s），问：

(1) 经 3 s 后物体离出发点的距离是多少？

(2) 物体离出发点的距离为 216 m 时经过了多少时间？

6. 设生产某产品 x 单位的总成本 C（单位：元）是 x 的函数 $C(x)$，固定成本 $C(0)$ 为 20 元，边际成本函数为 $C'(x) = 2x + 10$，求总成本函数 $C(x)$．

§ 5.3　换元积分法

直接利用基本积分表和不定积分的性质所能计算的不定积分是非常有限的，因此有必要进一步研究计算不定积分的方法．本节把复合函数的微分法反过来用于求不定积分，利用变量代换得到复合函数的积分法，称为**换元积分法**，简称**换元法**．换元法通常分为两类，分别称为第一类换元积分法和第二类换元积分法．

一、第一类换元积分法

在求微分中，复合函数的微分法是一种重要的方法．积分作为微分的逆运算，也有相应的方法，这就是换元积分法．下面，我们先看一个例子．

例 1　求 $\int \cos 2x \mathrm{d}x$．

分析　在基本积分公式里虽然有
$$\int \cos x \mathrm{d}x = \sin x + C,$$

但由于 $\cos 2x$ 是个复合函数,因此不能直接套用基本积分公式,而应先做变形,再计算.

解 $\int \cos 2x \mathrm{d}x = \frac{1}{2} \int \cos 2x \cdot 2 \mathrm{d}x = \frac{1}{2} \int \cos 2x \mathrm{d}(2x)$

$\xrightarrow{\text{令} 2x = u} \frac{1}{2} \int \cos u \mathrm{d}u = \frac{1}{2} \sin u + C$

$\xrightarrow{\text{回代} u = 2x} \frac{1}{2} \sin 2x + C.$

可以验证
$$\left(\frac{1}{2}\sin 2x + C\right)' = \cos 2x,$$

所以 $\frac{1}{2}\sin 2x + C$ 确实是函数 $\cos 2x$ 的全体原函数. 这说明上面的方法是正确的.

总结一下解决这个问题的基本思路,主要有两个步骤:

第一步,根据被积函数的特点,引入新变量 $u = 2x$,从而把原不定积分化为积分变量为 u 的不定积分;

第二步,对以 u 为积分变量的不定积分,利用基本积分公式求解.

一般地,给出如下定理.

定理 1 如果 $f(x), \varphi(x)$ 及 $\varphi'(x)$ 都是连续函数,且
$$\int f(u) \mathrm{d}u = F(u) + C,$$
那么
$$\int f[\varphi(x)]\varphi'(x) \mathrm{d}x = F[\varphi(x)] + C.$$

证 只要证明
$$\{F[\varphi(x)]\}' = f[\varphi(x)]\varphi'(x).$$
因为 $F'(u) = f(u), u = \varphi(x)$,所以由复合函数的求导法则易知
$$\{F[\varphi(x)]\}' = F'(u)\varphi'(x) = f(u)\varphi'(x)$$
$$= f[\varphi(x)]\varphi'(x).$$

换元积分过程:设函数 $f(u)$ 的一个原函数为 $F(u)$,则
$$\int f[\varphi(x)]\varphi'(x) \mathrm{d}x = \int f[\varphi(x)] \mathrm{d}[\varphi(x)] \xrightarrow{\text{令} u = \varphi(x)} \int f(u) \mathrm{d}u$$
$$= F(u) + C = F[\varphi(x)] + C.$$

通常把这种换元方法叫作**第一类换元积分法**. 由于被积表达式 $f[\varphi(x)]\varphi'(x)\mathrm{d}x$ 也是 $f[\varphi(x)], \varphi'(x)$ 与 $\mathrm{d}x$ 之积,且该方法是将 $\varphi'(x)\mathrm{d}x$ 凑成微分 $\mathrm{d}[\varphi(x)]$,因此第一类换元积分法通常也称为**凑微分法**.

第一类换元积分法

注:通常的不定积分不总以标准形式 $\int f[\varphi(x)]\varphi'(x)\mathrm{d}x$ 出现,而是一般形式 $\int g(x)\mathrm{d}x$. 这就需要先将被积表达式 $g(x)\mathrm{d}x$ 改写成

$f[\varphi(x)]\varphi'(x)\mathrm{d}x$ 的形式,即从其中分解出因式 $\varphi'(x)\mathrm{d}x$,再计算.
可见,第一类换元积分法的关键在于"凑微分".

例 2 求 $\int \mathrm{e}^{2x}\mathrm{d}x$.

解 先令 $u = 2x$,则 $\mathrm{d}u = 2\mathrm{d}x$. 于是
$$\int \mathrm{e}^{2x}\mathrm{d}x = \frac{1}{2}\int \mathrm{e}^{2x}\mathrm{d}(2x) = \frac{1}{2}\int \mathrm{e}^{u}\mathrm{d}u = \frac{1}{2}\mathrm{e}^{u} + C.$$

再将 $u = 2x$ 代入上式,得 $\int \mathrm{e}^{2x}\mathrm{d}x = \frac{1}{2}\mathrm{e}^{2x} + C$.

例 3 求 $\int \dfrac{\mathrm{d}x}{3+2x}$.

解 先令 $u = 3 + 2x$,则 $\mathrm{d}u = 2\mathrm{d}x$. 于是
$$\int \frac{\mathrm{d}x}{3+2x} = \frac{1}{2}\int \frac{\mathrm{d}u}{u} = \frac{1}{2}\ln|u| + C.$$

再将 $u = 3 + 2x$ 代入上式,得 $\int \dfrac{\mathrm{d}x}{3+2x} = \dfrac{1}{2}\ln|3+2x| + C$.

注:对于不定积分 $\int f(ax+b)\mathrm{d}x$,总可以做变量代换 $u = ax + b$,把它化为
$$\int f(ax+b)\mathrm{d}x = \frac{1}{a}\int f(ax+b)\mathrm{d}(ax+b) = \frac{1}{a}\left[\int f(u)\mathrm{d}u\right]_{u=ax+b}.$$

例 4 求 $\int x\sqrt{x^2 - 3}\,\mathrm{d}x$.

解 令 $u = x^2 - 3$,则 $\mathrm{d}u = 2x\mathrm{d}x$. 于是
$$\int x\sqrt{x^2-3}\,\mathrm{d}x = \frac{1}{2}\int u^{\frac{1}{2}}\mathrm{d}u = \frac{1}{3}u^{\frac{3}{2}} + C,$$

所以 $\int x\sqrt{x^2-3}\,\mathrm{d}x = \dfrac{1}{3}(x^2-3)^{\frac{3}{2}} + C$.

注:在对变量代换比较熟练以后,就不需要写出中间变量 u,只需做到"心中有数"即可.

例 5 求 $\int x\mathrm{e}^{x^2}\mathrm{d}x$.

解 $\int x\mathrm{e}^{x^2}\mathrm{d}x = \dfrac{1}{2}\int \mathrm{e}^{x^2}\mathrm{d}(x^2) = \dfrac{1}{2}\mathrm{e}^{x^2} + C$.

例 6 求 $\int \dfrac{1}{x^2}\sec^2\dfrac{1}{x}\mathrm{d}x$.

解 $\int \dfrac{1}{x^2}\sec^2\dfrac{1}{x}\mathrm{d}x = -\int \sec^2\dfrac{1}{x}\cdot\left(-\dfrac{1}{x^2}\right)\mathrm{d}x = -\int \sec^2\dfrac{1}{x}\mathrm{d}\left(\dfrac{1}{x}\right) = -\tan\dfrac{1}{x} + C$.

例 7 求 $\int \tan x\,\mathrm{d}x$.

解 $\int \tan x\,\mathrm{d}x = \int \dfrac{\sin x}{\cos x}\mathrm{d}x = -\int \dfrac{\mathrm{d}(\cos x)}{\cos x} = -\ln|\cos x| + C$.

类似地,有
$$\int \cot x \mathrm{d}x = \ln|\sin x| + C.$$
这些在后面的学习中都可以作为公式直接使用,下面我们继续推导几个常见的公式.

例 8 求 $\int \dfrac{\mathrm{d}x}{\sqrt{a^2-x^2}}$ $(a > 0)$.

解 $\int \dfrac{\mathrm{d}x}{\sqrt{a^2-x^2}} = \dfrac{1}{a}\int \dfrac{\mathrm{d}x}{\sqrt{1-\left(\dfrac{x}{a}\right)^2}} = \int \dfrac{\mathrm{d}\left(\dfrac{x}{a}\right)}{\sqrt{1-\left(\dfrac{x}{a}\right)^2}} = \arcsin \dfrac{x}{a} + C.$

例 9 求 $\int \dfrac{\mathrm{d}x}{a^2+x^2}$ $(a \neq 0)$.

解 $\int \dfrac{\mathrm{d}x}{a^2+x^2} = \dfrac{1}{a^2}\int \dfrac{\mathrm{d}x}{1+\left(\dfrac{x}{a}\right)^2} = \dfrac{1}{a}\int \dfrac{\mathrm{d}\left(\dfrac{x}{a}\right)}{1+\left(\dfrac{x}{a}\right)^2} = \dfrac{1}{a}\arctan \dfrac{x}{a} + C.$

例 10 求 $\int \dfrac{\mathrm{d}x}{a^2-x^2}$ $(a \neq 0)$.

解 $\int \dfrac{\mathrm{d}x}{a^2-x^2} = \dfrac{1}{2a}\int \left(\dfrac{1}{a+x} + \dfrac{1}{a-x}\right)\mathrm{d}x = \dfrac{1}{2a}\int \dfrac{\mathrm{d}x}{a+x} + \dfrac{1}{2a}\int \dfrac{\mathrm{d}x}{a-x}$

$= \dfrac{1}{2a}\int \dfrac{\mathrm{d}(a+x)}{a+x} - \dfrac{1}{2a}\int \dfrac{\mathrm{d}(a-x)}{a-x}$

$= \dfrac{1}{2a}\ln|a+x| - \dfrac{1}{2a}\ln|a-x| + C$

$= \dfrac{1}{2a}\ln\left|\dfrac{a+x}{a-x}\right| + C.$

例 11 求 $\int \csc x \mathrm{d}x$.

解 $\int \csc x \mathrm{d}x = \int \dfrac{\mathrm{d}x}{\sin x} = \int \dfrac{\sin x}{\sin^2 x}\mathrm{d}x = -\int \dfrac{\mathrm{d}(\cos x)}{1-\cos^2 x}$

$= -\dfrac{1}{2}\ln\left|\dfrac{1+\cos x}{1-\cos x}\right| + C = \ln\left|\dfrac{1-\cos x}{\sin x}\right| + C$

$= \ln|\csc x - \cot x| + C.$

类似地,由 $\cos x = \sin\left(x+\dfrac{\pi}{2}\right)$,可得
$$\int \sec x \mathrm{d}x = \int \dfrac{\mathrm{d}x}{\cos x} = \ln|\sec x + \tan x| + C.$$
下面我们举几个例子来运用上面推导出来的公式.

例 12 求 $\int \dfrac{\mathrm{d}x}{\sqrt{4-x^2}}$.

解 $\int \dfrac{\mathrm{d}x}{\sqrt{4-x^2}} = \int \dfrac{\mathrm{d}x}{\sqrt{2^2-x^2}} = \arcsin \dfrac{x}{2} + C.$

例 13 求 $\int \dfrac{\mathrm{d}x}{4+9x^2}.$

解 $\int \dfrac{\mathrm{d}x}{4+9x^2} = \int \dfrac{\mathrm{d}x}{2^2+(3x)^2} = \dfrac{1}{3}\int \dfrac{\mathrm{d}(3x)}{2^2+(3x)^2} = \dfrac{1}{6}\arctan \dfrac{3x}{2} + C.$

例 14 求 $\int \dfrac{\mathrm{d}x}{4-9x^2}.$

解 $\int \dfrac{\mathrm{d}x}{4-9x^2} = \int \dfrac{\mathrm{d}x}{2^2-(3x)^2} = \dfrac{1}{3}\int \dfrac{\mathrm{d}(3x)}{2^2-(3x)^2}$

$= \dfrac{1}{3} \cdot \dfrac{1}{4}\ln \left|\dfrac{2+3x}{2-3x}\right| + C = \dfrac{1}{12}\ln \left|\dfrac{2+3x}{2-3x}\right| + C.$

例 15 求 $\int \dfrac{\mathrm{d}x}{\sin x \cos x}.$

解 $\int \dfrac{\mathrm{d}x}{\sin x \cos x} = 2\int \dfrac{\mathrm{d}x}{\sin 2x} = \int \csc 2x \, \mathrm{d}(2x) = \ln|\csc 2x - \cot 2x| + C.$

第一类换元积分法技巧性强，要多做练习，积累经验. 下面是一些经常用到的凑微分公式(见表 5－1).

表 5－1

	积 分 类 型	换 元 公 式
第一类换元积分法	(1) $\int f(ax+b)\mathrm{d}x = \dfrac{1}{a}\int f(ax+b)\mathrm{d}(ax+b)$ $(a \neq 0)$	$u = ax+b$
	(2) $\int f(x^n)x^{n-1}\mathrm{d}x = \dfrac{1}{n}\int f(x^n)\mathrm{d}(x^n)$ $(n \neq 0)$	$u = x^n$
	(3) $\int f(\ln x)\dfrac{1}{x}\mathrm{d}x = \int f(\ln x)\mathrm{d}(\ln x)$	$u = \ln x$
	(4) $\int f(\mathrm{e}^x)\mathrm{e}^x\mathrm{d}x = \int f(\mathrm{e}^x)\mathrm{d}(\mathrm{e}^x)$	$u = \mathrm{e}^x$
	(5) $\int f(a^x)a^x\mathrm{d}x = \dfrac{1}{\ln a}\int f(a^x)\mathrm{d}(a^x)$ $(a > 0 \text{ 且 } a \neq 1)$	$u = a^x$
	(6) $\int f(\sin x)\cos x \, \mathrm{d}x = \int f(\sin x)\mathrm{d}(\sin x)$	$u = \sin x$
	(7) $\int f(\cos x)\sin x \, \mathrm{d}x = -\int f(\cos x)\mathrm{d}(\cos x)$	$u = \cos x$
	(8) $\int f(\tan x)\sec^2 x \, \mathrm{d}x = \int f(\tan x)\mathrm{d}(\tan x)$	$u = \tan x$
	(9) $\int f(\cot x)\csc^2 x \, \mathrm{d}x = -\int f(\cot x)\mathrm{d}(\cot x)$	$u = \cot x$
	(10) $\int f(\arctan x)\dfrac{1}{1+x^2}\mathrm{d}x = \int f(\arctan x)\mathrm{d}(\arctan x)$	$u = \arctan x$
	(11) $\int f(\arcsin x)\dfrac{1}{\sqrt{1-x^2}}\mathrm{d}x = \int f(\arcsin x)\mathrm{d}(\arcsin x)$	$u = \arcsin x$

例 16 求 $\int \dfrac{\mathrm{d}x}{\mathrm{e}^x + \mathrm{e}^{-x}}$.

解 $\int \dfrac{\mathrm{d}x}{\mathrm{e}^x + \mathrm{e}^{-x}} = \int \dfrac{\mathrm{e}^x}{\mathrm{e}^{2x} + 1}\mathrm{d}x = \int \dfrac{\mathrm{d}(\mathrm{e}^x)}{1 + \mathrm{e}^{2x}} = \arctan \mathrm{e}^x + C$.

例 17 求 $\int \dfrac{\mathrm{d}x}{\sqrt{1-x^2}\arcsin^2 x}$.

解 $\int \dfrac{\mathrm{d}x}{\sqrt{1-x^2}\arcsin^2 x} = \int \dfrac{\mathrm{d}(\arcsin x)}{\arcsin^2 x} = -\dfrac{1}{\arcsin x} + C$.

例 18 求 $\int \tan^5 x \sec^3 x \mathrm{d}x$.

解 $\int \tan^5 x \sec^3 x \mathrm{d}x = \int \tan^4 x \sec^2 x \tan x \sec x \mathrm{d}x = \int (\sec^2 x - 1)^2 \sec^2 x \mathrm{d}(\sec x)$

$= \int (\sec^6 x - 2\sec^4 x + \sec^2 x)\mathrm{d}(\sec x)$

$= \dfrac{1}{7}\sec^7 x - \dfrac{2}{5}\sec^5 x + \dfrac{1}{3}\sec^3 x + C$.

二、第二类换元积分法

第一类换元积分法是通过变量代换 $u = \varphi(x)$，将不定积分 $\int f[\varphi(x)]\varphi'(x)\mathrm{d}x$ 化为不定积分 $\int f(u)\mathrm{d}u$. 下面将介绍的第二类换元积分法是：适当地选择变量代换 $x = \varphi(t)$，将不定积分 $\int f(x)\mathrm{d}x$ 化为不定积分 $\int f[\varphi(t)]\varphi'(t)\mathrm{d}t$. 这是另一种形式的变量代换，换元积分公式可表示为

$$\int f(x)\mathrm{d}x = \int f[\varphi(t)]\varphi'(t)\mathrm{d}t.$$

注：上述公式的成立是需要一定条件的. 首先，等式右边的不定积分要存在，即 $f[\varphi(t)]\varphi'(t)$ 有原函数；其次，$\int f[\varphi(t)]\varphi'(t)\mathrm{d}t$ 求出后必须用 $x = \varphi(t)$ 的反函数 $t = \varphi^{-1}(x)$ 回代. 为了保证反函数存在而且是单值可导的，我们假定直接函数 $x = \varphi(t)$ 在点 t 的某个区间上是单调并可导的，且 $\varphi'(t) \neq 0$.

归纳上述，我们有下面的定理.

定理 2 设 $x = \varphi(t)$ 是单调并可导的函数，且 $\varphi'(t) \neq 0$，又设 $f[\varphi(t)]\varphi'(t)$ 具有原函数，则

$$\int f(x)\mathrm{d}x = \left[\int f[\varphi(t)]\varphi'(t)\mathrm{d}t\right]_{t = \varphi^{-1}(x)}.$$

证 设 $f[\varphi(t)]\varphi'(t)$ 的一个原函数为 $\Phi(t)$，记 $\Phi[\varphi^{-1}(x)] =$

$F(x)$. 利用复合函数及反函数的求导法则,可得

$$F'(x) = \frac{d\Phi}{dt} \cdot \frac{dt}{dx} = f[\varphi(t)]\varphi'(t) \cdot \frac{1}{\varphi'(t)}$$
$$= f[\varphi(t)] = f(x),$$

即 $F(x)$ 是函数 $f(x)$ 的一个原函数,所以有

$$\int f(x)dx = F(x) + C = \Phi[\varphi^{-1}(x)] + C$$
$$= \left[\int f[\varphi(t)]\varphi'(t)dt\right]_{t=\varphi^{-1}(x)}.$$

注:第二类换元积分法适用于 $f(x)$ 的原函数不易求得,而换元得到的复合函数 $f[\varphi(t)]\varphi'(t)$ 的原函数易于求得的不定积分.

下面来看几个利用第二类换元积分法求不定积分的例子.

例 19 求 $\int \dfrac{dx}{\sqrt{x}+\sqrt[3]{x}}$.

解 为了去掉根号,令 $x = t^6(t>0)$,则 $t = \sqrt[6]{x}$. 于是

$$\int \frac{dx}{\sqrt{x}+\sqrt[3]{x}} = \int \frac{d(t^6)}{t^3+t^2} = \int \frac{6t^5}{t^3+t^2}dt = 6\int \frac{t^3}{t+1}dt$$
$$= 6\int \frac{(t^3+1)-1}{t+1}dt = 6\int \left(t^2-t+1-\frac{1}{t+1}\right)dt$$
$$= 6\left(\frac{t^3}{3}-\frac{t^2}{2}+t-\ln|t+1|\right)+C$$
$$= 2\sqrt{x}-3\sqrt[3]{x}+6\sqrt[6]{x}-6\ln|\sqrt[6]{x}+1|+C.$$

例 20 求 $\int \dfrac{\sqrt{x-1}}{x}dx$.

解 为了去掉根号,令 $t = \sqrt{x-1}$,则 $x = t^2+1$. 于是

$$\int \frac{\sqrt{x-1}}{x}dx = \int \frac{t}{t^2+1}d(t^2+1) = \int \frac{t \cdot 2t}{t^2+1}dt = 2\int \frac{t^2}{t^2+1}dt$$
$$= 2\int \frac{t^2+1-1}{t^2+1}dt = 2\int \left(1-\frac{1}{1+t^2}\right)dt$$
$$= 2(t-\arctan t)+C$$
$$= 2(\sqrt{x-1}-\arctan\sqrt{x-1})+C.$$

注:这种类型的题的主要解题思路是通过代换把根号去掉,还有一类题也是通过去掉根号化为容易求的不定积分. 例如,被积函数中含有 $\sqrt{a^2-x^2}$,$\sqrt{x^2+a^2}$,$\sqrt{x^2-a^2}$,可以通过三角代换把根号去掉.

例 21 求 $\int \sqrt{a^2-x^2}dx \quad (a>0)$.

解 令 $x = a\sin t, t \in \left(-\dfrac{\pi}{2},\dfrac{\pi}{2}\right)$,则 $dx = a\cos t dt$,且

$$\sqrt{a^2-x^2}=\sqrt{a^2-a^2\sin^2 t}=a\cos t.$$

于是

$$\int\sqrt{a^2-x^2}\,\mathrm{d}x=\int a\cos t\cdot a\cos t\,\mathrm{d}t=\frac{a^2}{2}\int(1+\cos 2t)\,\mathrm{d}t=\frac{a^2}{2}\Big(t+\frac{1}{2}\sin 2t\Big)+C.$$

根据 $\sin t=\dfrac{x}{a}$ 作辅助直角三角形(见图 5-3),可见 $\dfrac{1}{2}\sin 2t=$

$\sin t\cos t=\dfrac{x}{a}\cdot\dfrac{\sqrt{a^2-x^2}}{a}$. 所以

$$\int\sqrt{a^2-x^2}\,\mathrm{d}x=\frac{a^2}{2}\arcsin\frac{x}{a}+\frac{1}{2}x\sqrt{a^2-x^2}+C.$$

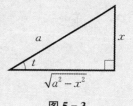

图 5-3

注:取 $t\in\left(-\dfrac{\pi}{2},\dfrac{\pi}{2}\right)$ 是为了保证 $x=a\sin t$ 是关于 t 的单调、可导函数.

例 22 求 $\displaystyle\int\frac{\mathrm{d}x}{\sqrt{x^2+a^2}}$ $(a>0)$.

解 令 $x=a\tan t,t\in\left(-\dfrac{\pi}{2},\dfrac{\pi}{2}\right)$,则 $\mathrm{d}x=a\sec^2 t\,\mathrm{d}t$,且

$$\sqrt{x^2+a^2}=\sqrt{a^2\tan^2 t+a^2}=a\sqrt{\tan^2 t+1}=a\sec t.$$

于是

$$\int\frac{\mathrm{d}x}{\sqrt{x^2+a^2}}=\int\frac{a\sec^2 t}{a\sec t}\,\mathrm{d}t=\int\sec t\,\mathrm{d}t=\ln|\sec t+\tan t|+C_1.$$

根据 $\tan t=\dfrac{x}{a}$ 作辅助直角三角形(见图 5-4),可见 $\sec t=\dfrac{\sqrt{x^2+a^2}}{a}$. 所以

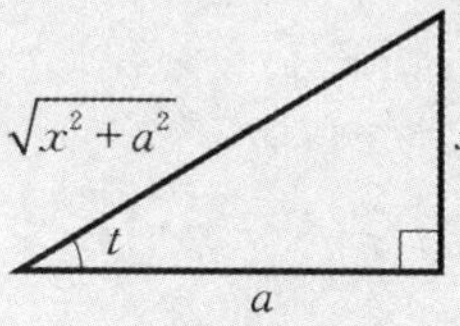

$$\int\frac{\mathrm{d}x}{\sqrt{x^2+a^2}}=\ln\left|\frac{\sqrt{x^2+a^2}}{a}+\frac{x}{a}\right|+C_1$$
$$=\ln(x+\sqrt{x^2+a^2})+C,$$

图 5-4

其中 $C=C_1-\ln a$.

思考:为什么要取 $t\in\left(-\dfrac{\pi}{2},\dfrac{\pi}{2}\right)$?

例 23 $\displaystyle\int\frac{\mathrm{d}x}{\sqrt{x^2-a^2}}$ $(a>0)$.

解 被积函数的定义域为 $(-\infty,-a)\cup(a,+\infty)$.

令 $x=a\sec t,t\in\left(0,\dfrac{\pi}{2}\right)$,可求得被积函数在区间 $(a,+\infty)$ 上的不定积分. 这时,$\sqrt{x^2-a^2}=a\tan t,\mathrm{d}x=a\sec t\tan t\,\mathrm{d}t$,于是

$$\int\frac{\mathrm{d}x}{\sqrt{x^2-a^2}}=\int\frac{a\sec t\tan t}{a\tan t}\,\mathrm{d}t=\int\sec t\,\mathrm{d}t=\ln|\sec t+\tan t|+C_1.$$

根据 $\sec t=\dfrac{x}{a}$ 作辅助直角三角形(见图 5-5),可见 $\tan t=\dfrac{\sqrt{x^2-a^2}}{a}$. 所以

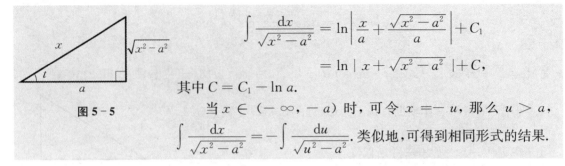

图 5-5

$$\int \frac{\mathrm{d}x}{\sqrt{x^2-a^2}} = \ln\left|\frac{x}{a} + \frac{\sqrt{x^2-a^2}}{a}\right| + C_1$$
$$= \ln|x + \sqrt{x^2-a^2}| + C,$$

其中 $C = C_1 - \ln a$.

当 $x \in (-\infty, -a)$ 时,可令 $x = -u$,那么 $u > a$,$\int \frac{\mathrm{d}x}{\sqrt{x^2-a^2}} = -\int \frac{\mathrm{d}u}{\sqrt{u^2-a^2}}$. 类似地,可得到相同形式的结果.

以上三例所做代换均利用了三角恒等式,称之为**三角代换**. 目的是将被积函数中的无理因式化为三角函数的有理因式,其一般规律如下:当被积函数中含有

(1) $\sqrt{a^2-x^2}$ 时,可令 $x = a\sin t$,$t \in \left(-\frac{\pi}{2}, \frac{\pi}{2}\right)$ 或 $x = a\cos t$,$t \in (0, \pi)$;

(2) $\sqrt{x^2+a^2}$ 时,可令 $x = a\tan t$,$t \in \left(-\frac{\pi}{2}, \frac{\pi}{2}\right)$;

(3) $\sqrt{x^2-a^2}$ 时,可令 $x = a\sec t$,$t \in \left(0, \frac{\pi}{2}\right) \cup \left(\frac{\pi}{2}, \pi\right)$.

本节的例题中得到的结论通常可当作公式使用,因此除了基本积分表中的十三个基本积分公式外,还可再添加下面几个公式,归纳如下(常数 $a > 0$):

(14) $\int \tan x \mathrm{d}x = -\ln|\cos x| + C$;

(15) $\int \cot x \mathrm{d}x = \ln|\sin x| + C$;

(16) $\int \sec x \mathrm{d}x = \ln|\sec x + \tan x| + C$;

(17) $\int \csc x \mathrm{d}x = \ln|\csc x - \cot x| + C$;

(18) $\int \frac{\mathrm{d}x}{a^2+x^2} = \frac{1}{a}\arctan\frac{x}{a} + C$;

(19) $\int \frac{\mathrm{d}x}{a^2-x^2} = \frac{1}{2a}\ln\left|\frac{a+x}{a-x}\right| + C$;

(20) $\int \frac{\mathrm{d}x}{\sqrt{a^2-x^2}} = \arcsin\frac{x}{a} + C$;

(21) $\int \frac{\mathrm{d}x}{\sqrt{x^2+a^2}} = \ln(x + \sqrt{x^2+a^2}) + C$;

(22) $\int \frac{\mathrm{d}x}{\sqrt{x^2-a^2}} = \ln|x + \sqrt{x^2-a^2}| + C$.

以上公式可作为积分公式,直接使用.

例如,$\int \frac{\mathrm{d}x}{\sqrt{4x^2+9}} = \frac{1}{2}\int \frac{\mathrm{d}(2x)}{\sqrt{(2x)^2+3^2}}$,利用公式(21)就可直

接得到
$$\int \frac{dx}{\sqrt{4x^2+9}} = \frac{1}{2}\ln(2x+\sqrt{4x^2+9})+C.$$

又如，$\int \frac{dx}{\sqrt{9x^2-4}} = \frac{1}{3}\int \frac{d(3x)}{\sqrt{(3x)^2-2^2}}$，利用公式(22)就可直接得到
$$\int \frac{dx}{\sqrt{9x^2-4}} = \frac{1}{3}\ln|3x+\sqrt{9x^2-4}|+C.$$

习题 5.3

1. 在下列横线处加上适当的系数，使得等式成立：

(1) $dx = \underline{\qquad} d(2x)$；

(2) $dx = \underline{\qquad} d(5x+2)$；

(3) $x dx = \underline{\qquad} d(x^2)$；

(4) $x dx = \underline{\qquad} d(3x^2)$；

(5) $x dx = \underline{\qquad} d(1-2x^2)$；

(6) $e^{2x} dx = \underline{\qquad} d(e^{2x})$；

(7) $e^{-2x} dx = \underline{\qquad} d(e^{-2x})$；

(8) $\frac{1}{\sqrt{x}} dx = \underline{\qquad} d(\sqrt{x})$；

(9) $\frac{1}{x^2} dx = \underline{\qquad} d\left(\frac{1}{x}\right)$；

(10) $\sin x dx = \underline{\qquad} d(\cos x)$；

(11) $\cos 2x dx = \underline{\qquad} d(\sin 2x)$；

(12) $\frac{1}{1+2x} dx = \underline{\qquad} d[\ln(1+2x)]$；

(13) $\sec^2 3x dx = \underline{\qquad} d(\tan 3x)$；

(14) $\frac{1}{3x} dx = \underline{\qquad} d(\ln 3x)$；

(15) $\frac{1}{1+9x^2} dx = \underline{\qquad} d(\arctan 3x)$；

(16) $\frac{1}{\sqrt{1-4x^2}} dx = \underline{\qquad} d(\arcsin 2x)$.

2. 求下列不定积分：

(1) $\int \frac{dx}{2x+3}$；

(2) $\int \sin 5x dx$；

(3) $\int (1-x)^7 dx$；

(4) $\int e^{5x} dx$；

(5) $\int \frac{dx}{\sqrt[3]{2-3x}}$；

(6) $\int \cos^2 3x dx$；

(7) $\int \frac{3x^3}{1-x^4} dx$；

(8) $\int \frac{\sin x}{\cos^3 x} dx$；

(9) $\int \frac{x^3}{9+x^2} dx$；

(10) $\int \frac{dx}{2x^2-1}$；

(11) $\int \frac{\sin \sqrt{x}}{\sqrt{x}} dx$；

(12) $\int 2^{1-2x} dx$；

(13) $\int \tan^{10} x \sec^2 x dx$；

(14) $\int \frac{x+1}{x^2+1} dx$；

(15) $\int \dfrac{x}{\sqrt{2-3x^2}}dx$;

(16) $\int \dfrac{dx}{1+e^x}$;

(17) $\int \dfrac{1}{x^2}\sin\dfrac{1}{x}dx$;

(18) $\int \cos^3 x dx$;

(19) $\int \dfrac{dx}{(1+x)\sqrt{x}}$;

(20) $\int \dfrac{\ln^3 x}{x}dx$;

(21) $\int \dfrac{\sin x}{1+\cos^2 x}dx$;

(22) $\int xe^{-x^2}dx$;

(23) $\int \dfrac{dx}{x\ln x}$;

(24) $\int \dfrac{dx}{x^2+x+1}$;

(25) $\int \tan^3 x \sec x dx$;

(26) $\int \dfrac{dx}{\sin x \cos x}$;

(27) $\int \dfrac{1+\ln x}{(x\ln x)^2}dx$;

(28) $\int \dfrac{\ln(\tan x)}{\cos x \sin x}dx$.

3. 求下列不定积分：

(1) $\int \dfrac{dx}{1+\sqrt{x}}$;

(2) $\int \dfrac{dx}{\sqrt[3]{x+1}+1}$;

(3) $\int (1-x^2)^{-\frac{3}{2}}dx$;

(4) $\int \dfrac{dx}{(1+x^2)^2}$;

(5) $\int \dfrac{x^2}{\sqrt{1-x^2}}dx$;

(6) $\int \dfrac{dx}{x\sqrt{x^2-1}}$;

(7) $\int \dfrac{dx}{\sqrt{2x^2+1}}$;

(8) $\int \dfrac{dx}{\sqrt{x^2-4}}$.

§ 5.4 分部积分法

上一节我们在复合函数求导法则的基础上，得到了换元积分法，这是一个重要的积分法．但有时对某些类型的不定积分，换元积分法往往不能奏效，如 $\int x\cos x dx, \int e^x \sin x dx, \int \ln x dx$ 等．为此，本节将在函数乘积的求导法则的基础上，利用微分与积分互为逆运算，引进另一种基本积分方法——**分部积分法**．

设函数 $u = u(x)$ 及 $v = v(x)$ 具有连续导数，由函数乘积的导数公式得

$$d(uv) = vdu + udv,$$

移项得 $udv = d(uv) - vdu$，对这个等式两边求不定积分，得

$$\int udv = uv - \int vdu.$$

上面这个公式称为**分部积分公式**. 当不定积分 $\int u\mathrm{d}v$ 不易计算,而 $\int v\mathrm{d}u$ 比较容易计算时,就可用此公式.

分部积分的过程为

$$\int uv'\mathrm{d}x \xrightarrow{\text{凑微分}} \int u\mathrm{d}v \xrightarrow{\text{分部积分法}} uv - \int v\mathrm{d}u = uv - \int u'v\mathrm{d}x = \cdots.$$

例 1 求 $\int x\cos x\mathrm{d}x$.

解 被积函数 $x\cos x$ 为两个函数的乘积,我们可以将其中一个函数 x 看成分部积分公式中的 u,而将 $\cos x\mathrm{d}x = \mathrm{d}(\sin x)$ 看成 $\mathrm{d}v$,从而得到如下计算过程:

$$\int x\cos x\mathrm{d}x = \int x\mathrm{d}(\sin x) = x\sin x - \int \sin x\mathrm{d}x$$
$$= x\sin x + \cos x + C.$$

在例 1 中,如果换一个思路求此不定积分,令 $u = \cos x$,那么 $\mathrm{d}v = x\mathrm{d}x = \mathrm{d}\left(\dfrac{x^2}{2}\right)$,于是

$$\int x\cos x\mathrm{d}x = \int \cos x\mathrm{d}\left(\dfrac{x^2}{2}\right) = \dfrac{x^2}{2}\cos x - \int \dfrac{x^2}{2}\mathrm{d}(\cos x)$$
$$= \dfrac{x^2}{2}\cos x + \int \dfrac{x^2}{2}\sin x\mathrm{d}x.$$

上式右端的不定积分仍然不易求得,可见 u 和 $\mathrm{d}v$ 的选取十分关键. 选取 u 和 $\mathrm{d}v$ 一般要考虑下面两点:

(1) v 要容易得到;

(2) $\int v\mathrm{d}u$ 要容易积出.

例 2 求 $\int x^2\sin x\mathrm{d}x$.

解 与例 1 类似,有

$$\int x^2\sin x\mathrm{d}x = -\int x^2\mathrm{d}(\cos x) = -\left(x^2\cos x - \int 2x\cos x\mathrm{d}x\right)$$
$$= -x^2\cos x + 2\int x\mathrm{d}(\sin x)$$
$$= -x^2\cos x + 2\left(x\sin x - \int \sin x\mathrm{d}x\right)$$
$$= -x^2\cos x + 2x\sin x + 2\cos x + C.$$

例 3 求 $\int x\sec^2 x\mathrm{d}x$.

解 $\int x\sec^2 x \mathrm{d}x = \int x \mathrm{d}(\tan x) = x\tan x - \int \tan x \mathrm{d}x = x\tan x + \ln|\cos x| + C.$

例 4 求 $\int x\mathrm{e}^x \mathrm{d}x.$

解 $\int x\mathrm{e}^x \mathrm{d}x = \int x \mathrm{d}(\mathrm{e}^x) = x\mathrm{e}^x - \int \mathrm{e}^x \mathrm{d}x = x\mathrm{e}^x - \mathrm{e}^x + C.$

在例 4 中，若将 x 放进微分符号里面，则有
$$\int x\mathrm{e}^x \mathrm{d}x = \int \mathrm{e}^x \mathrm{d}\left(\frac{1}{2}x^2\right) = \frac{1}{2}x^2\mathrm{e}^x - \int \frac{1}{2}x^2 \mathrm{d}(\mathrm{e}^x)$$
$$= \frac{1}{2}x^2\mathrm{e}^x - \frac{1}{2}\int x^2\mathrm{e}^x \mathrm{d}x.$$

显然，此时求右端不定积分 $\int x^2\mathrm{e}^x \mathrm{d}x$ 比求左端不定积分 $\int x\mathrm{e}^x \mathrm{d}x$ 更困难.

例 5 求 $\int x\ln x \mathrm{d}x.$

解 $\int x\ln x \mathrm{d}x = \int \ln x \mathrm{d}\left(\frac{x^2}{2}\right) = \frac{x^2}{2}\ln x - \int \frac{x^2}{2} \mathrm{d}(\ln x)$
$= \frac{x^2}{2}\ln x - \frac{1}{2}\int x \mathrm{d}x = \frac{x^2}{2}\ln x - \frac{x^2}{4} + C.$

例 6 求 $\int \ln x \mathrm{d}x.$

解 $\int \ln x \mathrm{d}x = x\ln x - \int x \mathrm{d}(\ln x) = x\ln x - \int \mathrm{d}x = x\ln x - x + C.$

例 7 求 $\int x\arctan x \mathrm{d}x.$

解 $\int x\arctan x \mathrm{d}x = \int \arctan x \mathrm{d}\left(\frac{x^2}{2}\right) = \frac{x^2}{2}\arctan x - \int \frac{x^2}{2} \mathrm{d}(\arctan x)$
$= \frac{x^2}{2}\arctan x - \frac{1}{2}\int \frac{x^2}{1+x^2} \mathrm{d}x$
$= \frac{x^2}{2}\arctan x - \frac{1}{2}\int \left(1 - \frac{1}{1+x^2}\right)\mathrm{d}x$
$= \frac{x^2}{2}\arctan x - \frac{1}{2}(x - \arctan x) + C.$

例 8 求 $\int \arcsin x \mathrm{d}x.$

解 $\int \arcsin x \mathrm{d}x = x\arcsin x - \int x \mathrm{d}(\arcsin x)$
$= x\arcsin x - \int \frac{x}{\sqrt{1-x^2}} \mathrm{d}x$
$= x\arcsin x + \frac{1}{2}\int \frac{\mathrm{d}(1-x^2)}{\sqrt{1-x^2}}$
$= x\arcsin x + \sqrt{1-x^2} + C.$

小结：(1) 如果被积函数是幂函数和三角函数（或指数函数）的乘积，就可以考虑用分部积分法，并选幂函数为 u，经过一次分部积分，可以使得幂函数的次数降低一次．

(2) 如果被积函数是幂函数和对数函数（或反三角函数）的乘积，就可以考虑用分部积分法，并选对数函数（或反三角函数）为 u．

(3) 一般地，如果被积函数是两类基本初等函数的乘积，在多数情况下，可按下列顺序：反三角函数、对数函数、幂函数、三角函数、指数函数，将排在前面的那类函数选作 u．

下面这个例子中使用的方法也是较典型的．

例 9 求 $\int e^x \sin x \, dx$．

解 因为
$$\int e^x \sin x \, dx = \int \sin x \, d(e^x) = e^x \sin x - \int e^x d(\sin x)$$
$$= e^x \sin x - \int e^x \cos x \, dx = e^x \sin x - \int \cos x \, d(e^x)$$
$$= e^x \sin x - e^x \cos x + \int e^x d(\cos x)$$
$$= e^x \sin x - e^x \cos x - \int e^x \sin x \, dx,$$

所以
$$\int e^x \sin x \, dx = \frac{1}{2} e^x (\sin x - \cos x) + C.$$

因为上式右端已不包含积分项，所以必须加上任意常数 C．

例 10 求 $\int e^{\sqrt{x}} \, dx$．

解 要去掉根号，为此令 $t = \sqrt{x}$，则 $x = t^2$．于是，有
$$\int e^{\sqrt{x}} \, dx = \int e^t d(t^2) = 2\int t e^t \, dt.$$

这时，可看出需要用分部积分法，利用例 4 的结果并用 $t = \sqrt{x}$ 代回，便得
$$\int e^{\sqrt{x}} \, dx = 2\int t e^t \, dt = 2(t e^t - e^t) + C = 2(\sqrt{x} - 1) e^{\sqrt{x}} + C.$$

例 11 已知 $\frac{\sin x}{x}$ 是函数 $f(x)$ 的一个原函数，证明：$\int x f'(x) \, dx = \cos x - \frac{2\sin x}{x} + C$．

证 因为 $\frac{\sin x}{x}$ 是函数 $f(x)$ 的一个原函数，所以有
$$\int f(x) \, dx = \frac{\sin x}{x} + C.$$

故

$$f(x) = \left(\frac{\sin x}{x}\right)' = \frac{\cos x \cdot x - \sin x}{x^2}.$$

由分部积分法,得

$$\int xf'(x)\mathrm{d}x = \int x\mathrm{d}[f(x)] = xf(x) - \int f(x)\mathrm{d}x$$
$$= x\frac{\cos x \cdot x - \sin x}{x^2} - \frac{\sin x}{x} + C$$
$$= \cos x - \frac{2\sin x}{x} + C.$$

习题 5.4

1. 求下列不定积分:

(1) $\int x\sin x\,\mathrm{d}x$;

(2) $\int x\mathrm{e}^{-x}\,\mathrm{d}x$;

(3) $\int \ln(x+1)\,\mathrm{d}x$;

(4) $\int \arctan x\,\mathrm{d}x$;

(5) $\int \cos(\ln x)\,\mathrm{d}x$;

(6) $\int x\tan x\sec x\,\mathrm{d}x$;

(7) $\int \ln^2 x\,\mathrm{d}x$;

(8) $\int \frac{1}{x^2}\arctan x\,\mathrm{d}x$;

(9) $\int x\cos\frac{x}{2}\,\mathrm{d}x$;

(10) $\int \frac{x}{\sin^2 x}\,\mathrm{d}x$;

(11) $\int \mathrm{e}^x\cos x\,\mathrm{d}x$;

(12) $\int x\tan^2 x\,\mathrm{d}x$;

(13) $\int \arccos x\,\mathrm{d}x$;

(14) $\int x\cos^2 x\,\mathrm{d}x$;

(15) $\int x\sin x\cos x\,\mathrm{d}x$;

(16) $\int \mathrm{e}^{\sqrt[3]{x}}\,\mathrm{d}x$.

2. 若 $\sin x$ 是函数 $f(x)$ 的一个原函数,求 $\int xf'(x)\mathrm{d}x$.

§5.5 几种特殊类型函数的不定积分

一、有理函数的不定积分

设 $P_m(x)$ 和 $Q_n(x)$ 分别是 m 次和 n 次实系数多项式,称形如

$$\frac{P_m(x)}{Q_n(x)} \tag{5-1}$$

的函数为**有理函数**. 当 $m < n$ 时,称式(5-1)为**真分式**;否则,称

式(5-1)为**假分式**.

由代数学的有关理论知道:任何一个假分式都可以分解成一个整式(多项式)与一个真分式之和. 由于多项式的不定积分容易求得,因此为了求有理函数的不定积分,只需研究真分式的不定积分即可.

以下四个真分式称为**最简真分式**(A,B 为常数):

(1) $\dfrac{A}{x-a}$ （a 为常数）；

(2) $\dfrac{A}{(x-a)^k}$ （$k>1$ 为整数，a 为常数）；

(3) $\dfrac{Ax+B}{x^2+px+q}$ （p,q 为常数，且 $p^2-4q<0$）；

(4) $\dfrac{Ax+B}{(x^2+px+q)^k}$ （$k>1$ 为整数，p,q 为常数，且 $p^2-4q<0$）.

显然,真分式(1)与(2)的不定积分很容易求出；形如真分式(3)与(4)的不定积分将分别用下面的例 1 和例 2 来说明.

例 1 求 $\displaystyle\int \dfrac{x-2}{x^2+2x+3}\,\mathrm{d}x$.

解 由于 x^2+2x+3 为二次质因式,因此被积函数为最简真分式,于是

$$\int \dfrac{x-2}{x^2+2x+3}\mathrm{d}x = \int \dfrac{\frac{1}{2}(x^2+2x+3)'-3}{x^2+2x+3}\mathrm{d}x$$

$$= \dfrac{1}{2}\int \dfrac{\mathrm{d}(x^2+2x+3)}{x^2+2x+3} - 3\int \dfrac{\mathrm{d}x}{(x+1)^2+2}$$

$$= \dfrac{1}{2}\ln(x^2+2x+3) - \dfrac{3}{2}\int \dfrac{\mathrm{d}x}{1+\left(\dfrac{x+1}{\sqrt{2}}\right)^2}$$

$$= \dfrac{1}{2}\ln(x^2+2x+3) - \dfrac{3}{\sqrt{2}}\int \dfrac{\mathrm{d}\left(\dfrac{x+1}{\sqrt{2}}\right)}{1+\left(\dfrac{x+1}{\sqrt{2}}\right)^2}$$

$$= \dfrac{1}{2}\ln(x^2+2x+3) - \dfrac{3}{\sqrt{2}}\arctan \dfrac{x+1}{\sqrt{2}} + C.$$

注:例 1 中不定积分 $\displaystyle\int \dfrac{\mathrm{d}x}{(x+1)^2+2}$ 也可以直接利用§5.3 中的积分公式(18)求得.

例 2 求 $\displaystyle\int \dfrac{x+1}{(x^2+1)^2}\,\mathrm{d}x$.

解 $\displaystyle\int \dfrac{x+1}{(x^2+1)^2}\mathrm{d}x = \int \dfrac{x}{(x^2+1)^2}\mathrm{d}x + \int \dfrac{\mathrm{d}x}{(x^2+1)^2}$

$$= \dfrac{1}{2}\int \dfrac{\mathrm{d}(x^2+1)}{(x^2+1)^2} + \int \dfrac{\mathrm{d}x}{(x^2+1)^2}$$

$$= -\frac{1}{2(x^2+1)} + \frac{x}{2(x^2+1)} + \frac{1}{2}\arctan x + C.$$

注：例 2 中不定积分 $\int \frac{\mathrm{d}x}{(x^2+1)^2}$ 可由三角代换 $x = \tan t$ 或分部积分法求得.

一般地，对任何一个有理函数(5-1)都可以通过以下程序求出它的原函数：

(1) 如果式(5-1)是假分式，则将其表示成一个整式与一个真分式之和，然后分别求原函数；

(2) 如果式(5-1)已经是一个真分式，则可以将其分解成若干个最简真分式之和，然后分别求原函数；

(3) 将上述过程中分别求出的原函数相加，就得到式(5-1)的原函数.

以下通过例题说明将真分式分解成若干个最简真分式之和的方法，此方法称为**待定系数法**.

例 3 将分式 $\frac{x^2+5x+6}{(x-1)(x^2+2x+3)}$ 分解为若干个最简真分式之和.

解 设

$$\frac{x^2+5x+6}{(x-1)(x^2+2x+3)} = \frac{A}{x-1} + \frac{Bx+C}{x^2+2x+3}.$$

上式两边去分母并合并同类项，得

$$x^2+5x+6 = (A+B)x^2 + (2A-B+C)x + (3A-C).$$

比较 x 同次幂的系数，得方程组

$$\begin{cases} A+B=1, \\ 2A-B+C=5, \\ 3A-C=6. \end{cases}$$

解得 $A=2, B=-1, C=0$，故

$$\frac{x^2+5x+6}{(x-1)(x^2+2x+3)} = \frac{2}{x-1} - \frac{x}{x^2+2x+3}.$$

例 4 求 $\int \frac{\mathrm{d}x}{x(x-1)^2}$.

解 设

$$\frac{1}{x(x-1)^2} = \frac{A}{x} + \frac{B}{x-1} + \frac{C}{(x-1)^2}.$$

上式两边去分母，得

$$1 = A(x-1)^2 + Bx(x-1) + Cx.$$

此式为恒等式，即对任何 x 值均成立，故对特殊的 x 值也成立.

取 $x=1$，得 $C=1$；取 $x=0$，得 $A=1$；取 $x=2$，得 $B=-1$. 故

$$\int \frac{\mathrm{d}x}{x(x-1)^2} = \int \frac{\mathrm{d}x}{x} - \int \frac{\mathrm{d}x}{x-1} + \int \frac{\mathrm{d}x}{(x-1)^2}$$
$$= \ln|x| - \ln|x-1| - \frac{1}{x-1} + C$$
$$= \ln\left|\frac{x}{x-1}\right| - \frac{1}{x-1} + C.$$

二、三角函数有理式的不定积分

三角函数有理式是指三角函数和常数经过有限次四则运算构成的函数. 由于各种三角函数都可以用 $\sin x$ 及 $\cos x$ 的有理式表示, 因此三角函数有理式也就是 $\sin x, \cos x$ 的有理式, 记作 $R(\sin x, \cos x)$.

对于三角函数有理式的不定积分 $\int R(\sin x, \cos x)\mathrm{d}x$, 可通过万能代换化为有理函数的不定积分. 具体方法如下: 令 $t = \tan\frac{x}{2}$, 则 $x = 2\arctan t$, $\mathrm{d}x = \frac{2}{1+t^2}\mathrm{d}t$ 且由三角函数中的万能公式,有

$$\sin x = \frac{2t}{1+t^2}, \quad \cos x = \frac{1-t^2}{1+t^2},$$

因此有

$$\int R(\sin x, \cos x)\mathrm{d}x = \int R\left(\frac{2t}{1+t^2}, \frac{1-t^2}{1+t^2}\right)\frac{2}{1+t^2}\mathrm{d}t.$$

根据 $R(\sin x, \cos x)$ 的定义可知, $R\left(\frac{2t}{1+t^2}, \frac{1-t^2}{1+t^2}\right)\frac{2}{1+t^2}$ 是一个有理函数, 而有理函数的不定积分问题我们已解决. 因此, 通过代换 $t = \tan\frac{x}{2}$, 能将 $\int R(\sin x, \cos x)\mathrm{d}x$ 求出.

例 5 求 $\int \frac{\mathrm{d}x}{3+5\cos x}$.

解 令 $t = \tan\frac{x}{2}$, 则

$$\int \frac{\mathrm{d}x}{3+5\cos x} = \int \frac{1}{3+5\frac{1-t^2}{1+t^2}} \cdot \frac{2}{1+t^2}\mathrm{d}t = \int \frac{\mathrm{d}t}{4-t^2}$$

$$= \frac{1}{4}\ln\left|\frac{2+t}{2-t}\right| + C = \frac{1}{4}\ln\left|\frac{2+\tan\frac{x}{2}}{2-\tan\frac{x}{2}}\right| + C.$$

注：虽然三角函数有理式的不定积分可转化为有理函数的不定积分，但并非这样积分的途径最简捷，有时可能还有更简单的方法．

例 6 求 $\int \dfrac{\cos x}{1+\sin x}\mathrm{d}x$．

解 $\int \dfrac{\cos x}{1+\sin x}\mathrm{d}x = \int \dfrac{\mathrm{d}(1+\sin x)}{1+\sin x} = \ln(1+\sin x)+C$．

例 7 求 $\int \dfrac{\mathrm{d}x}{1+\sin x+\cos x}$．

解 $\int \dfrac{\mathrm{d}x}{1+\sin x+\cos x} = \int \dfrac{\mathrm{d}x}{2\sin\dfrac{x}{2}\cos\dfrac{x}{2}+2\cos^2\dfrac{x}{2}}$

$$= \int \dfrac{\mathrm{d}\left(1+\tan\dfrac{x}{2}\right)}{1+\tan\dfrac{x}{2}} = \ln\left|1+\tan\dfrac{x}{2}\right|+C.$$

某些不定积分本身虽然不属有理函数不定积分的范畴，但经某些代换后，可以化为有理函数的不定积分．例如，对于形如 $\int R(x,\sqrt[n]{ax+b})\mathrm{d}x(a\neq 0)$ 的不定积分（$R(x,y)$ 表示 x,y 的有理函数），一般令 $t=\sqrt[n]{ax+b}$，可将其化为有理函数的不定积分；对于形如 $\int R\left(x,\sqrt[n]{\dfrac{ax+b}{cx+d}}\right)\mathrm{d}x(a,c\neq 0)$ 的不定积分，一般令 $t=\sqrt[n]{\dfrac{ax+b}{cx+d}}$，可将其化为有理函数的不定积分．这样的例子我们在第二类换元积分法中已给出了一些，不再赘述．

在本章结束之前，我们还要指出：对于初等函数来讲，在其定义区间上，它的原函数一定存在，但原函数不一定都是初等函数，如 $\int \mathrm{e}^{-x^2}\mathrm{d}x$, $\int \dfrac{\sin x}{x}\mathrm{d}x$, $\int \dfrac{\mathrm{d}x}{\ln x}$, $\int \dfrac{\mathrm{d}x}{\sqrt{1+x^4}}$ 等就都不是初等函数．这就是说，这些不定积分不能用初等函数明显表示出来，我们常称这样的不定积分"积不出来"．

习题 5.5

求下列不定积分：

(1) $\int \dfrac{\mathrm{d}x}{1+\sin x}$;

(2) $\int \dfrac{x\mathrm{e}^x}{\sqrt{\mathrm{e}^x-1}}\mathrm{d}x$;

(3) $\int \dfrac{\mathrm{d}x}{1+\tan x}$;

(4) $\int \dfrac{\mathrm{d}x}{x^3+1}$;

(5) $\int \dfrac{\mathrm{d}x}{x^2(1+x^2)}$;

(6) $\int \dfrac{\mathrm{d}x}{\sqrt{x-x^2}}$;

(7) $\int \sqrt{\dfrac{a+x}{a-x}} \mathrm{d}x$; (8) $\int \dfrac{\mathrm{d}x}{x^4-1}$;

(9) $\int \dfrac{\mathrm{e}^x+1}{\mathrm{e}^x-1} \mathrm{d}x$; (10) $\int \dfrac{x^2 \mathrm{e}^x}{(2+x)^2} \mathrm{d}x$.

考研真题

1. 已知函数 $f(x) = \begin{cases} 2(x-1), & x<1, \\ \ln x, & x \geqslant 1, \end{cases}$ 则 $f(x)$ 的一个原函数是( ).

A. $F(x) = \begin{cases} (x-1)^2, & x<1, \\ x(\ln x - 1), & x \geqslant 1 \end{cases}$ B. $F(x) = \begin{cases} (x-1)^2, & x<1, \\ x(\ln x + 1) - 1, & x \geqslant 1 \end{cases}$

C. $F(x) = \begin{cases} (x-1)^2, & x<1, \\ x(\ln x + 1) + 1, & x \geqslant 1 \end{cases}$ D. $F(x) = \begin{cases} (x-1)^2, & x<1, \\ x(\ln x - 1) + 1, & x \geqslant 1 \end{cases}$

【解答】当 $x<1$ 时，$F(x) = \int 2(x-1) \mathrm{d}x = x^2 - 2x + C_1$；当 $x \geqslant 1$ 时，$F(x) = \int \ln x \mathrm{d}x = x \ln x - x + C_2$. 因函数 $f(x)$ 在点 $x=1$ 处连续，即 $F(x)$ 有连续的导数，故 $F(x)$ 连续. 而 $\lim\limits_{x \to 1^-} F(x) = -1 + C_1$，$\lim\limits_{x \to 1^+} F(x) = -1 + C_2$，因此 $C_1 = C_2 = C$. 取 $C=1$，可知答案为 D.

2. 求 $\int \ln\left(1 + \sqrt{\dfrac{1+x}{x}}\right) \mathrm{d}x \ (x>0)$.

【解答】令 $t = \sqrt{\dfrac{1+x}{x}}$，则 $x = \dfrac{1}{t^2-1}$. 于是

$$\text{原式} = \int \ln(1+t) \mathrm{d}\left(\dfrac{1}{t^2-1}\right) = \dfrac{\ln(1+t)}{t^2-1} - \int \dfrac{1}{t^2-1} \cdot \dfrac{1}{t+1} \mathrm{d}t$$

$$= \dfrac{\ln(1+t)}{t^2-1} - \int \left[\dfrac{1}{4(t-1)} - \dfrac{1}{4(t+1)} - \dfrac{1}{2(t+1)^2}\right] \mathrm{d}t$$

$$= \dfrac{\ln(1+t)}{t^2-1} + \dfrac{1}{4} \ln\left|\dfrac{t+1}{t-1}\right| - \dfrac{1}{2(t+1)} + C$$

$$= x\ln\left(1+\sqrt{\dfrac{1+x}{x}}\right) + \dfrac{1}{2}\ln(\sqrt{x+1}+\sqrt{x}) - \dfrac{1}{2}\sqrt{x}(\sqrt{x+1}-\sqrt{x}) + C.$$

3. 求 $\int \dfrac{\arcsin \sqrt{x} + \ln x}{\sqrt{x}} \mathrm{d}x$.

【解答】令 $t = \sqrt{x}$，则 $x = t^2$，$\mathrm{d}x = 2t \mathrm{d}t$. 于是

$$\int \dfrac{\arcsin \sqrt{x} + \ln x}{\sqrt{x}} \mathrm{d}x = \int \dfrac{\arcsin t + \ln t^2}{t} \cdot 2t \mathrm{d}t = 2\int (\arcsin t + \ln t^2) \mathrm{d}t$$

$$= 2t \arcsin t + 2t \ln t^2 - 2\int \dfrac{t}{\sqrt{1-t^2}} \mathrm{d}t - 2\int t \dfrac{2t}{t^2} \mathrm{d}t$$

$$= 2t \arcsin t + 2t \ln t^2 + \int \dfrac{\mathrm{d}(1-t^2)}{\sqrt{1-t^2}} - 4t$$

$$= 2t \arcsin t + 2t \ln t^2 + 2\sqrt{1-t^2} - 4t + C$$

$$= 2\sqrt{x} \arcsin \sqrt{x} + 2\sqrt{x} \ln x + 2\sqrt{1-x} - 4\sqrt{x} + C.$$

本章小结

知识导航图

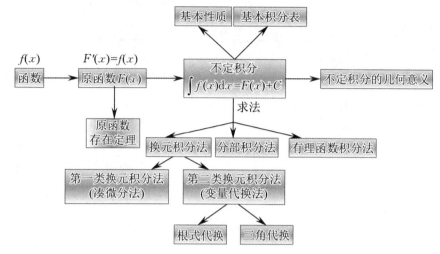

一、基本概念与性质

1. 原函数和不定积分的概念.

设 $f(x)$ 和 $F(x)$ 是定义在区间 I 上的函数. 若 $\forall x \in I$, 满足 $F'(x) = f(x)$, 则称 $F(x)$ 为 $f(x)$ 在区间 I 上的一个原函数.

函数 $f(x)$ 在区间 I 上的不定积分: $\int f(x)\mathrm{d}x = F(x) + C$.

2. 不定积分的性质.

性质 1 $\left[\int f(x)\mathrm{d}x\right]' = f(x)$ 或 $\mathrm{d}\left[\int f(x)\mathrm{d}x\right] = f(x)\mathrm{d}x$.

性质 2 $\int F'(x)\mathrm{d}x = F(x) + C$ 或 $\int \mathrm{d}F(x) = F(x) + C$.

性质 3 $\int af(x)\mathrm{d}x = a\int f(x)\mathrm{d}x$ （a 是常数且 $a \neq 0$）.

性质 4 $\int [f(x) \pm g(x)]\mathrm{d}x = \int f(x)\mathrm{d}x \pm \int g(x)\mathrm{d}x$.

由性质 3 和性质 4 可得到

$$\int [\alpha f(x) + \beta g(x)]\mathrm{d}x = \alpha\int f(x)\mathrm{d}x + \beta\int g(x)\mathrm{d}x,$$

其中 α,β 为任意常数. 此公式还可以推广到有限个函数的情形.

二、基本积分公式与直接积分法

基本积分公式详见 §5.2. 直接积分法通常是对被积函数做代数变形或三角变形, 将不定积分化成能直接套用基本积分公式的不定积分. 代数变形主要是因式分解、加减拆并等; 三角变形主要是利用三角恒等式.

三、换元积分法

1. 第一类换元积分法(凑微分法).

若 $\int g(x)\mathrm{d}x$ 的被积表达式 $g(x)\mathrm{d}x$ 可表示为 $g(x)\mathrm{d}x = f[\varphi(x)]\varphi'(x)\mathrm{d}x$,且 $\int f(u)\mathrm{d}u$ 较易计算,则令 $u = \varphi(x)$,代入后有

$$\int g(x)\mathrm{d}x = \int f[\varphi(x)]\varphi'(x)\mathrm{d}x = \int f[\varphi(x)]\mathrm{d}[\varphi(x)] = \int f(u)\mathrm{d}u = [F(u)+C]_{u=\varphi(x)},$$

其中 $F(u)$ 为 $f(u)$ 的一个原函数.

2. 第二类换元积分法.

令 $x = \varphi(t)$,将 $\int f(x)\mathrm{d}x$ 化为 $\int f[\varphi(t)]\varphi'(t)\mathrm{d}t$,在求出后一个不定积分后,回代 $x = \varphi(t)$ 的反函数 $t = \varphi^{-1}(x)$,即得

$$\int f(x)\mathrm{d}x = \int f[\varphi(t)]\varphi'(t)\mathrm{d}t = [G(t)+C]_{t=\varphi^{-1}(x)},$$

其中 $G(t)$ 为 $f[\varphi(t)]\varphi'(t)$ 的一个原函数.

常用的第二类换元积分法的变换类型有:

(1) 根式代换;

(2) 三角代换. 当被积函数中含有 $\sqrt{a^2-x^2}$ 时,可做代换 $x = a\sin t$ 或 $x = a\cos t$;含有 $\sqrt{x^2+a^2}$ 时,可做代换 $x = a\tan t$;含有 $\sqrt{x^2-a^2}$ 时,可做代换 $x = a\sec t$. 在回代时,可利用辅助直角三角形,比较直观明了.

四、分部积分法

分部积分公式:$\int u\mathrm{d}v = uv - \int v\mathrm{d}u$.

选取 u 和 $\mathrm{d}v$ 是关键,一般以 $\int v\mathrm{d}u$ 比 $\int u\mathrm{d}v$ 易求出为原则. 如果被积函数是两类基本初等函数的乘积,则可按"反对幂三指"的顺序:反三角函数、对数函数、幂函数、三角函数、指数函数,将排在前面的那类函数选作 u,后面的那类函数选作 v'.

本章复习题

一、填空题

1. 设函数 $f(x)$ 在 $(-\infty, +\infty)$ 上连续,则 $\mathrm{d}\left[\int f(x)\mathrm{d}x\right] = $ _____.

2. $\int\left(\dfrac{1}{\cos^2 x} - 1\right)\mathrm{d}x = $ _____,$\int\left(\dfrac{1}{\cos^2 x} - 1\right)\mathrm{d}(\cos x) = $ _____.

3. 若不定积分 $\int f(x)\mathrm{d}x = 2^{x^2} + C$,则被积函数 $f(x) = $ _____.

4. 已知 $\left[\int f(x)\mathrm{d}x\right]' = \sqrt{1+x^2}$,则 $f(1) = $ _____.

5. 设 $f'(\mathrm{e}^x) = 1+x$,则函数 $f(x) = $ _____.

6. 已知复合函数 $f(x+1) = x^2(x+1)$,则不定积分 $\int f(x)\mathrm{d}x = $ _____.

7. 若不定积分 $\int f(x)\mathrm{d}x = F(x)+C$，则 $\int \dfrac{f\left(\dfrac{1}{x}\right)}{x^2}\mathrm{d}x = $ _____.

8. 若不定积分 $\int f(x)\mathrm{d}x = x^2 \mathrm{e}^{2x}+C$，则函数 $f(x) = $ _____.

9. 已知函数 $f(x)$ 连续. 若令 $x = \sqrt[3]{3t-1}$，则不定积分 $\int f(\sqrt[3]{3t-1})\mathrm{d}t = $ _____.

10. 设不定积分 $\int f(x)\mathrm{d}x = \sin x + C$，则 $\int \dfrac{f(\arcsin x)}{\sqrt{1-x^2}}\mathrm{d}x = $ _____.

二、选择题

1. 若 $\ln(x^2+1)$ 是函数 $f(x)$ 的一个原函数，则下列函数中，（　　）也是 $f(x)$ 的一个原函数.

A. $\ln(x^2+2)$
B. $2\ln(x^2+1)$
C. $\ln(2x^2+2)$
D. $2\ln(2x^2+1)$

2. $\int \dfrac{1}{x}\mathrm{d}\left(\dfrac{1}{x}\right) = $（　　）.

A. $-\ln|x|+C$
B. $\ln|x|+C$
C. $-\dfrac{1}{2x^2}+C$
D. $\dfrac{1}{2x^2}+C$

3. $\int\left(\dfrac{1}{\sin^2 x}+1\right)\mathrm{d}(\sin x) = $（　　）.

A. $-\cot x + x + C$
B. $-\cot x + \sin x + C$
C. $-\csc x + x + C$
D. $-\csc x + \sin x + C$

4. 已知函数 $f(x)$ 的一阶导数 $f'(x)$ 连续，则 $\int f'(2x)\mathrm{d}x = $（　　）.

A. $\dfrac{1}{2}f(2x)$
B. $\dfrac{1}{2}f(2x)+C$
C. $f(2x)$
D. $f(2x)+C$

5. 若 $F(x)$ 为函数 $f(x)$ 的一个原函数，则 $\int xf'(x)\mathrm{d}x = $（　　）.

A. $xf(x)-F(x)+C$
B. $xf(x)+F(x)+C$
C. $xF(x)-f(x)+C$
D. $xF(x)+f(x)+C$

6. 若 $F'(x) = f(x)$，则下列等式中，（　　）成立.

A. $\int F'(x)\mathrm{d}x = f(x)+C$
B. $\int f(x)\mathrm{d}x = F(x)+C$
C. $\int F(x)\mathrm{d}x = f(x)+C$
D. $\int f'(x)\mathrm{d}x = F(x)+C$

7. 设一阶导数 $f'(x)$ 存在，则 $\left[\int f'(x)\mathrm{d}x\right]' = $（　　）.

A. $f(x)$
B. $f'(x)$
C. $f(x)+C$
D. $f'(x)+C$

8. 下列函数中，（　　）不是函数 $f(x) = \dfrac{1}{x}$ 的原函数.

A. $F(x) = \ln|x|$
B. $F(x) = \ln|Cx|$（C 是不为 0 且不为 1 的常数）
C. $F(x) = C\ln|x|$（C 是不为 0 且不为 1 的常数）
D. $F(x) = \ln|x| + C$（C 是不为 0 的常数）

9. $\int x(x+1)^{10} dx = ($　　$)$.

A. $\dfrac{1}{11}(x+1)^{11} + C$
B. $\dfrac{1}{2}x^2 + \dfrac{1}{11}(x+1)^{11} + C$
C. $\dfrac{1}{12}(x+1)^{12} - \dfrac{1}{11}(x+1)^{11} + C$
D. $\dfrac{1}{12}(x+1)^{12} + \dfrac{1}{11}(x+1)^{11} + C$

10. 已知一阶导数 $f'(\cos x) = \sin x$，则函数 $f(\cos x) = ($　　$)$.
A. $-\cos x + C$
B. $\cos x + C$
C. $\dfrac{1}{2}(x - \sin x \cos x) + C$
D. $\dfrac{1}{2}(\sin x \cos x - x) + C$

三、计算题

1. $\int \left(\sqrt{x} + \dfrac{1}{x}\right) dx$.

2. $\int (2^x + 2^{2x} + 2^{3x}) dx$.

3. $\int \dfrac{dx}{5x^2 + 7}$.

4. $\int \dfrac{dx}{3x^2 - 4}$.

5. $\int \dfrac{dx}{\sqrt{2 - 5x^2}}$.

6. $\int \dfrac{x^3}{(x^4 + 1)^7} dx$.

7. $\int x^2 \sqrt{1 - x}\, dx$.

8. $\int \dfrac{\sqrt{\ln x}}{x} dx$.

9. $\int x \ln(x+1)\, dx$.

10. $\int \dfrac{dx}{\sqrt{x} + \sqrt[4]{x}}$.

11. $\int \dfrac{\sin^2 x}{1 - \cos x} dx$.

四、综合题

1. 一曲线经过点 $(1, 0)$，且其上任一点 (x, y) 处的切线斜率为 $2x - 2$，求该曲线的方程.

2. 一曲线通过点 $(e^2, 3)$，且其上任一点处的切线斜率等于该点横坐标的倒数，求该曲线的方程.

3. 市场销售某商品的边际收入（单位：万元／千件）$R'(q) = 64q - q^2$，其中 q 是销售量（单位：千件），求总收入函数及总收入最大时的销售量.

4. 已知某商品的需求量 Q 是价格 P 的函数. 该商品的最大需求量为 1 000（当 $P = 0$ 时，$Q = 1\,000$），且需求量的变化率（边际需求）$Q'(P) = -1\,000 \cdot \ln 3 \cdot \left(\dfrac{1}{3}\right)^P$，求需求量 Q 与价格 P 的函数关系.

5. 已知函数 $f(x)$ 可导，且 $f'(\ln x) = 2 - x$，求 $f(x)$.

第六章

定 积 分

定积分的发展大致分为三个阶段:古希腊数学的准备阶段,17世纪的创立阶段,以及19世纪的完成阶段.17世纪下半叶,牛顿和莱布尼茨为积分概念的创立做出了巨大贡献,推动了积分学的发展.

积分学的基本任务是要解决两类问题:第一是求原函数问题,由此引出不定积分的概念;第二是求和的极限问题,由此引出定积分的概念.第一个问题在第五章中已经讨论过了,本章将要讨论和解决第二个问题.先从两个实际问题引出定积分的概念,然后讨论定积分的性质及其计算方法,最后介绍定积分的应用及广义积分.

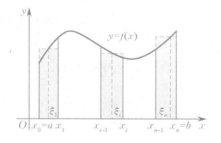

§6.1 定积分的概念与性质

一、引例

1. 曲边梯形的面积

在中学数学,我们学过求矩形、三角形、梯形等以直线为边的平面图形的面积. 但在实际应用中,往往需要求以曲线为边的平面图形(曲边形)的面积. 而求曲边形面积的问题,最终可转化为求曲边梯形面积的问题. 那么,怎样的图形称为曲边梯形呢?

设函数 $y=f(x)$ 在区间 $[a,b]$ 上连续、非负. 在平面直角坐标系中,由曲线 $y=f(x)$,直线 $x=a,x=b$ 及 x 轴所围成的平面图形称为**曲边梯形**,如图 6-1 所示.

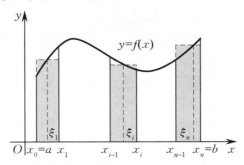

图 6-1

下面我们讨论如何求这个曲边梯形的面积 S.

为了利用已知平面图形(如矩形)的面积公式,可以先在 (a,b) 内任意插入 $n-1$ 个分点

$$a=x_0<x_1<x_2<\cdots<x_{n-1}<x_n=b.$$

这样整个曲边梯形就相应地被直线 $x=x_i(i=1,2,\cdots,n-1)$ 分成 n 个小曲边梯形,区间 $[a,b]$ 被分成 n 个小区间

$$[x_0,x_1],[x_1,x_2],\cdots,[x_{n-1},x_n],$$

记第 i 个小区间 $[x_{i-1},x_i]$ 的长度为

$$\Delta x_i=x_i-x_{i-1}\quad(i=1,2,\cdots,n).$$

对于第 i 个小曲边梯形来说,当其底边长 Δx_i 足够小时,其高度的变化也是非常小的,这时它的面积 ΔS_i 可以用某个小矩形的面积来近似替代. 任取 $\xi_i\in[x_{i-1},x_i]$,用 $f(\xi_i)$ 作为这个小矩形的高(见图 6-1),则第 i 个小曲边梯形面积的近似值为

$$\Delta S_i \approx f(\xi_i)\Delta x_i.$$

于是,整个曲边梯形面积的近似值就是

$$S = \sum_{i=1}^{n}\Delta S_i \approx \sum_{i=1}^{n} f(\xi_i)\Delta x_i.$$

从几何直观上看,当分点越密时,小矩形的面积与小曲边梯形的面积就会越接近,因而和式 $\sum_{i=1}^{n} f(\xi_i)\Delta x_i$ 与整个曲边梯形的面积也会越接近. 当分点无限加密,即各小区间长度 Δx_i 均趋向于 0 时,$\sum_{i=1}^{n} f(\xi_i)\Delta x_i$ 将无限接近于曲边梯形的面积 S. 因此,记 $\lambda = \max\limits_{1\leqslant i\leqslant n}\{\Delta x_i\}$,如果当 $\lambda \to 0$ 时,和式 $\sum_{i=1}^{n} f(\xi_i)\Delta x_i$ 的极限存在,则这个极限值便为曲边梯形的面积 S,即

$$S = \lim_{\lambda \to 0}\sum_{i=1}^{n} f(\xi_i)\Delta x_i.$$

2. 变速直线运动的路程

设某物体做变速直线运动. 已知速度 $v = v(t)$ 是时间间隔 $[T_1, T_2]$ 上关于 t 的连续函数,且 $v(t) \geqslant 0$,下面计算在这段时间内物体所经过的路程 s.

我们知道,对于匀速直线运动,有公式

$$\text{路程} = \text{速度} \times \text{时间}.$$

但是在我们的问题中,速度不是常量而是随时间变化的变量,因此所求路程 s 不能直接按匀速直线运动的路程公式来计算. 然而,该物体运动的速度函数 $v = v(t)$ 是连续变化的,故在很短的时间内,速度的变化很小. 因此,如果把时间间隔分小,在小段时间内,以匀速运动近似代替变速运动,那么就可算出各部分路程的近似值,再求和得到整个路程的近似值. 最后,通过对时间间隔无限细分的极限过程,求得该物体在时间间隔 $[T_1, T_2]$ 上的路程.

对于这一问题的数学描述,可以类似于上述求曲边梯形面积的做法进行,具体描述如下:

在区间 (T_1, T_2) 内任意插入 $n-1$ 个分点

$$T_1 = t_0 < t_1 < t_2 < \cdots < t_{n-1} < t_n = T_2,$$

把区间 $[T_1, T_2]$ 分成 n 个小区间

$$[t_0, t_1], [t_1, t_2], \cdots, [t_{n-1}, t_n],$$

各小区间的长度依次为 $\Delta t_1, \Delta t_2, \cdots, \Delta t_n$. 在时间段 $[t_{i-1}, t_i]$($i = 1, 2, \cdots, n$)上的路程的近似值为

$$v(\tau_i)\Delta t_i,$$

其中 τ_i 为 $[t_{i-1}, t_i]$ 上的任意一点. 于是,整个时间段 $[T_1, T_2]$ 上路

程的近似值为
$$s \approx v(\tau_1)\Delta t_1 + v(\tau_2)\Delta t_2 + \cdots + v(\tau_n)\Delta t_n$$
$$= \sum_{i=1}^{n} v(\tau_i)\Delta t_i.$$

当分点越密时，$\sum_{i=1}^{n} v(\tau_i)\Delta t_i$ 就会与 s 越接近；当分点无限加密时，$\sum_{i=1}^{n} v(\tau_i)\Delta t_i$ 将无限接近于 s. 因此，记 $\lambda = \max\limits_{1 \leqslant i \leqslant n}\{\Delta t_i\}$，当 $\lambda \to 0$ 时，如果和式 $\sum_{i=1}^{n} v(\tau_i)\Delta t_i$ 的极限存在，则这个极限值便为该物体在时间间隔 $[T_1, T_2]$ 上所走过的路程，即

$$s = \lim_{\lambda \to 0} \sum_{i=1}^{n} v(\tau_i)\Delta t_i.$$

二、定积分的定义

从上面的两个例子可以看到，尽管所要计算的量，即曲边梯形的面积 S 及变速直线运动的路程 s 的实际意义不同，前者是几何量，后者是物理量，但计算这些量的方法与步骤都是相同的，它们都可归结为具有相同结构的一种特定和式的极限. 例如：

$$\text{面积 } S = \lim_{\lambda \to 0} \sum_{i=1}^{n} f(\xi_i)\Delta x_i,$$
$$\text{路程 } s = \lim_{\lambda \to 0} \sum_{i=1}^{n} v(\tau_i)\Delta t_i.$$

抛开这些问题的具体意义，抓住它们在数量上共同的本质与特性加以概括，我们可以抽象出下述定积分的概念.

定义 1 设函数 $f(x)$ 在区间 $[a,b]$ 上有界，在 (a,b) 内任意插入 $n-1$ 个分点
$$a = x_0 < x_1 < x_2 < \cdots < x_{n-1} < x_n = b,$$
把区间 $[a,b]$ 分成 n 个小区间
$$[x_0, x_1], [x_1, x_2], \cdots, [x_{n-1}, x_n],$$
各小区间的长度依次为
$$\Delta x_1 = x_1 - x_0, \Delta x_2 = x_2 - x_1, \cdots, \Delta x_n = x_n - x_{n-1}.$$
在每个小区间 $[x_{i-1}, x_i]$ $(i = 1, 2, \cdots, n)$ 上任取一点 ξ_i，做乘积 $f(\xi_i)\Delta x_i$，再做和
$$S = \sum_{i=1}^{n} f(\xi_i)\Delta x_i.$$
记 $\lambda = \max\{\Delta x_1, \Delta x_2, \cdots, \Delta x_n\}$，如果不论区间 $[a,b]$ 怎样分法，也不论在区间 $[x_{i-1}, x_i]$ 上怎样取点 ξ_i，当 $\lambda \to 0$ 时，和 S 总无限接近于确定的极限值 I，则称这个极限值 I 为函数 $f(x)$ 在区间 $[a,b]$ 上的

定积分的定义

定积分（简称积分），记作 $\int_a^b f(x)dx$，即

$$\int_a^b f(x)dx = \lim_{\lambda \to 0} \sum_{i=1}^n f(\xi_i)\Delta x_i = I,$$

其中 $f(x)$ 叫作**被积函数**，$f(x)dx$ 叫作**被积表达式**，x 叫作**积分变量**，a 叫作**积分下限**，b 叫作**积分上限**，$[a,b]$ 叫作**积分区间**.

注：(1) 当和式 $\sum_{i=1}^n f(\xi_i)\Delta x_i$ 的极限存在时，其极限值仅与被积函数 $f(x)$ 及积分区间 $[a,b]$ 有关，而与积分变量所用字母无关，即

$$\int_a^b f(x)dx = \int_a^b f(t)dt = \int_a^b f(u)du.$$

读者容易由定积分的定义或下面介绍的定积分的几何意义得到这一结论.

(2) 极限值 $\lim_{\lambda \to 0} \sum_{i=1}^n f(\xi_i)\Delta x_i$ 与区间的分法及点 ξ_i 的取法无关.

如果函数 $f(x)$ 在区间 $[a,b]$ 上的定积分存在，则称 $f(x)$ 在 $[a,b]$ 上**可积**. 由于这个定义是由黎曼（Riemann）首先给出的，因此这里的可积也称为**黎曼可积**，相应的积分和式 $\sum_{i=1}^n f(\xi_i)\Delta x_i$ 也称为**黎曼和**.

对于定积分，有这样一个重要问题：函数 $f(x)$ 在区间 $[a,b]$ 上满足怎样的条件，$f(x)$ 在 $[a,b]$ 上一定可积？这个问题我们不做深入讨论，而只给出以下两个充分条件.

定理 1 设函数 $f(x)$ 在区间 $[a,b]$ 上连续，则 $f(x)$ 在 $[a,b]$ 上可积.

定理 2 设函数 $f(x)$ 在区间 $[a,b]$ 上有界，且只有有限个间断点，则 $f(x)$ 在 $[a,b]$ 上可积.

利用定积分的定义，前面所讨论的两个实际问题可以分别表述如下：

(1) 由曲线 $y = f(x) (f(x) \geqslant 0)$、$x$ 轴及两条直线 $x = a, x = b$ 所围成的曲边梯形的面积 S 等于函数 $f(x)$ 在区间 $[a,b]$ 上的定积分，即

$$S = \int_a^b f(x)dx.$$

(2) 某物体以变速 $v = v(t) (v(t) \geqslant 0)$ 做直线运动，从 $t = T_1$ 时刻到 $t = T_2$ 时刻，此物体所经过的路程 s 等于函数 $v(t)$ 在区间 $[T_1, T_2]$ 上的定积分，即

$$s = \int_{T_1}^{T_2} v(t)dt.$$

三、定积分的几何意义

(1) 当函数 $f(x)$ 在区间 $[a,b]$ 上连续且非负时,$\int_a^b f(x)\mathrm{d}x$ 在几何上表示由曲线 $y=f(x)$,直线 $x=a,x=b$ 及 x 轴所围成的曲边梯形的面积 S(见图 6-2).

(2) 当函数 $f(x)$ 在区间 $[a,b]$ 上连续且非正时,$\int_a^b f(x)\mathrm{d}x$ 在几何上表示由曲线 $y=f(x)$,直线 $x=a,x=b$ 及 x 轴所围成的曲边梯形的面积的负值 $-S$(见图 6-3).

(3) 当函数 $f(x)$ 在区间 $[a,b]$ 上有正也有负时,$\int_a^b f(x)\mathrm{d}x$ 在几何上表示 x 轴上方的平面图形面积减去 x 轴下方的平面图形面积所得之差(见图 6-4).

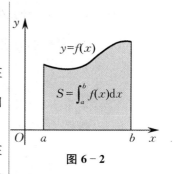

图 6-2

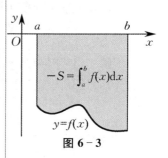

图 6-3

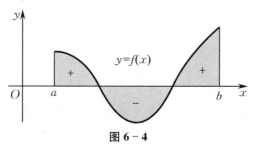

图 6-4

例 1 利用定积分的几何意义求 $\int_0^1 2x\mathrm{d}x$.

解 由定积分的几何意义可知,$\int_0^1 2x\mathrm{d}x$ 表示如图 6-5 所示的三角形的面积,所以有

$$\int_0^1 2x\mathrm{d}x = \frac{1}{2}\times 1\times 2 = 1.$$

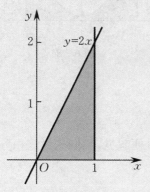

图 6-5

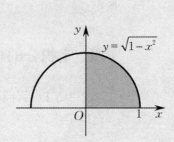

图 6-6

例 2 利用定积分的几何意义求 $\int_0^1 \sqrt{1-x^2}\,\mathrm{d}x$.

解 由定积分的几何意义可知，$\int_0^1 \sqrt{1-x^2}\,\mathrm{d}x$ 表示如图 6-6 所示的以坐标原点为圆心，以 1 为半径的四分之一圆的面积，所以有
$$\int_0^1 \sqrt{1-x^2}\,\mathrm{d}x = \frac{\pi}{4}.$$

例 3 利用定积分的几何意义说明：

(1) 如果 $f(x)$ 为定义在区间 $[-a,a]$ 上的连续奇函数，则有
$$\int_{-a}^a f(x)\,\mathrm{d}x = 0;$$

(2) 如果 $f(x)$ 为定义在区间 $[-a,a]$ 上的连续偶函数，则有
$$\int_{-a}^a f(x)\,\mathrm{d}x = 2\int_0^a f(x)\,\mathrm{d}x.$$

解 (1) 因为当 $f(x)$ 为定义在区间 $[-a,a]$ 上的奇函数时，$f(x)$ 在 $[-a,a]$ 上有正有负，而且其图像关于坐标原点对称，如图 6-7 所示，所以由定积分的几何意义可知
$$\int_{-a}^a f(x)\,\mathrm{d}x = 0.$$

(2) 因为当 $f(x)$ 为定义在区间 $[-a,a]$ 上的偶函数时，$f(x)$ 在 $[-a,a]$ 上都为正或都为负，而且其图像关于 y 轴对称，如图 6-8 所示，所以由定积分的几何意义可知
$$\int_{-a}^a f(x)\,\mathrm{d}x = 2\int_0^a f(x)\,\mathrm{d}x.$$

这个例题只是从定积分的几何意义的角度给出了直观的解释，严格的证明会在 §6.3 中给出.

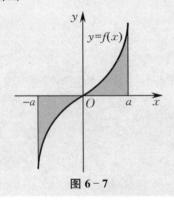

图 6-7

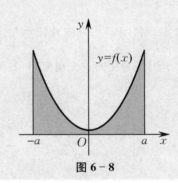

图 6-8

四、定积分的性质

为了以后计算及应用方便起见，我们先对定积分做以下两点补充规定：

(1) 当 $a = b$ 时，$\int_a^b f(x)\,\mathrm{d}x = 0$；

(2) 当 $a > b$ 时，$\int_a^b f(x)\,\mathrm{d}x = -\int_b^a f(x)\,\mathrm{d}x.$

由上式可知，交换定积分的积分上、下限时，积分值变成原积分值的相反数.

下面我们讨论定积分的性质.下列各性质中积分上、下限的大小，若不特别指明，均不加限制，并假定各性质中所列出的定积分都存在.

性质 1 常数因子可以提到积分号前，即
$$\int_a^b kf(x)\mathrm{d}x = k\int_a^b f(x)\mathrm{d}x.$$

证 $\int_a^b kf(x)\mathrm{d}x = \lim_{\lambda \to 0}\sum_{i=1}^n kf(\xi_i)\Delta x_i = k\lim_{\lambda \to 0}\sum_{i=1}^n f(\xi_i)\Delta x_i$
$= k\int_a^b f(x)\mathrm{d}x.$

性质 2 代数和的定积分等于定积分的代数和，即
$$\int_a^b [f(x) \pm g(x)]\mathrm{d}x = \int_a^b f(x)\mathrm{d}x \pm \int_a^b g(x)\mathrm{d}x.$$

证 $\int_a^b [f(x) \pm g(x)]\mathrm{d}x = \lim_{\lambda \to 0}\sum_{i=1}^n [f(\xi_i) \pm g(\xi_i)]\Delta x_i$
$= \lim_{\lambda \to 0}\sum_{i=1}^n f(\xi_i)\Delta x_i \pm \lim_{\lambda \to 0}\sum_{i=1}^n g(\xi_i)\Delta x_i$
$= \int_a^b f(x)\mathrm{d}x \pm \int_a^b g(x)\mathrm{d}x.$

性质 3 如果积分区间 $[a,b]$ 被点 c 分成两个小区间 $[a,c]$ 与 $[c,b]$，则
$$\int_a^b f(x)\mathrm{d}x = \int_a^c f(x)\mathrm{d}x + \int_c^b f(x)\mathrm{d}x.$$

这个性质我们可以利用定积分的几何意义来解释（见图 6-9(a)）.它表明，定积分对于积分区间具有可加性.

注：不论 a,b,c 的相对位置如何，上式总成立.例如，当 $a < b < c$ 时（见图 6-9(b)），由于
$$\int_a^c f(x)\mathrm{d}x = \int_a^b f(x)\mathrm{d}x + \int_b^c f(x)\mathrm{d}x,$$
因此
$$\int_a^b f(x)\mathrm{d}x = \int_a^c f(x)\mathrm{d}x - \int_b^c f(x)\mathrm{d}x = \int_a^c f(x)\mathrm{d}x + \int_c^b f(x)\mathrm{d}x.$$

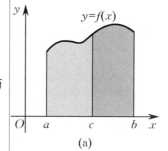

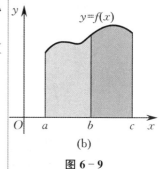

图 6-9

性质 4 如果在区间 $[a,b]$ 上，$f(x) \equiv 1$，则
$$\int_a^b 1\mathrm{d}x = \int_a^b \mathrm{d}x = b - a,$$
即当被积函数为 1 时，$\int_a^b 1\mathrm{d}x$ 的值等于积分区间的长度.

定积分 $\int_a^b \mathrm{d}x$ 在几何上表示以区间 $[a,b]$ 为底，以函数 $f(x) \equiv 1$ 为高的矩形的面积（见图 6-10）.

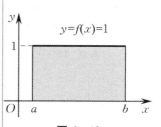

图 6-10

性质 5 如果在区间 $[a,b]$ 上，$f(x) \geq 0$，则

$$\int_a^b f(x)\mathrm{d}x \geqslant 0 \quad (a<b).$$

推论 1 如果在区间 $[a,b]$ 上,$f(x) \leqslant g(x)$,则
$$\int_a^b f(x)\mathrm{d}x \leqslant \int_a^b g(x)\mathrm{d}x \quad (a<b).$$

证 因为 $g(x)-f(x) \geqslant 0$,所以由性质 5 得
$$\int_a^b [g(x)-f(x)]\mathrm{d}x \geqslant 0.$$

再利用性质 2,便得到要证明的不等式.

注:若 $f(x),g(x)$ 为具体函数,则推论中所得不等式的不等号"$\leqslant$"应从"$=$""$<$"中取其一.

推论 2 $\left|\int_a^b f(x)\mathrm{d}x\right| \leqslant \int_a^b |f(x)|\mathrm{d}x \ (a<b).$

证 因为
$$-|f(x)| \leqslant f(x) \leqslant |f(x)|,$$
所以由推论 1 可得
$$-\int_a^b |f(x)|\mathrm{d}x \leqslant \int_a^b f(x)\mathrm{d}x \leqslant \int_a^b |f(x)|\mathrm{d}x,$$
即
$$\left|\int_a^b f(x)\mathrm{d}x\right| \leqslant \int_a^b |f(x)|\mathrm{d}x.$$

性质 6(积分估值定理) 如果函数 $f(x)$ 在区间 $[a,b]$ 上的最大值与最小值分别为 M 与 m,则
$$m(b-a) \leqslant \int_a^b f(x)\mathrm{d}x \leqslant M(b-a).$$

证 因为 $m \leqslant f(x) \leqslant M$,所以
$$\int_a^b m\mathrm{d}x \leqslant \int_a^b f(x)\mathrm{d}x \leqslant \int_a^b M\mathrm{d}x,$$
从而
$$m(b-a) \leqslant \int_a^b f(x)\mathrm{d}x \leqslant M(b-a).$$

它的几何意义是:由曲线 $y=f(x)$,直线 $x=a,x=b$ 及 x 轴所围成的曲边梯形的面积,介于以区间 $[a,b]$ 为底,以最小纵坐标 m 为高的矩形面积与以最大纵坐标 M 为高的同底矩形面积之间(见图 6-11).

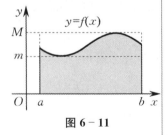

图 6-11

性质 7(积分中值定理) 如果函数 $f(x)$ 在区间 $[a,b]$ 上连续,则在 $[a,b]$ 上至少存在一点 ξ,使得
$$\int_a^b f(x)\mathrm{d}x = f(\xi)(b-a).$$

证 因为由性质 6 有
$$m(b-a) \leqslant \int_a^b f(x)\mathrm{d}x \leqslant M(b-a),$$
即

$$m \leqslant \frac{1}{b-a}\int_a^b f(x)\mathrm{d}x \leqslant M,$$

所以由介值定理可知,至少存在一点 $\xi \in [a,b]$,使得

$$f(\xi) = \frac{1}{b-a}\int_a^b f(x)\mathrm{d}x,$$

即

$$\int_a^b f(x)\mathrm{d}x = f(\xi)(b-a).$$

上式叫作**积分中值公式**.

它的几何意义是:由曲线 $y=f(x)$,直线 $x=a, x=b$ 及 x 轴所围成的曲边梯形的面积,等于以区间 $[a,b]$ 为底,以曲线 $f(x)$ 在这个区间上某一点 ξ 处的纵坐标 $f(\xi)$ 为高的矩形的面积(见图 6-12).

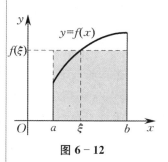

图 6-12

$\frac{1}{b-a}\int_a^b f(x)\mathrm{d}x$ 称为**函数 $f(x)$ 在区间 $[a,b]$ 上的平均值**.

例 4 比较 $\int_{-2}^0 \mathrm{e}^x \mathrm{d}x$ 和 $\int_{-2}^0 x \mathrm{d}x$ 的大小.

解 因为当 $x \in [-2,0]$ 时,$\mathrm{e}^x > x$,所以

$$\int_{-2}^0 \mathrm{e}^x \mathrm{d}x > \int_{-2}^0 x \mathrm{d}x.$$

例 5 估计 $\int_0^\pi \frac{\mathrm{d}x}{3+\sin^3 x}$ 的值.

解 设函数 $f(x) = \frac{1}{3+\sin^3 x}(x \in [0,\pi])$. 因 $0 \leqslant \sin^3 x \leqslant 1$,故 $\frac{1}{4} \leqslant \frac{1}{3+\sin^3 x} \leqslant \frac{1}{3}$,所以

$$\int_0^\pi \frac{\mathrm{d}x}{4} \leqslant \int_0^\pi \frac{\mathrm{d}x}{3+\sin^3 x} \leqslant \int_0^\pi \frac{\mathrm{d}x}{3}.$$

于是

$$\frac{\pi}{4} \leqslant \int_0^\pi \frac{\mathrm{d}x}{3+\sin^3 x} \leqslant \frac{\pi}{3}.$$

例 6 估计 $\int_1^2 \frac{x}{x^2+1}\mathrm{d}x$ 的值.

解 因函数 $f(x) = \frac{x}{x^2+1}$ 在区间 $[1,2]$ 上连续,故在 $[1,2]$ 上可积. 又因为

$$f'(x) = \frac{1-x^2}{(x^2+1)^2} \leqslant 0 \quad (1 \leqslant x \leqslant 2),$$

所以 $f(x)$ 在 $[1,2]$ 上单调减少,从而有

$$\frac{2}{5} \leqslant f(x) \leqslant \frac{1}{2}.$$

于是由性质 6,有

$$\frac{2}{5} \leqslant \int_1^2 \frac{x}{x^2+1} \mathrm{d}x \leqslant \frac{1}{2}.$$

习题 6.1

1. 利用定积分的几何意义，求下列定积分：

(1) $\int_0^1 (2x+1) \mathrm{d}x$；

(2) $\int_0^R \sqrt{R^2-x^2} \mathrm{d}x$；

(3) $\int_{-\pi}^{\pi} \sin x \mathrm{d}x$.

2. 已知物体以变速（单位：m/s）$v(t) = 3t+5$ 做直线运动，试用定积分表示物体在 $t=1\mathrm{s}$ 到 $t=3\mathrm{s}$ 内所经过的路程 s，并利用定积分的几何意义，求出 s 的值.

3. 根据定积分的性质比较下列各组定积分的大小：

(1) $\int_0^1 x^2 \mathrm{d}x$ 与 $\int_0^1 x^3 \mathrm{d}x$；

(2) $\int_1^2 \ln x \mathrm{d}x$ 与 $\int_1^2 \ln^2 x \mathrm{d}x$；

(3) $\int_0^1 x \mathrm{d}x$ 与 $\int_0^1 \ln(1+x) \mathrm{d}x$；

(4) $\int_{-\frac{\pi}{2}}^0 \sin x \mathrm{d}x$ 与 $\int_0^{\frac{\pi}{2}} \sin x \mathrm{d}x$.

4. 估计下列定积分的值：

(1) $\int_1^4 (x^2+1) \mathrm{d}x$；

(2) $\int_{\frac{\pi}{4}}^{\frac{5\pi}{4}} (1+\sin^2 x) \mathrm{d}x$；

(3) $\int_{-1}^1 \mathrm{e}^{-x^2} \mathrm{d}x$；

(4) $\int_1^2 (2x^3-x^4) \mathrm{d}x$.

5. 试用定积分表示下列平面图形的面积：

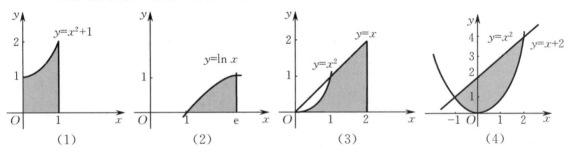

(1)　　　　　(2)　　　　　(3)　　　　　(4)

6. 将 $\lim\limits_{n\to\infty} \frac{1}{n} \left[\sin\frac{\pi}{n} + \sin\frac{2\pi}{n} + \cdots + \sin\frac{(n-1)\pi}{n} \right]$ 表示成定积分.

§6.2　微积分基本公式

设有一物体沿一直线运动，在 t 时刻该物体所在位置为 $s(t)$，速度为 $v(t) = s'(t)$，则该物体在时间间隔 $[a,b]$ 上所经过的路程有以下两种表示：

$$s(b) - s(a) \quad \text{和} \quad \int_a^b v(t)\mathrm{d}t,$$

于是

$$\int_a^b v(t)\mathrm{d}t = s(b) - s(a).$$

上述从变速直线运动的路程这个特殊问题中得出来的关系,在一定条件下具有普遍性,我们将在本节给予证明. 如果函数 $f(x)$ 在区间 $[a,b]$ 上连续,那么 $f(x)$ 在 $[a,b]$ 上的定积分就等于 $f(x)$ 的原函数 $F(x)$ 在 $[a,b]$ 上的增量,即

$$\int_a^b f(x)\mathrm{d}x = F(b) - F(a).$$

一、变上限积分函数及其导数

设函数 $f(t)$ 在区间 $[a,b]$ 上连续,x 为 $[a,b]$ 上的任意一点,则 $f(t)$ 在区间 $[a,x]$ 上的定积分 $\int_a^x f(t)\mathrm{d}t$ 就在 $[a,b]$ 上定义了一个关于 x 的函数,称为 $f(t)$ 的**变上限积分函数**,记为

$$\Phi(x) = \int_a^x f(t)\mathrm{d}t.$$

定理 1(变上限积分函数的导数) 设函数 $f(x)$ 在区间 $[a,b]$ 上连续,则函数 $\Phi(x) = \int_a^x f(t)\mathrm{d}t$ 对积分上限 x 的导数等于被积函数在上限 x 处的值,即

$$\Phi'(x) = \left[\int_a^x f(t)\mathrm{d}t\right]' = f(x).$$

证 给 x 以增量 Δx,则如图 6-13 所示,有

$$\Delta \Phi = \Phi(x + \Delta x) - \Phi(x) = \int_a^{x+\Delta x} f(t)\mathrm{d}t - \int_a^x f(t)\mathrm{d}t$$

$$= \int_a^x f(t)\mathrm{d}t + \int_x^{x+\Delta x} f(t)\mathrm{d}t - \int_a^x f(t)\mathrm{d}t$$

$$= \int_x^{x+\Delta x} f(t)\mathrm{d}t.$$

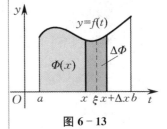

图 6-13

对上式应用积分中值定理,则有等式

$$\Delta \Phi = f(\xi)\Delta x,$$

其中 ξ 在 x 与 $x+\Delta x$ 之间. 而当 $\Delta x \to 0$ 时,$\xi \to x$,于是

$$\Phi'(x) = \lim_{\Delta x \to 0} \frac{\Delta \Phi}{\Delta x} = \lim_{\Delta x \to 0} f(\xi) = \lim_{\xi \to x} f(\xi) = f(x).$$

定理 2(原函数存在定理) 如果函数 $f(x)$ 在区间 $[a,b]$ 上连续,则 $\Phi(x) = \int_a^x f(t)\mathrm{d}t$ 是 $f(x)$ 在 $[a,b]$ 上的一个原函数.

这个定理一方面肯定了连续函数的原函数是存在的,另一方面初步地揭示了积分学中的定积分与原函数之间的联系. 因此,我们就有可能通过原函数来计算定积分.

下面通过几个例子来学习变上限积分函数的求导.

例 1 已知函数 $\Phi(x) = \int_0^x e^{2t} dt$,求 $\Phi'(x)$.

解 $\Phi'(x) = \dfrac{d}{dx}\left(\int_0^x e^{2t} dt\right) = e^{2x}$.

例 2 已知函数 $\Phi(x) = \int_x^{-1} \cos^2 t\, dt$,求 $\Phi'(x)$.

解 $\Phi'(x) = \dfrac{d}{dx}\left(\int_x^{-1} \cos^2 t\, dt\right) = \dfrac{d}{dx}\left(-\int_{-1}^x \cos^2 t\, dt\right) = -\dfrac{d}{dx}\left(\int_{-1}^x \cos^2 t\, dt\right) = -\cos^2 x$.

通过推导,可以得到两个变上限积分函数的求导公式,我们不加证明地直接给出:

(1) $\dfrac{d}{dx}\left(\int_a^{\alpha(x)} f(t) dt\right) = f[\alpha(x)]\alpha'(x)$ (a 为任意常数);

(2) $\dfrac{d}{dx}\left(\int_{\beta(x)}^{\alpha(x)} f(t) dt\right) = f[\alpha(x)]\alpha'(x) - f[\beta(x)]\beta'(x)$.

例 3 已知函数 $\Phi(x) = \int_0^{x^3} \dfrac{dt}{1+t^3}$,求 $\Phi'(x)$.

解 利用上面的公式,有

$$\Phi'(x) = \dfrac{d}{dx}\left(\int_0^{x^3} \dfrac{dt}{1+t^3}\right) = \dfrac{1}{1+(x^3)^3}(x^3)' = \dfrac{3x^2}{1+x^9}.$$

例 4 求 $\dfrac{d}{dx}\left(\int_x^{x^2} \sin t\, dt\right)$.

解 利用上面的公式,有

$$\dfrac{d}{dx}\left(\int_x^{x^2} \sin t\, dt\right) = \sin x^2 (x^2)' - \sin x = 2x\sin x^2 - \sin x.$$

例 5 求 $\lim\limits_{x\to 0} \dfrac{\int_0^x \cos t^2\, dt}{x}$.

解 易知这是一个 $\dfrac{0}{0}$ 型未定式,我们用洛必达法则来计算:

$$\lim_{x\to 0} \dfrac{\int_0^x \cos t^2\, dt}{x} = \lim_{x\to 0} \dfrac{\left(\int_0^x \cos t^2\, dt\right)'}{1} = \lim_{x\to 0} \cos x^2 = 1.$$

例 6 求 $\lim\limits_{x\to 0} \dfrac{\int_{\cos x}^1 e^{-t^2} dt}{x^2}$.

解 易知这是一个 $\dfrac{0}{0}$ 型未定式，我们用洛必达法则来计算：

$$\lim_{x \to 0} \frac{\int_{\cos x}^{1} \mathrm{e}^{-t^2} \mathrm{d}t}{x^2} = \lim_{x \to 0} \frac{\left(-\int_{1}^{\cos x} \mathrm{e}^{-t^2} \mathrm{d}t\right)'}{(x^2)'} = \lim_{x \to 0} \frac{\mathrm{e}^{-\cos^2 x} \sin x}{2x} = \frac{1}{2\mathrm{e}}.$$

二、微积分基本公式

定理 3（牛顿-莱布尼茨公式） 设函数 $f(x)$ 在区间 $[a,b]$ 上连续，且 $F(x)$ 是 $f(x)$ 的一个原函数，则

$$\int_a^b f(x)\mathrm{d}x = F(b) - F(a).$$

证 因为 $F(x)$ 与 $\varPhi(x) = \int_a^x f(t)\mathrm{d}t$ 都是函数 $f(x)$ 的原函数，所以它们仅相差一个常数 C，即存在一常数 C，使得

$$F(x) - \int_a^x f(t)\mathrm{d}t = C \quad (x \in [a,b]).$$

把 $x = a$ 代入上式，有

$$F(a) - \int_a^a f(t)\mathrm{d}t = C,$$

故 $C = F(a)$，于是

$$F(x) - \int_a^x f(t)\mathrm{d}t = F(a).$$

再把 $x = b$ 代入上式，有

$$F(b) - \int_a^b f(t)\mathrm{d}t = F(a),$$

即

$$\int_a^b f(x)\mathrm{d}x = F(b) - F(a).$$

注：(1) 为了方便起见，通常用 $F(x)\Big|_a^b$ 或 $[F(x)]_a^b$ 表示 $F(b) - F(a)$，于是

$$\int_a^b f(x)\mathrm{d}x = F(b) - F(a) = F(x)\Big|_a^b.$$

(2) 牛顿-莱布尼茨公式（微积分基本公式）揭示了定积分与原函数之间的密切关系，即函数 $f(x)$ 在区间 $[a,b]$ 上的定积分等于它的一个原函数在 $[a,b]$ 上的增量，从而为定积分的计算提供了简便有效的方法. 我们只需先求出 $f(x)$ 在 $[a,b]$ 上的一个原函数 $F(x)$，再计算它由端点 a 到端点 b 的增量 $F(b) - F(a)$ 即可.

(3) 这个公式必须满足：函数 $f(x)$ 在积分区间 $[a,b]$ 上连续.

例如，定积分 $\int_{-1}^{1} \dfrac{\mathrm{d}x}{x}$ 就不满足条件，故不能使用牛顿-莱布尼茨公式进行计算.

例 7 求 $\int_{0}^{1} x^2 \mathrm{d}x$.

解 $\int_{0}^{1} x^2 \mathrm{d}x = \dfrac{1}{3} x^3 \Big|_{0}^{1} = \dfrac{1}{3} - 0 = \dfrac{1}{3}$.

例 8 求 $\int_{2}^{4} \dfrac{\mathrm{d}x}{x}$.

解 $\int_{2}^{4} \dfrac{\mathrm{d}x}{x} = \ln x \Big|_{2}^{4} = \ln 4 - \ln 2 = \ln 2$.

例 9 求 $\int_{0}^{1} \dfrac{x^2}{1+x^2} \mathrm{d}x$.

解 $\int_{0}^{1} \dfrac{x^2}{1+x^2} \mathrm{d}x = \int_{0}^{1} \left(1 - \dfrac{1}{1+x^2}\right) \mathrm{d}x = (x - \arctan x) \Big|_{0}^{1} = 1 - \dfrac{\pi}{4}$.

例 10 求 $\int_{0}^{\sqrt{a}} x \mathrm{e}^{x^2} \mathrm{d}x$.

解 $\int_{0}^{\sqrt{a}} x \mathrm{e}^{x^2} \mathrm{d}x = \dfrac{1}{2} \int_{0}^{\sqrt{a}} \mathrm{e}^{x^2} \mathrm{d}(x^2) = \dfrac{1}{2} \mathrm{e}^{x^2} \Big|_{0}^{\sqrt{a}} = \dfrac{1}{2}(\mathrm{e}^a - 1)$.

例 11 求 $\int_{0}^{1} \dfrac{x}{x^2+1} \mathrm{d}x$.

解 $\int_{0}^{1} \dfrac{x}{x^2+1} \mathrm{d}x = \dfrac{1}{2} \int_{0}^{1} \dfrac{\mathrm{d}(x^2+1)}{x^2+1} = \dfrac{1}{2} \ln(x^2+1) \Big|_{0}^{1} = \dfrac{1}{2} \ln 2$.

例 12 求 $\int_{0}^{\frac{\pi}{2}} \cos^5 x \sin x \mathrm{d}x$.

解 $\int_{0}^{\frac{\pi}{2}} \cos^5 x \sin x \mathrm{d}x = -\int_{0}^{\frac{\pi}{2}} \cos^5 x \mathrm{d}(\cos x) = -\dfrac{1}{6} \cos^6 x \Big|_{0}^{\frac{\pi}{2}}$
$= -\left(\dfrac{1}{6} \cos^6 \dfrac{\pi}{2} - \dfrac{1}{6} \cos^6 0\right) = \dfrac{1}{6}$.

例 13 求 $\int_{1}^{\mathrm{e}} \dfrac{\ln x}{x} \mathrm{d}x$.

解 $\int_{1}^{\mathrm{e}} \dfrac{\ln x}{x} \mathrm{d}x = \int_{1}^{\mathrm{e}} \ln x \mathrm{d}(\ln x) = \dfrac{1}{2} \ln^2 x \Big|_{1}^{\mathrm{e}} = \dfrac{1}{2} - 0 = \dfrac{1}{2}$.

例 14 求 $\int_{-1}^{3} |2-x| \mathrm{d}x$.

解 $\int_{-1}^{3} |2-x| \mathrm{d}x = \int_{-1}^{2} (2-x) \mathrm{d}x + \int_{2}^{3} (x-2) \mathrm{d}x$
$= \left(2x - \dfrac{1}{2} x^2\right) \Big|_{-1}^{2} + \left(\dfrac{1}{2} x^2 - 2x\right) \Big|_{2}^{3} = \dfrac{9}{2} + \dfrac{1}{2} = 5$.

例 15 求函数 $f(x) = \int_{0}^{x} (t-1) \mathrm{d}t$ 的极值.

解 由 $f(x)=\int_0^x(t-1)\mathrm{d}t$,得
$$f'(x)=x-1,\quad f''(x)=1.$$
令 $f'(x)=0$,得 $x=1$.

因为 $f''(1)=1>0$,所以 $f(1)$ 为极小值,极小值为
$$f(1)=\int_0^1(t-1)\mathrm{d}t=\left(\frac{t^2}{2}-t\right)\bigg|_0^1=-\frac{1}{2}.$$

例 16 设函数 $f(x)=\begin{cases}x+1,&x\geqslant 0,\\ \mathrm{e}^{-x},&x<0,\end{cases}$ 求 $\int_{-1}^2 f(x)\mathrm{d}x$.

解 $\int_{-1}^2 f(x)\mathrm{d}x=\int_{-1}^0 f(x)\mathrm{d}x+\int_0^2 f(x)\mathrm{d}x=\int_{-1}^0 \mathrm{e}^{-x}\mathrm{d}x+\int_0^2(x+1)\mathrm{d}x$
$$=-\mathrm{e}^{-x}\bigg|_{-1}^0+\left(\frac{x^2}{2}+x\right)\bigg|_0^2=\mathrm{e}+3.$$

例 17 汽车以 36 km/h 的速度行驶,到某处需要减速停车. 设汽车以等加速度 $a=-5$ m/s² 刹车,问:从开始刹车到停车,汽车驶过了多少距离?

解 首先要算出从开始刹车到停车所经过的时间. 设开始刹车的时刻为 $t=0$,此时汽车速度为
$$v_0=36\text{ km/h}=\frac{36\times 1\,000}{3\,600}\text{ m/s}=10\text{ m/s}.$$
刹车后汽车减速行驶,其速度为
$$v(t)=v_0+at=10-5t.$$
当汽车停住时,速度 $v(t)=0$,故由 $v(t)=10-5t=0$,得 $t=\frac{10}{5}$ s $=2$ s.

于是,这段时间内,汽车所驶过的距离为
$$s=\int_0^2 v(t)\mathrm{d}t=\int_0^2(10-5t)\mathrm{d}t=\left(10t-\frac{5}{2}t^2\right)\bigg|_0^2=10\text{ m},$$
即在刹车后,汽车需驶过 10 m 才能停住.

习题 6.2

1. 求下列函数的导数:

(1) $\Phi(x)=\int_0^x \mathrm{e}^{t^2-t}\mathrm{d}t$;

(2) $\Phi(x)=\int_x^{-1}\frac{\mathrm{d}t}{\sqrt{1+t^4}}$;

(3) $\Phi(x)=\int_0^{x^2}\sqrt{1+t^2}\mathrm{d}t$;

(4) $\Phi(x)=\int_{\sin x}^{x^2}2t\mathrm{d}t$.

2. 求下列极限:

(1) $\lim\limits_{x\to 0}\dfrac{\int_0^x \arctan t\mathrm{d}t}{x^2}$;

(2) $\lim\limits_{x\to 0}\dfrac{\int_0^{x^2}\sqrt{1+t^2}\mathrm{d}t}{x^2}$.

3. 讨论函数 $\Phi(x)=\int_0^x t(t-4)\mathrm{d}t$ 在区间 $[-1,5]$ 上的单调性、极值、最值及曲线 $y=\Phi(x)$ 的凹凸性和拐点.

4. 求下列定积分：

(1) $\int_1^2 \left(x^2 + \dfrac{1}{x^2}\right) dx$;

(2) $\int_0^1 \sqrt{x}(1+\sqrt{x}) dx$;

(3) $\int_{-\frac{1}{2}}^{\frac{1}{2}} \dfrac{dx}{\sqrt{1-x^2}}$;

(4) $\int_0^a (\sqrt{a} - \sqrt{x})^2 dx$;

(5) $\int_0^1 \dfrac{x^2}{1+x^2} dx$;

(6) $\int_0^2 (4-2x)(4-x^2) dx$;

(7) $\int_0^{\frac{\pi}{4}} \tan^2\theta \, d\theta$;

(8) $\int_{-\frac{\pi}{2}}^{\frac{\pi}{3}} \sqrt{1-\cos^2\theta} \, d\theta$;

(9) $\int_0^3 \sqrt{(2-x)^2} \, dx$;

(10) $\int_{-2}^0 \dfrac{dx}{x^2+2x+2}$;

(11) $\int_{-1-e}^{-2} \dfrac{dx}{1+x}$;

(12) $\int_0^{\frac{\pi}{2}} 2\sin^2\dfrac{x}{2} dx$;

(13) $\int_{-1}^0 \dfrac{x}{\sqrt{4-x^2}} dx$;

(14) $\int_1^{\frac{\pi^2}{4}} \dfrac{\sin\sqrt{x}}{\sqrt{x}} dx$;

(15) $\int_0^1 \dfrac{x^3}{x^2+1} dx$;

(16) $\int_0^{\sqrt{3}a} \dfrac{dx}{a^2+x^2}$;

(17) $\int_0^{\pi} (1-\sin^3\theta) d\theta$;

(18) $\int_{-1}^1 \dfrac{x}{(x^2+1)^2} dx$;

(19) $\int_0^1 \dfrac{dx}{e^x + e^{-x}}$;

(20) $\int_1^2 \dfrac{e^{\frac{1}{x}}}{x^2} dx$.

5. 设函数 $f(x) = \begin{cases} 2^x, & -1 \leqslant x < 0, \\ \sqrt{1-x}, & 0 \leqslant x \leqslant 1, \end{cases}$ 求 $\int_{-1}^1 f(x) dx$.

6. 设函数 $f(x) = \begin{cases} \dfrac{1-\cos x}{x^2}, & x < 0, \\ 2, & x = 0, \\ \dfrac{\int_0^{x^2} \cos t^2 \, dt}{2x^2}, & x > 0, \end{cases}$

(1) 求 $\lim\limits_{x \to 0} f(x)$;

(2) 问 $f(x)$ 在点 $x=0$ 处连续吗？为什么？

§6.3 定积分的换元积分法

定理 1 设函数 $f(x)$ 在区间 $[a,b]$ 上连续，做代换 $x = \varphi(t)$. 如果此代换满足下列条件：

(1) 函数 $x = \varphi(t)$ 在区间 $[\alpha, \beta]$ 上具有连续导数 $\varphi'(t)$；

(2) 当 $t \in [\alpha, \beta]$ 时，$a \leqslant \varphi(t) \leqslant b$，且 $\varphi(\alpha) = a, \varphi(\beta) = b$，

则有换元积分公式
$$\int_a^b f(x)\mathrm{d}x = \int_\alpha^\beta f[\varphi(t)]\varphi'(t)\mathrm{d}t.$$

证 设 $\int f(x)\mathrm{d}x = F(x)+C$，则由不定积分的换元积分公式，有
$$\int f[\varphi(t)]\varphi'(t)\mathrm{d}t = F[\varphi(t)]+C.$$

于是，有
$$\int_a^b f(x)\mathrm{d}x = F(b)-F(a) = F[\varphi(\beta)]-F[\varphi(\alpha)]$$
$$= \int_\alpha^\beta f[\varphi(t)]\varphi'(t)\mathrm{d}t.$$

注：定积分的换元积分公式与不定积分的换元积分公式很类似. 但是，在应用定积分的换元积分公式时，它又与不定积分的换元积分公式有一些区别，在这里特别指出：

(1) 在用 $x=\varphi(t)$ 把积分变量 x 换成新积分变量 t 时，积分限也要换成相应于新积分变量 t 的积分限，且新积分上限对应于原积分上限，新积分下限对应于原积分下限；

(2) 求出 $f[\varphi(t)]\varphi'(t)$ 的一个原函数 $\Phi(t)$ 后，不必像计算不定积分那样再把 $\Phi(t)$ 变换成原积分变量 x 的函数，而只要把新积分变量 t 的积分上、下限分别代入 $\Phi(t)$，然后相减即可.

例 1 求 $\int_0^8 \dfrac{\mathrm{d}x}{1+\sqrt[3]{x}}$.

解 令 $t=\sqrt[3]{x}$，则 $x=t^3$，$\mathrm{d}x=3t^2\mathrm{d}t$，且当 $x=0$ 时，$t=0$；当 $x=8$ 时，$t=2$. 于是
$$\int_0^8 \frac{\mathrm{d}x}{1+\sqrt[3]{x}} = \int_0^2 \frac{3t^2}{1+t}\mathrm{d}t = 3\left[\frac{1}{2}t^2-t+\ln(1+t)\right]\bigg|_0^2 = 3\ln 3.$$

例 2 求 $\int_0^4 \dfrac{x+2}{\sqrt{2x+1}}\mathrm{d}x$.

解 令 $t=\sqrt{2x+1}$，则 $x=\dfrac{t^2-1}{2}$，$\mathrm{d}x=t\,\mathrm{d}t$，且当 $x=0$ 时，$t=1$；当 $x=4$ 时，$t=3$. 于是

$$\int_0^4 \frac{x+2}{\sqrt{2x+1}}\mathrm{d}x = \int_1^3 \frac{\dfrac{t^2-1}{2}+2}{t}t\,\mathrm{d}t = \frac{1}{2}\int_1^3(t^2+3)\mathrm{d}t$$
$$= \frac{1}{2}\left(\frac{1}{3}t^3+3t\right)\bigg|_1^3 = \frac{1}{2}\left[\left(\frac{27}{3}+9\right)-\left(\frac{1}{3}+3\right)\right] = \frac{22}{3}.$$

例 3 求 $\int_0^a \sqrt{a^2-x^2}\,\mathrm{d}x\ (a>0)$.

解 令 $x = a\sin t$，则 $\mathrm{d}x = a\cos t\mathrm{d}t$，且当 $x=0$ 时，$t=0$；当 $x=a$ 时，$t=\dfrac{\pi}{2}$. 于是

$$\int_0^a \sqrt{a^2-x^2}\,\mathrm{d}x = \int_0^{\frac{\pi}{2}} a\cos t \cdot a\cos t\,\mathrm{d}t$$

$$= a^2\int_0^{\frac{\pi}{2}} \frac{1+\cos 2t}{2}\mathrm{d}t = \frac{1}{4}\pi a^2.$$

例 3 中的定积分的几何意义是：以坐标原点为圆心，以 a 为半径的四分之一圆的面积等于 $\dfrac{1}{4}\pi a^2$，如图 6-14 所示.

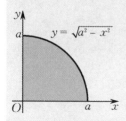

图 6-14

例 4 证明：如果 $f(x)$ 是偶函数，则 $\int_{-a}^{a} f(x)\mathrm{d}x = 2\int_0^a f(x)\mathrm{d}x$.

证 已知

$$\int_{-a}^{a} f(x)\mathrm{d}x = \int_{-a}^{0} f(x)\mathrm{d}x + \int_0^a f(x)\mathrm{d}x.$$

对上式右端第一个定积分应用换元法，令 $x=-t$，则 $\mathrm{d}x = -\mathrm{d}t$，且当 $x=-a$ 时，$t=a$；当 $x=0$ 时，$t=0$. 于是

$$\int_{-a}^{0} f(x)\mathrm{d}x = -\int_a^0 f(-t)\mathrm{d}t = -\int_a^0 f(t)\mathrm{d}t = \int_0^a f(t)\mathrm{d}t = \int_0^a f(x)\mathrm{d}x,$$

所以

$$\int_{-a}^{a} f(x)\mathrm{d}x = \int_0^a f(x)\mathrm{d}x + \int_0^a f(x)\mathrm{d}x = 2\int_0^a f(x)\mathrm{d}x.$$

类似地，可证明：如果 $f(x)$ 为奇函数，则 $\int_{-a}^{a} f(x)\mathrm{d}x = 0$.

例 5 求 $\int_{-1}^{1}(x^2+2x-3)\mathrm{d}x$.

解 因为在对称区间 $[-1,1]$ 上，x^2-3 为偶函数，$2x$ 为奇函数，所以

$$\int_{-1}^{1}(x^2+2x-3)\mathrm{d}x = \int_{-1}^{1}(x^2-3)\mathrm{d}x + \int_{-1}^{1} 2x\mathrm{d}x = 2\int_0^1(x^2-3)\mathrm{d}x$$

$$= 2\left(\frac{1}{3}x^3 - 3x\right)\bigg|_0^1 = -\frac{16}{3}.$$

例 6 求 $\int_{-1}^{1}(|x|+\sin x)x^2\mathrm{d}x$.

解 因为在对称区间 $[-1,1]$ 上，$|x|x^2$ 为偶函数，$\sin x \cdot x^2$ 为奇函数，所以

$$\int_{-1}^{1}(|x|+\sin x)x^2\mathrm{d}x = \int_{-1}^{1}(|x|x^2+\sin x \cdot x^2)\mathrm{d}x$$

$$= \int_{-1}^{1}|x|x^2\mathrm{d}x = 2\int_0^1 x^3\mathrm{d}x$$

$$= 2 \cdot \frac{x^4}{4}\bigg|_0^1 = \frac{1}{2}.$$

例 7 不计算积分值，比较 $\int_{-2}^{-1}\left(\dfrac{1}{2}\right)^x\mathrm{d}x$ 与 $\int_0^1 2^x\mathrm{d}x$ 的大小.

解 对 $\int_{-2}^{-1}\left(\dfrac{1}{2}\right)^x\mathrm{d}x$ 进行变量代换，将积分区间调整到 $[0,1]$ 上.

令 $t=x+2$，则 $x=t-2$，$\mathrm{d}x=\mathrm{d}t$，且当 $x=-2$ 时，$t=0$；当 $x=-1$ 时，$t=1$. 于是
$$\int_{-2}^{-1}\left(\frac{1}{2}\right)^x\mathrm{d}x=\int_0^1\left(\frac{1}{2}\right)^{t-2}\mathrm{d}t=\int_0^1 2^{2-t}\mathrm{d}t=\int_0^1 2^{2-x}\mathrm{d}x.$$
而在区间 $[0,1]$ 上，$2-x>x$，则 $2^{2-x}>2^x$，故由定积分的性质可知
$$\int_0^1 2^{2-x}\mathrm{d}x>\int_0^1 2^x\mathrm{d}x.$$
所以 $\int_{-2}^{-1}\left(\frac{1}{2}\right)^x\mathrm{d}x>\int_0^1 2^x\mathrm{d}x$.

习题 6.3

1. 求下列定积分：

(1) $\int_0^4 \dfrac{\mathrm{d}t}{1+\sqrt{t}}$；

(2) $\int_1^5 \dfrac{\sqrt{u-1}}{u}\mathrm{d}u$；

(3) $\int_0^2 \dfrac{\mathrm{d}x}{\sqrt{x+1}+\sqrt{(x+1)^3}}$；

(4) $\int_0^{\ln 2}\sqrt{\mathrm{e}^x-1}\,\mathrm{d}x$；

(5) $\int_0^a x^2\sqrt{a^2-x^2}\,\mathrm{d}x$；

(6) $\int_0^1 \sqrt{4-x^2}\,\mathrm{d}x$；

(7) $\int_0^1 \dfrac{x^2}{(1+x^2)^2}\mathrm{d}x$；

(8) $\int_0^1 (1+x^2)^{-\frac{3}{2}}\mathrm{d}x$.

2. 利用函数的奇偶性求下列定积分：

(1) $\int_{-\pi}^{\pi} x^4\sin x\,\mathrm{d}x$；

(2) $\int_{-\frac{1}{2}}^{\frac{1}{2}} \dfrac{\arcsin^2 x}{\sqrt{1-x^2}}\mathrm{d}x$；

(3) $\int_{-1}^1 \dfrac{2+\sin x}{1+x^2}\mathrm{d}x$；

(4) $\int_{-2}^2 x\sqrt{|x|}\,\mathrm{d}x$.

3. 证明：$\int_0^{\frac{\pi}{2}}\sin^m x\,\mathrm{d}x=\int_0^{\frac{\pi}{2}}\cos^m x\,\mathrm{d}x$.

4. (1) 若 $f(t)$ 是连续函数且为奇函数，证明 $\int_0^x f(t)\mathrm{d}t$ 是偶函数；

(2) 若 $f(t)$ 是连续函数且为偶函数，证明 $\int_0^x f(t)\mathrm{d}t$ 是奇函数.

5. 试分析 k,a,b 为何值时，$\int_0^2 x^2 f(x^3)\mathrm{d}x=k\int_a^b f(t)\mathrm{d}t$.

§6.4 定积分的分部积分法

利用不定积分的分部积分法及牛顿-莱布尼茨公式，即可得出定积分的分部积分公式.

设函数 $u=u(x),v=v(x)$ 在区间 $[a,b]$ 上具有连续导数

$u'(x), v'(x)$，则有
$$(uv)' = u'v + uv'.$$
分别求上式两端在$[a,b]$上的定积分，并注意到
$$\int_a^b (uv)' dx = uv \Big|_a^b,$$
便得
$$uv \Big|_a^b = \int_a^b u'v\,dx + \int_a^b uv'\,dx,$$
移项，就有
$$\int_a^b uv'\,dx = uv \Big|_a^b - \int_a^b vu'\,dx,$$
或简写为
$$\int_a^b u\,dv = uv \Big|_a^b - \int_a^b v\,du.$$
这就是**定积分的分部积分公式**.

分部积分的过程为
$$\int_a^b uv'\,dx = \int_a^b u\,dv = uv\Big|_a^b - \int_a^b v\,du = uv\Big|_a^b - \int_a^b u'v\,dx = \cdots.$$
这个公式与不定积分的分部积分公式类似.

例1 求 $\int_0^{\frac{\pi}{2}} x\cos x\,dx$.

解 $\int_0^{\frac{\pi}{2}} x\cos x\,dx = \int_0^{\frac{\pi}{2}} x\,d(\sin x) = x\sin x\Big|_0^{\frac{\pi}{2}} - \int_0^{\frac{\pi}{2}} \sin x\,dx$
$= \frac{\pi}{2} - (-\cos x)\Big|_0^{\frac{\pi}{2}} = \frac{\pi}{2} - 1.$

例2 求 $\int_0^1 xe^x\,dx$.

解 $\int_0^1 xe^x\,dx = \int_0^1 x\,d(e^x) = xe^x\Big|_0^1 - \int_0^1 e^x\,dx = e - e^x\Big|_0^1 = e - (e-1) = 1.$

例3 求 $\int_1^5 \ln x\,dx$.

解 $\int_1^5 \ln x\,dx = x\ln x\Big|_1^5 - \int_1^5 x\frac{1}{x}\,dx = x\ln x\Big|_1^5 - x\Big|_1^5 = 5\ln 5 - 4.$

例4 求 $\int_0^1 \arcsin x\,dx$.

解 $\int_0^1 \arcsin x\,dx = x\arcsin x\Big|_0^1 - \int_0^1 x\,d(\arcsin x) = \frac{\pi}{2} - \int_0^1 \frac{x}{\sqrt{1-x^2}}\,dx$
$= \frac{\pi}{2} + \frac{1}{2}\int_0^1 \frac{d(1-x^2)}{\sqrt{1-x^2}} = \frac{\pi}{2} + \sqrt{1-x^2}\Big|_0^1 = \frac{\pi}{2} - 1.$

例5 求 $\int_0^{\frac{\pi}{4}} \frac{x}{1+\cos 2x}\,dx$.

解 因为 $1+\cos 2x = 2\cos^2 x$,所以

$$\int_0^{\frac{\pi}{4}} \frac{x}{1+\cos 2x}dx = \int_0^{\frac{\pi}{4}} \frac{x}{2\cos^2 x}dx = \int_0^{\frac{\pi}{4}} \frac{x}{2}d(\tan x)$$

$$= \frac{1}{2}x\tan x\Big|_0^{\frac{\pi}{4}} - \frac{1}{2}\int_0^{\frac{\pi}{4}} \tan x dx$$

$$= \frac{\pi}{8} + \frac{1}{2}\ln(\cos x)\Big|_0^{\frac{\pi}{4}} = \frac{\pi}{8} - \frac{\ln 2}{4}.$$

例 6 求 $\int_0^{\frac{\pi}{2}} x^2 \sin x dx$.

解 由分部积分公式得

$$\int_0^{\frac{\pi}{2}} x^2 \sin x dx = \int_0^{\frac{\pi}{2}} x^2 d(-\cos x) = x^2(-\cos x)\Big|_0^{\frac{\pi}{2}} + \int_0^{\frac{\pi}{2}} \cos x d(x^2)$$

$$= 2\int_0^{\frac{\pi}{2}} x\cos x dx.$$

再用一次分部积分公式,得

$$\int_0^{\frac{\pi}{2}} x\cos x dx = \int_0^{\frac{\pi}{2}} x d(\sin x) = x\sin x\Big|_0^{\frac{\pi}{2}} - \int_0^{\frac{\pi}{2}} \sin x dx$$

$$= \frac{\pi}{2} + \cos x\Big|_0^{\frac{\pi}{2}} = \frac{\pi}{2} - 1,$$

从而

$$\int_0^{\frac{\pi}{2}} x^2 \sin x dx = 2\int_0^{\frac{\pi}{2}} x\cos x dx = \pi - 2.$$

例 7 求 $\int_0^1 e^{\sqrt{x}} dx$.

解 $\int_0^1 e^{\sqrt{x}} dx \xrightarrow{\diamondsuit \sqrt{x}=t} 2\int_0^1 e^t \cdot t dt = 2\int_0^1 t d(e^t) = 2te^t\Big|_0^1 - 2\int_0^1 e^t dt = 2e - 2e^t\Big|_0^1 = 2.$

例 8 已知 $f(0)=1, f(1)=4, f'(1)=2$,求 $\int_0^1 xf''(x)dx$.

解 $\int_0^1 xf''(x)dx = \int_0^1 x d[f'(x)] = xf'(x)\Big|_0^1 - \int_0^1 f'(x)dx$

$$= f'(1) - f(x)\Big|_0^1 = f'(1) - [f(1) - f(0)]$$

$$= 2 - (4-1) = -1.$$

例 9 设函数 $f(x) = \int_1^{x^2} \frac{\sin t}{t}dt$,求 $\int_0^1 xf(x)dx$.

解 $\int_0^1 xf(x)dx = \frac{1}{2}\int_0^1 f(x)d(x^2) = \frac{1}{2}\left[x^2 f(x)\Big|_0^1 - \int_0^1 x^2 f'(x)dx\right]$

$$= \frac{1}{2}f(1) - \frac{1}{2}\int_0^1 x^2 \cdot \frac{\sin x^2}{x^2} \cdot 2x dx$$

$$= \frac{1}{2}\int_1^1 \frac{\sin t}{t}dt - \frac{1}{2}\int_0^1 \sin x^2 d(x^2)$$

$$= 0 + \frac{1}{2}\cos x^2\Big|_0^1 = \frac{1}{2}(\cos 1 - 1).$$

习题 6.4

1. 用定积分的分部积分法求下列定积分：

(1) $\int_1^e x\ln x\,dx$;

(2) $\int_0^{\frac{\pi}{2}} x\sin 2x\,dx$;

(3) $\int_1^4 \dfrac{\ln x}{\sqrt{x}}\,dx$;

(4) $\int_{\frac{\pi}{6}}^{\frac{\pi}{4}} \dfrac{x}{\sin^2 x}\,dx$;

(5) $\int_0^{2\pi} \dfrac{x(1+\cos 2x)}{2}\,dx$;

(6) $\int_{\frac{1}{e}}^{e} |\ln x|\,dx$;

(7) $\int_1^e \sin(\ln x)\,dx$;

(8) $\int_0^{\sqrt{\ln 2}} x^3 e^{x^2}\,dx$.

2. 设函数 $f(x) = \int_1^x e^{-t^2}\,dt$，求 $\int_0^1 f(x)\,dx$.

3. 若 $F(x) = xe^x$ 为函数 $f(x)$ 的一个原函数，求 $\int_0^1 xf'(x)\,dx$.

§6.5 定积分的应用

一、定积分的几何学应用

由前面的学习已经知道，定积分的几何意义是：如果函数 $y=f(x)$ 在区间 $[a,b]$ 上连续，且 $f(x) \geqslant 0$，则定积分 $\int_a^b f(x)\,dx$ 在几何上表示由曲线 $y=f(x)$，直线 $x=a$，$x=b$ 及 x 轴所围成的曲边梯形的面积. 我们很容易由此推出定积分在几何学上的应用——求直角坐标系下平面图形的面积.

平面图形分以下三种情况：

（1）如图 6-15 所示，平面图形由上、下两条连续曲线 $y=f(x)$ 和 $y=g(x)$（$f(x) \geqslant g(x)$）与左、右两条垂直于 x 轴的直线 $x=a$ 和 $x=b$（$a \leqslant b$）所围成. 这时，平面图形完全落在两条直线 $x=a$，$x=b$ 形成的带形区域内，选取 x 为积分变量，积分区间为 $[a,b]$，则其面积为

$$S = \int_a^b [f(x) - g(x)]\,dx.$$

图 6-15(b)，(c) 均为图 6-15(a) 的特殊情况，现就图 6-15(a) 给出证明.

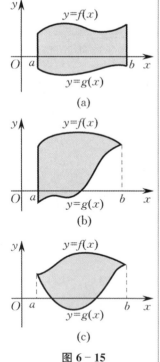

平面图形的面积公式

图 6-15

证 取实数 m，使得 $g(x)+m>0$，$f(x)+m>0$.

显然，由曲线 $y=g(x)+m$，$y=f(x)+m$ 和直线 $x=a$，$x=b$ 所围成的平面图形的面积也是 S（见图 6-16），且其值等于两个曲边梯形面积的差，即

$$S = \int_a^b [f(x)+m] \mathrm{d}x - \int_a^b [g(x)+m] \mathrm{d}x$$
$$= \int_a^b [f(x)-g(x)] \mathrm{d}x.$$

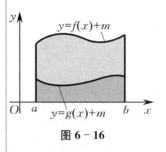

图 6-16

(2) 如图 6-17 所示，平面图形由左、右两条连续曲线 $x=g(y)$ 和 $x=f(y)$（$f(y) \geqslant g(y)$）与上、下两条垂直于 y 轴的直线 $y=d$ 和 $y=c$（$c \leqslant d$）所围成. 这时，平面图形完全落在两条直线 $y=c$，$y=d$ 形成的带形区域内，选取 y 为积分变量，积分区间为 $[c,d]$，则其面积为

$$S = \int_c^d [f(y)-g(y)] \mathrm{d}y.$$

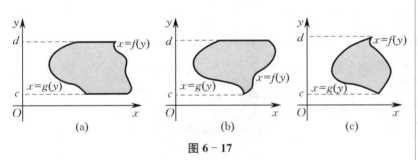

图 6-17

(3) 如图 6-18 所示，平面图形为一般形状. 求面积时可先用若干条与 x 轴、y 轴平行的直线（越少越好）将平面图形分成若干个 (1)，(2) 的情况，再利用可加性即可.

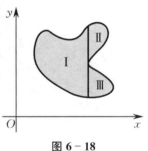

图 6-18

例 1 求由抛物线 $y=x^2$ 与直线 $y=x+2$ 所围成的平面图形的面积.

解 求得 $(-1,1)$ 和 $(2,4)$ 是两线的交点（见图 6-19）.

这是情况 (1)，由公式可得所求平面图形的面积为

$$S = \int_{-1}^{2} [(x+2)-x^2] \mathrm{d}x = \left(\frac{1}{2}x^2 + 2x - \frac{1}{3}x^3\right)\bigg|_{-1}^{2} = \frac{9}{2}.$$

例 2 求由抛物线 $y^2=2x$ 与直线 $y=x-4$ 所围成的平面图形的面积.

解 求得 $(2,-2)$ 和 $(8,4)$ 是两线的交点（见图 6-20）.

这是情况 (2)，由公式可得所求平面图形的面积为

$$S = \int_{-2}^{4} \left(y+4-\frac{1}{2}y^2\right) \mathrm{d}y = \left(\frac{1}{2}y^2 + 4y - \frac{1}{6}y^3\right)\bigg|_{-2}^{4} = 18.$$

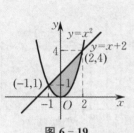
图 6-19

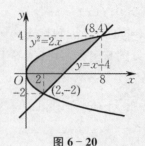
图 6-20

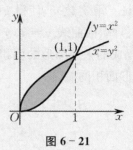
图 6-21

例 3 求由抛物线 $y=x^2$ 与 $x=y^2$ 所围成的平面图形的面积.

解 求得 $(0,0)$ 和 $(1,1)$ 是两线的交点(见图 6-21).

这个平面图形既可以看成情况(1),又可以看成情况(2).

若看成情况(1),则由公式可得所求平面图形的面积为

$$S=\int_0^1(\sqrt{x}-x^2)\mathrm{d}x=\left(\frac{2}{3}x^{\frac{3}{2}}-\frac{1}{3}x^3\right)\Big|_0^1=\frac{1}{3}.$$

若看成情况(2),则由公式可得所求平面图形的面积为

$$S=\int_0^1(\sqrt{y}-y^2)\mathrm{d}y=\left(\frac{2}{3}y^{\frac{3}{2}}-\frac{1}{3}y^3\right)\Big|_0^1=\frac{1}{3}.$$

例 4 求由椭圆 $\dfrac{x^2}{a^2}+\dfrac{y^2}{b^2}=1$ 所围成的平面图形的面积.

解 如图 6-22 所示,设椭圆在第一象限内的面积为 S_1,则椭圆的面积为 $S=4S_1$,即有

$$S=4S_1=4\int_0^a\frac{b}{a}\sqrt{a^2-x^2}\mathrm{d}x=\frac{4b}{a}\int_0^a\sqrt{a^2-x^2}\mathrm{d}x=\frac{4b}{a}\cdot\frac{\pi a^2}{4}=ab\pi.$$

定积分 $\int_0^a\sqrt{a^2-x^2}\mathrm{d}x$ 在几何上表示以坐标原点为圆心,以 a 为半径的四分之一圆的面积.

例 5 求由曲线 $y=\dfrac{x^2}{2},y=\dfrac{1}{1+x^2}$ 与直线 $x=-\sqrt{3},x=\sqrt{3}$ 所围成的平面图形的面积.

解 由于所求平面图形是关于 y 轴对称的,因此所求面积 S 是所求平面图形在第一象限内的两小块阴影部分面积和的两倍,如图 6-23 所示.

在第一象限内的平面图形是情况(1),且两线交点的横坐标为 $x=1$,于是所求平面图形的面积为

$$S=2\left[\int_0^1\left(\frac{1}{1+x^2}-\frac{x^2}{2}\right)\mathrm{d}x+\int_1^{\sqrt{3}}\left(\frac{x^2}{2}-\frac{1}{1+x^2}\right)\mathrm{d}x\right]$$
$$=2\left[\left(\arctan x-\frac{x^3}{6}\right)\Big|_0^1+\left(\frac{x^3}{6}-\arctan x\right)\Big|_1^{\sqrt{3}}\right]=\frac{1}{3}(\pi+3\sqrt{3}-2).$$

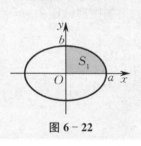
图 6-22

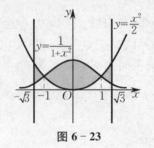
图 6-23

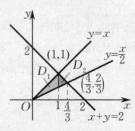
图 6-24

例 6 求由直线 $y=x, y=\dfrac{x}{2}$ 及 $x+y=2$ 所围成的平面图形的面积.

解 求得 $(0,0),(1,1)$ 和 $\left(\dfrac{4}{3},\dfrac{2}{3}\right)$ 分别是三线两两相交的交点,如图 6-24 所示.
这是情况(3),需要作直线 $x=1$ 将平面图形分割成两部分 D_1 和 D_2,其面积分别为 S_1, S_2. 这两部分都可看成情况(1),积分区间分别为 $[0,1]$ 和 $\left[1,\dfrac{4}{3}\right]$. 于是,所求平面图形的面积为

$$S = S_1 + S_2 = \int_0^1 \left(x - \dfrac{x}{2}\right) dx + \int_1^{\frac{4}{3}} \left[(2-x) - \dfrac{x}{2}\right] dx$$

$$= \int_0^1 \dfrac{x}{2} dx + \int_1^{\frac{4}{3}} \left(2 - \dfrac{3}{2}x\right) dx = \dfrac{x^2}{4}\bigg|_0^1 + \left(2x - \dfrac{3}{4}x^2\right)\bigg|_1^{\frac{4}{3}} = \dfrac{1}{4} + \dfrac{1}{12} = \dfrac{1}{3}.$$

注:求平面图形的面积的步骤如下:
(1) 在 xOy 面上画出平面图形;
(2) 观察平面图形的视觉特征属于三种情况中的哪一种,确定积分区间,曲边用相应的显函数表示;
(3) 使用相应的积分公式求面积.

二、定积分的经济学应用

1. 由边际函数求总函数

设某产品的固定成本为 C_0,边际成本函数为 $C'(Q)$,边际收入函数为 $R'(Q)$,其中 Q 为产量,并假定该产品处于产销平衡状态,则根据经济学的有关理论及定积分的定义易知:

总成本函数 $C(Q) = \int_0^Q C'(Q) dQ + C_0$;

总收入函数 $R(Q) = \int_0^Q R'(Q) dQ$;

总利润函数 $L(Q) = R(Q) - C(Q)$
$$= \int_0^Q [R'(Q) - C'(Q)] dQ - C_0.$$

例 7 设某产品的边际成本函数(单位:万元/百台)为 $C'(Q) = 4 + \dfrac{Q}{4}$,固定成本(单位:万元)$C_0 = 1$,边际收入函数(单位:万元/百台)为 $R'(Q) = 8 - Q$,求:
(1) 产量从 100 台增加到 500 台的总成本增量;
(2) 总成本函数 $C(Q)$ 和总收入函数 $R(Q)$;
(3) 产量为多少时,总利润最大?并求最大利润.

解 (1) 产量从 100 台增加到 500 台的总成本增量(单位:万元)为

$$\int_1^5 C'(Q) dQ = \int_1^5 \left(4 + \dfrac{Q}{4}\right) dQ = \left(4Q + \dfrac{Q^2}{8}\right)\bigg|_1^5 = 19.$$

(2) 总成本函数(单位:万元)为

$$C(Q) = \int_0^Q C'(Q)dQ + C_0 = \int_0^Q \left(4 + \frac{Q}{4}\right)dQ + 1 = 4Q + \frac{Q^2}{8} + 1,$$

总收入函数(单位:万元)为

$$R(Q) = \int_0^Q R'(Q)dQ = \int_0^Q (8-Q)dQ = 8Q - \frac{Q^2}{2}.$$

(3) 总利润函数(单位:万元)为

$$L(Q) = R(Q) - C(Q) = \left(8Q - \frac{Q^2}{2}\right) - \left(4Q + \frac{Q^2}{8} + 1\right) = -\frac{5}{8}Q^2 + 4Q - 1,$$

于是得

$$L'(Q) = -\frac{5}{4}Q + 4.$$

令 $L'(Q) = 0$,解得唯一驻点 $Q = 3.2$. 又因 $L''(3.2) = -\frac{5}{4} < 0$,故当产量为 320 台时,总利润最大,最大利润(单位:万元)为 $L(3.2) = 5.4$.

2. 消费者剩余和生产者剩余

在市场经济中,生产并销售某一商品的数量可由这一商品的供给曲线与需求曲线来描述. **供给曲线**描述的是生产者根据不同的价格水平所提供的商品数量,一般假定价格上涨时,供给量将会增加. 因此,把供给量看成价格的函数,这是一个单调增加函数,即供给曲线是单调增加的. **需求曲线**则反映了消费者的购买行为,通常假定价格上涨时,购买量下降,即需求曲线随价格的上升而单调减少(见图 6-25).

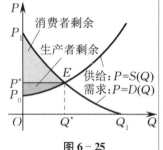

图 6-25

需求量与供给量都是价格的函数,但经济学家习惯用纵坐标表示价格,横坐标表示需求量或供给量. 在市场经济下,价格和数量在不断调整,最后趋向于平衡价格和平衡数量,分别用 P^* 和 Q^* 表示,也即供给曲线与需求曲线的交点 E 的纵坐标和横坐标.

在图 6-25 中,P_0 是供给曲线在价格坐标轴上的截距. 也就是说,当价格为 P_0 时,供给量是零,只有价格高于 P_0 时,才有供给量;P_1 是需求曲线在价格坐标轴上的截距,当价格为 P_1 时,需求量是零,只有价格低于 P_1 时,才有需求量;Q_1 则表示当商品免费赠送时的最大需求量.

在市场经济中,有时一些消费者愿意对某种商品付出比他们实际所付出的市场价格 P^* 更高的价格,这些消费者由此所得到的好处称为**消费者剩余**(CS). 由图 6-25 可以看出

$$CS = \int_0^{Q^*} D(Q)dQ - P^* Q^*.$$

式中 $\int_0^{Q^*} D(Q)dQ$ 表示消费者愿意高价支出的总货币量,$P^* Q^*$ 表示消费者的实际支出. 两者之差为消费者省下来的钱,即消费者剩余.

同理,对生产者来说,有时也有一些生产者愿意以比他们实际

出售的市场价格 P^* 要低的价格出售他们的商品,这些生产者由此所得到的好处称为**生产者剩余**(PS). 如图 6-25 所示,有

$$PS = P^* Q^* - \int_0^{Q^*} S(Q) dQ.$$

式中 $P^* Q^*$ 表示生产者的实际收入,$\int_0^{Q^*} S(Q) dQ$ 表示生产者愿意低价出售的总货币量. 两者之差为生产者所获得的额外利益,即生产者剩余.

例 8 设需求函数为 $D(Q) = 24 - 3Q$,供给函数为 $S(Q) = 2Q + 9$,求消费者剩余和生产者剩余.

解 先求出平衡价格与平衡数量. 由 $24 - 3Q = 2Q + 9$,得 $Q^* = 3, P^* = 15$. 于是,得

$$CS = \int_0^3 (24 - 3Q) dQ - 15 \times 3 = \left(24Q - \frac{3}{2}Q^2\right)\Big|_0^3 - 45 = \frac{27}{2},$$

$$PS = 15 \times 3 - \int_0^3 (2Q + 9) dQ = 45 - (Q^2 + 9Q)\Big|_0^3 = 9.$$

三、定积分在其他方面的应用

例 9 某城市人口数的分布规律是:离市中心越近,人口密度越大;离市中心越远,人口密度越小. 假设该城市的边缘处人口密度为 0,且在离市中心距离(单位:km)为 r 处人口密度(单位:人 /km²)为

$$\rho(r) = 1\,000(20 - r).$$

试求出这个城市的人口总数 N.

解 因为由假设可知,该城市的边缘处人口密度为 0,所以这个城市边缘处距市中心的距离可由 $\rho(r) = 1\,000(20 - r) = 0$ 求得,即 $r = 20$. 于是,该城市的人口总数(单位:人)应为

$$N = \int_0^{20} \rho(r) \cdot 2\pi r dr = 2\,000\pi \int_0^{20} (20 - r) r dr \approx 8\,377\,580.$$

例 10 若某公路在距第一个收费站距离(单位:km)为 x 处的汽车密度(单位:辆 /km)为

$$\rho(r) = 20(1 + \cos x).$$

试问:距第一个收费站 40 km 的这一段公路上有多少辆汽车?

解 $\int_0^{40} 20(1 + \cos x) dx = 20(x + \sin x)\Big|_0^{40} = 20(40 + \sin 40) \approx 815.$

例 11 如果地球大气层的大气温度是常数,那么大气层中大气密度 ρ(单位:kg/m³)是海拔高度 h(单位:m)的函数:

$$\rho(h) = 1.28 e^{-0.000\,124 h}.$$

试求出从海拔 $h = 0$ 到 $h = 100$ 之间单位平方米大气的质量 M(单位:kg).

解 $M = \int_0^{100} \rho(h)dh = \int_0^{100} 1.28 e^{-0.000\,124h} dh = -\dfrac{1.28}{0.000\,124} e^{-0.000\,124h} \Big|_0^{100} \approx 127.$

习题 6.5

1. 求下列由曲线所围成的平面图形的面积：
(1) 由曲线 $y = e^x$，直线 $y = e$ 及 y 轴所围成的平面图形；
(2) 由曲线 $y = 3 - x^2$，直线 $y = 2x$ 所围成的平面图形；
(3) 由曲线 $y = \dfrac{1}{x}$，直线 $y = x$ 及 $x = 2$ 所围成的平面图形；
(4) 由曲线 $y = e^x$, $y = e^{-x}$ 与直线 $x = 1$ 所围成的平面图形；
(5) 由曲线 $y = x^2$, $4y = x^2$ 与直线 $y = 1$ 所围成的平面图形；
(6) 由曲线 $y = x^2$ 与直线 $y = x, y = 2x$ 所围成的平面图形.

2. 一抛物线 $y = ax^2 + bx + c$ 通过 $(0,0)$, $(1,2)$ 两点，且 $a < 0$. 试确定 a, b, c 的值，使得该抛物线与 x 轴所围成的平面图形的面积最小.

3. 已知某产品总产量的变化率（单位：t/年）是时间 t（单位：年）的函数
$$f(t) = 2t + 5 \quad (t \geq 0).$$
问：第一个 5 年和第二个 5 年的总产量各是多少？

4. 某厂生产某产品的边际成本函数（单位：万元/百台）为 $C'(Q) = 2$（设固定成本为 0），边际收入函数（单位：万元/百台）为 $R'(Q) = 7 - 2Q$. 问：
(1) 当产量为多少时，总利润最大？最大利润为多少？
(2) 在总利润最大的基础上又生产了 50 台时，总利润减少了多少？

§6.6 广义积分初步

前面我们讨论定积分时，是以有限区间与有界函数（特别是连续函数）为前提的. 但是为了解决某些问题，有时不得不考察无限区间上的积分或无界函数的积分. 这两类积分叫作广义积分.

一、无限区间上的广义积分

定义 1 设函数 $f(x)$ 在区间 $[a, +\infty)$ 上连续. 如果极限
$$\lim_{b \to +\infty} \int_a^b f(x)dx \quad (b > a)$$
存在，则称此极限值为 $f(x)$ 在 $[a, +\infty)$ 上的**广义积分**，记作
$$\int_a^{+\infty} f(x)dx = \lim_{b \to +\infty} \int_a^b f(x)dx.$$

这时,我们称广义积分 $\int_a^{+\infty} f(x)\mathrm{d}x$ **存在**或**收敛**. 如果上述极限不存在,则称此广义积分**不存在**或**发散**.

类似地,设函数 $f(x)$ 在区间 $(-\infty, b]$ 上连续. 如果极限
$$\lim_{a\to -\infty}\int_a^b f(x)\mathrm{d}x \quad (b>a)$$
存在,则称此极限值为 $f(x)$ 在 $(-\infty, b]$ 上的广义积分,记作
$$\int_{-\infty}^b f(x)\mathrm{d}x = \lim_{a\to -\infty}\int_a^b f(x)\mathrm{d}x.$$

这时,我们称广义积分 $\int_{-\infty}^b f(x)\mathrm{d}x$ **存在**或**收敛**. 如果上述极限不存在,则称此广义积分**不存在**或**发散**.

设函数 $f(x)$ 在区间 $(-\infty, +\infty)$ 上连续,则 $f(x)$ 在 $(-\infty, +\infty)$ 上的广义积分定义为
$$\int_{-\infty}^{+\infty} f(x)\mathrm{d}x = \int_{-\infty}^c f(x)\mathrm{d}x + \int_c^{+\infty} f(x)\mathrm{d}x \quad (-\infty < c < +\infty).$$
若 $\int_{-\infty}^c f(x)\mathrm{d}x$ 与 $\int_c^{+\infty} f(x)\mathrm{d}x$ 都收敛,则称广义积分 $\int_{-\infty}^{+\infty} f(x)\mathrm{d}x$ **收敛**;否则,称广义积分 $\int_{-\infty}^{+\infty} f(x)\mathrm{d}x$ **发散**.

上述三种广义积分统称为**无限区间上的广义积分**.

注:与定积分的情况类似,我们也可以考虑无限区间上的广义积分的几何意义:若对于一切 $x\in [a, +\infty)$,有 $f(x)\geqslant 0$,且 $\int_a^{+\infty} f(x)\mathrm{d}x$ 收敛,则 $\int_a^{+\infty} f(x)\mathrm{d}x$ 表示的就是由曲线 $y=f(x)$,直线 $x=a$ 及 x 轴所围成的无穷区域的面积(见图 6-26). 若 $\int_a^{+\infty} f(x)\mathrm{d}x$ 发散,则该无穷区域没有有限面积.

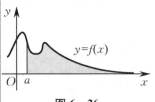

图 6-26

例 1 计算广义积分 $\int_0^{+\infty} \mathrm{e}^{-x}\mathrm{d}x$.

解 对于任意 $b>0$,有
$$\int_0^b \mathrm{e}^{-x}\mathrm{d}x = -\mathrm{e}^{-x}\Big|_0^b = 1-\mathrm{e}^{-b},$$
于是
$$\lim_{b\to +\infty}\int_0^b \mathrm{e}^{-x}\mathrm{d}x = \lim_{b\to +\infty}(1-\mathrm{e}^{-b}) = 1-0 = 1.$$
因此
$$\int_0^{+\infty} \mathrm{e}^{-x}\mathrm{d}x = \lim_{b\to +\infty}\int_0^b \mathrm{e}^{-x}\mathrm{d}x = 1.$$

注:也可写成 $\int_0^{+\infty} \mathrm{e}^{-x}\mathrm{d}x = -\mathrm{e}^{-x}\Big|_0^{+\infty} = 0-(-1) = 1.$

例 2 判定广义积分 $\int_0^{+\infty} \sin x \, dx$ 的敛散性.

解 对于任意 $b>0$,有
$$\int_0^b \sin x \, dx = -\cos x \Big|_0^b = -\cos b + \cos 0 = 1 - \cos b.$$

因为 $\lim\limits_{b \to +\infty}(1-\cos b)$ 不存在,所以由定义可知,广义积分 $\int_0^{+\infty} \sin x \, dx$ 发散.

例 3 计算广义积分 $\int_0^{+\infty} x e^{-x^2} \, dx$.

解 $\int_0^{+\infty} x e^{-x^2} \, dx = \lim\limits_{b \to +\infty} \int_0^b x e^{-x^2} \, dx = \lim\limits_{b \to +\infty} \left[-\frac{1}{2} \int_0^b e^{-x^2} \, d(-x^2) \right]$
$= \lim\limits_{b \to +\infty} \left(-\frac{1}{2} e^{-x^2} \right) \Big|_0^b = -\frac{1}{2} \lim\limits_{b \to +\infty} (e^{-b^2} - 1) = \frac{1}{2}.$

例 4 证明:广义积分 $\int_1^{+\infty} \frac{dx}{x^p}$ 当 $p>1$ 时收敛;当 $p \leqslant 1$ 时发散.

解 当 $p=1$ 时,
$$\int_1^{+\infty} \frac{dx}{x^p} = \int_1^{+\infty} \frac{dx}{x} = \ln x \Big|_1^{+\infty} = +\infty;$$

当 $p<1$ 时,
$$\int_1^{+\infty} \frac{dx}{x^p} = \frac{1}{1-p} x^{1-p} \Big|_1^{+\infty} = +\infty;$$

当 $p>1$ 时,
$$\int_1^{+\infty} \frac{dx}{x^p} = \frac{1}{1-p} x^{1-p} \Big|_1^{+\infty} = \frac{1}{p-1}.$$

因此,当 $p>1$ 时该广义积分收敛,其值为 $\frac{1}{p-1}$;当 $p \leqslant 1$ 时该广义积分发散.

例 5 计算广义积分 $\int_{-\infty}^{+\infty} \frac{dx}{1+x^2}$.

解 $\int_{-\infty}^{+\infty} \frac{dx}{1+x^2} = \int_{-\infty}^0 \frac{dx}{1+x^2} + \int_0^{+\infty} \frac{dx}{1+x^2} = \lim\limits_{a \to -\infty} \int_a^0 \frac{dx}{1+x^2} + \lim\limits_{b \to +\infty} \int_0^b \frac{dx}{1+x^2}$
$= \lim\limits_{a \to -\infty} \arctan x \Big|_a^0 + \lim\limits_{b \to +\infty} \arctan x \Big|_0^b = -\lim\limits_{a \to -\infty} \arctan a + \lim\limits_{b \to +\infty} \arctan b$
$= -\left(-\frac{\pi}{2} \right) + \frac{\pi}{2} = \pi.$

注:这个广义积分的几何意义是:当 $a \to -\infty, b \to +\infty$ 时,虽然图中阴影部分向左、右无限延伸(见图 6-27),但其面积却有极限值 π.简单地说,它是位于曲线 $y = \frac{1}{1+x^2}$ 的下方、x 轴上方的无穷区域的面积.

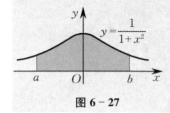

图 6-27

二、无界函数的广义积分

定义 2 设函数 $f(x)$ 在区间 $(a,b]$ 上连续,当 $x \to a^+$ 时, $f(x) \to \infty$（称点 a 为 $f(x)$ 的**瑕点**）. 如果极限

$$\lim_{\varepsilon \to 0^+} \int_{a+\varepsilon}^{b} f(x) \mathrm{d}x$$

存在,则称此极限值为无界函数 $f(x)$ 在 $(a,b]$ 上的**广义积分**,记作

$$\int_a^b f(x) \mathrm{d}x = \lim_{\varepsilon \to 0^+} \int_{a+\varepsilon}^{b} f(x) \mathrm{d}x.$$

这时,我们称广义积分 $\int_a^b f(x) \mathrm{d}x$ **存在**或**收敛**. 如果上述极限不存在,则称此广义积分**不存在**或**发散**.

类似地,设函数 $f(x)$ 在区间 $[a,b)$ 上连续,当 $x \to b^-$ 时, $f(x) \to \infty$（点 b 为 $f(x)$ 的瑕点）. 如果极限

$$\lim_{\varepsilon \to 0^+} \int_{a}^{b-\varepsilon} f(x) \mathrm{d}x$$

存在,则称此极限值为无界函数 $f(x)$ 在 $[a,b)$ 上的广义积分,记作

$$\int_a^b f(x) \mathrm{d}x = \lim_{\varepsilon \to 0^+} \int_{a}^{b-\varepsilon} f(x) \mathrm{d}x.$$

这时,我们称广义积分 $\int_a^b f(x) \mathrm{d}x$ **存在**或**收敛**. 如果上述极限不存在,则称此广义积分**不存在**或**发散**.

设函数 $f(x)$ 在区间 $[a,b]$ 上除点 $c(a < c < b)$ 外连续,且当 $x \to c$ 时, $f(x) \to \infty$（点 c 为 $f(x)$ 的瑕点）,则 $f(x)$ 在 $[a,b]$ 上的广义积分定义为

$$\int_a^b f(x) \mathrm{d}x = \int_a^c f(x) \mathrm{d}x + \int_c^b f(x) \mathrm{d}x.$$

如果两个广义积分 $\int_a^c f(x) \mathrm{d}x$ 与 $\int_c^b f(x) \mathrm{d}x$ 都收敛,则称广义积分 $\int_a^b f(x) \mathrm{d}x$ **收敛**；否则,称广义积分 $\int_a^b f(x) \mathrm{d}x$ **发散**.

上述三种广义积分统称为**无界函数的广义积分**或**瑕积分**.

例 6 计算广义积分 $\int_0^1 \ln x \mathrm{d}x$.

解 因为被积函数 $\ln x$ 当 $x \to 0^+$ 时无界,所以按定义有

$$\int_0^1 \ln x \mathrm{d}x = \lim_{\varepsilon \to 0^+} \int_{\varepsilon}^1 \ln x \mathrm{d}x = \lim_{\varepsilon \to 0^+} (x\ln x - x)\Big|_{\varepsilon}^1$$
$$= \lim_{\varepsilon \to 0^+} (-1 - \varepsilon\ln \varepsilon + \varepsilon).$$

由于

$$\lim_{\varepsilon \to 0^+} \varepsilon \ln \varepsilon = \lim_{\varepsilon \to 0^+} \frac{\ln \varepsilon}{\frac{1}{\varepsilon}} = \lim_{\varepsilon \to 0^+} \frac{\frac{1}{\varepsilon}}{-\frac{1}{\varepsilon^2}} = \lim_{\varepsilon \to 0^+} (-\varepsilon) = 0,$$

因此 $\int_0^1 \ln x \, dx = -1$.

例 7 计算广义积分 $\int_1^2 \frac{dx}{x \ln x}$.

解 因为被积函数 $\frac{1}{x \ln x}$ 当 $x \to 1^+$ 时无界,所以按定义有

$$\int_1^2 \frac{dx}{x \ln x} = \lim_{\varepsilon \to 0^+} \int_{1+\varepsilon}^2 \frac{dx}{x \ln x} = \lim_{\varepsilon \to 0^+} \int_{1+\varepsilon}^2 \frac{d(\ln x)}{\ln x}$$
$$= \lim_{\varepsilon \to 0^+} \ln(\ln x) \Big|_{1+\varepsilon}^2 = \lim_{\varepsilon \to 0^+} \{\ln(\ln 2) - \ln[\ln(1+\varepsilon)]\} = +\infty.$$

故该广义积分发散.

例 8 讨论广义积分 $\int_0^1 \frac{dx}{x^q} (q > 0)$ 的敛散性.

解 当 $q = 1$ 时,
$$\int_0^1 \frac{dx}{x^q} = \int_0^1 \frac{dx}{x} = \ln x \Big|_0^1 = +\infty;$$

当 $q \neq 1$ 时,
$$\int_0^1 \frac{dx}{x^q} = \frac{x^{1-q}}{1-q} \Big|_0^1 = \begin{cases} +\infty, & q > 1, \\ \frac{1}{1-q}, & 0 < q < 1. \end{cases}$$

因此,当 $0 < q < 1$ 时该广义积分收敛,其值为 $\frac{1}{1-q}$;当 $q \geq 1$ 时该广义积分发散.

例 9 讨论广义积分 $\int_{-1}^1 \frac{dx}{x^2}$ 的敛散性.

解 因为函数 $\frac{1}{x^2}$ 在区间 $[-1,1]$ 上除点 $x = 0$ 外连续,且 $\lim_{x \to 0} \frac{1}{x^2} = +\infty$,所以 $\int_{-1}^1 \frac{dx}{x^2}$ 是广义积分.

由例 8 的结论很快得到广义积分 $\int_0^1 \frac{dx}{x^2}$ 发散,因此广义积分 $\int_{-1}^1 \frac{dx}{x^2}$ 发散.

注:如果忽略了 $x = 0$ 是被积函数的瑕点,就会得出以下的错误结果:
$$\int_{-1}^1 \frac{dx}{x^2} = -\frac{1}{x} \Big|_{-1}^1 = -1 - 1 = -2.$$

三、Γ 函数

下面讨论一个在概率中要用到的积分区间无限且含有参变量的积分.

定义 3 积分

$$\Gamma(r) = \int_0^{+\infty} x^{r-1} e^{-x} dx \quad (r > 0)$$

是参变量 r 的函数,称为 Γ 函数.

Γ 函数具有如下重要性质.

递推公式:

(1) $\Gamma(r+1) = r\Gamma(r) \quad (r > 0)$;

(2) $\Gamma(n+1) = n!$ (n 为正整数).

证 (1) $\Gamma(r+1) = \int_0^{+\infty} x^r e^{-x} dx = -x^r e^{-x} \Big|_0^{+\infty} + r\int_0^{+\infty} x^{r-1} e^{-x} dx$

$= r\int_0^{+\infty} x^{r-1} e^{-x} dx = r\Gamma(r).$

(2) 因为

$\Gamma(n+1) = n\Gamma(n) = n(n-1)\Gamma(n-1) = \cdots = n!\Gamma(1),$

而 $\Gamma(1) = \int_0^{+\infty} e^{-x} dx = 1$,所以

$$\Gamma(n+1) = n!.$$

例 10 计算 $\Gamma\left(\dfrac{17}{5}\right)$.

解 $\Gamma\left(\dfrac{17}{5}\right) = \Gamma\left(\dfrac{12}{5}+1\right) = \dfrac{12}{5}\Gamma\left(\dfrac{12}{5}\right) = \dfrac{12}{5}\Gamma\left(\dfrac{7}{5}+1\right)$

$= \dfrac{12}{5} \cdot \dfrac{7}{5} \cdot \Gamma\left(\dfrac{7}{5}\right) = \dfrac{12}{5} \cdot \dfrac{7}{5} \cdot \Gamma\left(\dfrac{2}{5}+1\right)$

$= \dfrac{12}{5} \cdot \dfrac{7}{5} \cdot \dfrac{2}{5} \cdot \Gamma\left(\dfrac{2}{5}\right).$

例 11 计算:

(1) $\dfrac{\Gamma(6)}{2\Gamma(3)}$;

(2) $\dfrac{\Gamma\left(\dfrac{5}{2}\right)}{\Gamma\left(\dfrac{1}{2}\right)}$.

解 (1) $\dfrac{\Gamma(6)}{2\Gamma(3)} = \dfrac{5!}{2 \times 2!} = \dfrac{5 \times 4 \times 3}{2} = 30.$

(2) $\dfrac{\Gamma\left(\dfrac{5}{2}\right)}{\Gamma\left(\dfrac{1}{2}\right)} = \dfrac{\dfrac{3}{2}\Gamma\left(\dfrac{3}{2}\right)}{\Gamma\left(\dfrac{1}{2}\right)} = \dfrac{\dfrac{3}{2} \cdot \dfrac{1}{2} \cdot \Gamma\left(\dfrac{1}{2}\right)}{\Gamma\left(\dfrac{1}{2}\right)} = \dfrac{3}{4}.$

例 12 计算下列广义积分:

(1) $\int_0^{+\infty} x^3 e^{-x} dx$;

(2) $\int_0^{+\infty} x^{r-1} e^{-\lambda x} dx \quad (\lambda > 0).$

解 (1) $\int_0^{+\infty} x^3 e^{-x} dx = \Gamma(4) = 3! = 6.$

(2) 令 $\lambda x = y$,则

$$\int_0^{+\infty} x^{r-1} e^{-\lambda x} dx = \dfrac{1}{\lambda} \int_0^{+\infty} \left(\dfrac{y}{\lambda}\right)^{r-1} e^{-y} dy = \dfrac{1}{\lambda^r} \int_0^{+\infty} y^{r-1} e^{-y} dy = \dfrac{1}{\lambda^r}\Gamma(r).$$

Γ 函数还可写成另一形式. 例如, 设 Γ 函数中 $x = t^2$, 则有

$$\Gamma(r) = 2\int_0^{+\infty} t^{2r-1} e^{-t^2} dt.$$

当 $r = \dfrac{1}{2}$ 时,

$$\Gamma\left(\dfrac{1}{2}\right) = 2\int_0^{+\infty} e^{-t^2} dt.$$

可以证明这个积分存在且(这里不加证明地给出结论)

$$\Gamma\left(\dfrac{1}{2}\right) = 2\int_0^{+\infty} e^{-t^2} dt = \sqrt{\pi},$$

从而

$$\int_0^{+\infty} e^{-t^2} dt = \dfrac{\sqrt{\pi}}{2}.$$

这个广义积分是概率论中常用的**泊松积分**.

习题 6.6

1. 判断下列计算是否正确. 为什么?

(1) $\int_{-2}^{2} \dfrac{dx}{x^2} = -\dfrac{1}{x} \Big|_{-2}^{2} = -1$;

(2) $\int_{-\infty}^{+\infty} \dfrac{x}{\sqrt{1+x^2}} dx = 0$ (因为被积函数为奇函数).

2. 判定下列广义积分的敛散性. 若收敛, 计算其值:

(1) $\int_0^{+\infty} e^{-2x} dx$;　　　　　　(2) $\int_1^{+\infty} \dfrac{\ln x}{x} dx$;

(3) $\int_{-\infty}^{+\infty} \dfrac{x}{\sqrt{1+x^2}} dx$;　　　　(4) $\int_{-\infty}^{+\infty} \dfrac{dx}{x^2 + 2x + 2}$;

(5) $\int_0^1 \dfrac{x}{\sqrt{1-x^2}} dx$;　　　　　(6) $\int_0^2 \dfrac{dx}{(x-1)^2}$.

3. 当 k 为何值时, 广义积分 $\int_2^{+\infty} \dfrac{dx}{x(\ln x)^k}$ 收敛? 又为何值时发散?

4. 计算:

(1) $\dfrac{\Gamma(7)}{2\Gamma(4)\Gamma(3)}$;　　　　　　(2) $\dfrac{\Gamma(3)\Gamma\left(\dfrac{3}{2}\right)}{\Gamma\left(\dfrac{9}{2}\right)}$;

(3) $\int_0^{+\infty} x^4 e^{-x} dx$;　　　　　　(4) $\int_0^{+\infty} x^2 e^{-2x^2} dx$.

考研真题

1. 设函数 $f(x)$ 在区间 $[-1, 1]$ 上连续, 则 $x = 0$ 是函数 $g(x) = \dfrac{\int_0^x f(t) dt}{x}$ 的(　　).

A. 跳跃间断点　　　　B. 可去间断点　　　　C. 无穷间断点　　　　D. 振荡间断点

【解答】$\lim\limits_{x \to 0} g(x) = \lim\limits_{x \to 0} \dfrac{\int_0^x f(t)\mathrm{d}t}{x} = \lim\limits_{x \to 0} f(x) = f(0)$，所以 $x = 0$ 是可去间断点，选 B.

2. 设函数 $f\left(x + \dfrac{1}{x}\right) = \dfrac{x + x^3}{1 + x^4}$，则 $\int_2^{2\sqrt{2}} f(x)\mathrm{d}x = $ _____.

【解答】由 $f\left(x + \dfrac{1}{x}\right) = \dfrac{\dfrac{1}{x} + x}{\dfrac{1}{x^2} + x^2} = \dfrac{\dfrac{1}{x} + x}{\left(\dfrac{1}{x} + x\right)^2 - 2}$，得 $f(x) = \dfrac{x}{x^2 - 2}$，所以

$$\int_2^{2\sqrt{2}} f(x)\mathrm{d}x = \int_2^{2\sqrt{2}} \dfrac{x}{x^2 - 2}\mathrm{d}x = \dfrac{1}{2}(\ln 6 - \ln 2) = \dfrac{1}{2}\ln 3.$$

3. 设 $f(x)$ 是以 2 为周期的连续函数，证明：

(1) 对于任意实数 t，有 $\int_t^{t+2} f(x)\mathrm{d}x = \int_0^2 f(x)\mathrm{d}x$；

(2) $G(x) = \int_0^x \left[2f(t) - \int_t^{t+2} f(s)\mathrm{d}s\right]\mathrm{d}t$ 是以 2 为周期的周期函数.

【解答】(1) 设函数 $F(t) = \int_t^{t+2} f(x)\mathrm{d}x$. 由于 $F'(t) = f(t+2) - f(t) = 0$，因此 $F(t)$ 为常数，从而有 $F(t) = F(0)$，即 $\int_t^{t+2} f(x)\mathrm{d}x = \int_0^2 f(x)\mathrm{d}x$.

(2) 因为

$$G(x+2) - G(x) = \int_0^{x+2}\left[2f(t) - \int_0^2 f(s)\mathrm{d}s\right]\mathrm{d}t - \int_0^x\left[2f(t) - \int_0^2 f(s)\mathrm{d}s\right]\mathrm{d}t$$

$$= \int_x^{x+2}\left[2f(t) - \int_0^2 f(s)\mathrm{d}s\right]\mathrm{d}t = 2\int_x^{x+2} f(t)\mathrm{d}t - \int_x^{x+2}\left[\int_0^2 f(s)\mathrm{d}s\right]\mathrm{d}t$$

$$= 2\int_0^2 f(t)\mathrm{d}t - \int_0^2 f(s)\mathrm{d}s \cdot \int_x^{x+2} \mathrm{d}t = 2\int_0^2 f(t)\mathrm{d}t - 2\int_0^2 f(s)\mathrm{d}s = 0,$$

所以 $G(x+2) = G(x)$. 故 $G(x)$ 也是以 2 为周期的周期函数.

4. 使得不等式 $\int_1^x \dfrac{\sin t}{t}\mathrm{d}t > \ln x$ 成立的 x 的取值范围是（　　）.

A. $(0, 1)$　　　　B. $\left(1, \dfrac{\pi}{2}\right)$　　　　C. $\left(\dfrac{\pi}{2}, \pi\right)$　　　　D. $(\pi, +\infty)$

【解答】令函数 $f(x) = \int_1^x \dfrac{\sin t}{t}\mathrm{d}t - \ln x (x > 0)$，有 $f'(x) = \dfrac{\sin x - 1}{x} \leqslant 0 (x > 0)$，且 $f'(x)$ 只在可数个点上等于零，从而 $f(x)$ 当 $x > 0$ 时单调减少. 由 $f(1) = 0$ 可知，当 $x \in (0, 1)$ 时，$f(x) > f(1) = 0$，即 $\int_1^x \dfrac{\sin t}{t}\mathrm{d}t > \ln x$. 故选 A.

5. 设可导函数 $y = y(x)$ 由方程 $\int_0^{x+y} \mathrm{e}^{-t^2}\mathrm{d}t = \int_0^x \sin t^2 \mathrm{d}t$ 所确定，则 $\left.\dfrac{\mathrm{d}y}{\mathrm{d}x}\right|_{x=0} = $ _____.

【解答】由题意可知

$$\int_0^{x+y} \mathrm{e}^{-t^2}\mathrm{d}t = x\int_0^x \sin t^2 \mathrm{d}t. \qquad ①$$

上式两边同时对 x 求导数，得

$$e^{-(x+y)^2}(1+y') = \int_0^x \sin t^2 dt + x\sin x^2. \qquad ②$$

把 $x=0$ 代入式①,得 $y=0$. 再把 $x=0, y=0$ 代入式②,得 $y'=-1$,即 $\dfrac{dy}{dx}\bigg|_{x=0}=-1$.

6. 设定积分 $I = \int_0^{\frac{\pi}{4}} \ln(\sin x)dx, J = \int_0^{\frac{\pi}{4}} \ln(\cot x)dx, K = \int_0^{\frac{\pi}{4}} \ln(\cos x)dx$,则 I, J, K 的大小关系是( ).

A. $I < J < K$ B. $I < K < J$ C. $J < I < K$ D. $K < J < I$

【解答】当 $0 < x < \dfrac{\pi}{4}$ 时,有 $0 < \sin x < \cos x < 1 < \cot x$,所以 $\ln(\sin x) < \ln(\cos x) < \ln(\cot x)$,由定积分的保号性可知,应选 B.

7. 由曲线 $y = \dfrac{4}{x}$,直线 $y = x$ 及 $y = 4x$ 在第一象限内所围成的平面图形的面积为 _____.

【解答】曲线 $y = \dfrac{4}{x}$ 与 $y = x$ 在第一象限内的交点为 $(2,2)$, $y = \dfrac{4}{x}$ 与 $y = 4x$ 在第一象限内的交点为 $(1,4)$,故平面图形的面积为 $S = \int_0^1 (4x-x)dx + \int_1^2 \left(\dfrac{4}{x}-x\right)dx = 4\ln 2$.

8. $\int_1^{+\infty} \dfrac{\ln x}{(1+x)^2} dx = $ _____.

【解答】$\int_1^{+\infty} \dfrac{\ln x}{(1+x)^2} dx = -\int_1^{+\infty} \ln x \, d\left(\dfrac{1}{x+1}\right) = -\left[\dfrac{\ln x}{x+1}\bigg|_1^{+\infty} - \int_1^{+\infty} \dfrac{dx}{x(x+1)}\right]$

$= \ln\dfrac{x}{x+1}\bigg|_1^{+\infty} = \ln 2.$

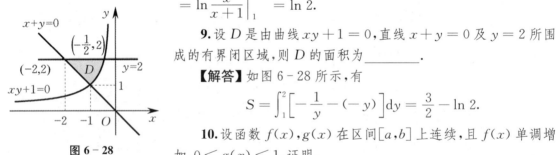

图 6-28

9. 设 D 是由曲线 $xy+1=0$,直线 $x+y=0$ 及 $y=2$ 所围成的有界闭区域,则 D 的面积为 _____.

【解答】如图 6-28 所示,有

$$S = \int_1^2 \left[-\dfrac{1}{y} - (-y)\right] dy = \dfrac{3}{2} - \ln 2.$$

10. 设函数 $f(x), g(x)$ 在区间 $[a,b]$ 上连续,且 $f(x)$ 单调增加,$0 \leqslant g(x) \leqslant 1$,证明:

(1) $0 \leqslant \int_a^x g(t)dt \leqslant x-a \quad (x \in [a,b])$;

(2) $\int_a^{a+\int_a^b g(t)dt} f(x)dx \leqslant \int_a^b f(x)g(x)dx.$

【解答】(1) 由积分中值定理得 $\int_a^x g(t)dt = g(\xi)(x-a) (\xi \in [a,x])$. 因 $0 \leqslant g(x) \leqslant 1$,故

$$0 \leqslant g(\xi)(x-a) \leqslant x-a, \quad 即 \quad 0 \leqslant \int_a^x g(t)dt \leqslant x-a.$$

(2) 令函数 $F(u) = \int_a^u f(x)g(x)dx - \int_a^{a+\int_a^u g(t)dt} f(x)dx \, (a \leqslant u \leqslant b)$,则

$$F'(u)=f(u)g(u)-f\Big[a+\int_a^u g(t)\mathrm{d}t\Big]g(u)=g(u)\Big\{f(u)-f\Big[a+\int_a^u g(t)\mathrm{d}t\Big]\Big\}.$$

由(1)可知 $0\leqslant\int_a^u g(t)\mathrm{d}t\leqslant u-a$，从而 $a\leqslant a+\int_a^u g(t)\mathrm{d}t\leqslant u$. 由于 $f(x)$ 单调增加，则 $f(u)-f\Big[a+\int_a^u g(t)\mathrm{d}t\Big]\geqslant 0$，因此 $F'(u)\geqslant 0$，即 $F(u)$ 单调不减. 于是，有

$$F(u)\geqslant F(a)=0.$$

取 $u=b$，得 $F(b)\geqslant 0$，即所证结论成立.

本章小结

知识导航图

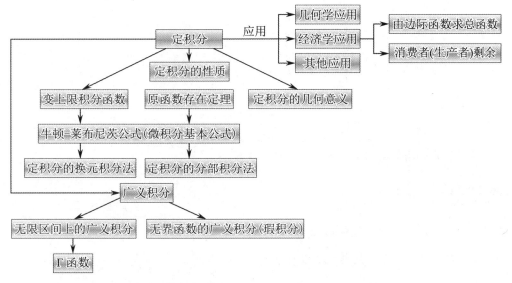

一、定积分的概念和基本性质

1. 定积分：$\int_a^b f(x)\mathrm{d}x=\lim\limits_{\lambda\to 0}\sum\limits_{i=1}^n f(\xi_i)\Delta x_i$，其中 $\lambda=\max\{\Delta x_1,\Delta x_2,\cdots,\Delta x_n\}$.

2. 定积分的几何意义：$\int_a^b f(x)\mathrm{d}x$ 表示介于 x 轴、曲线 $y=f(x)$ 及两条直线 $x=a,x=b$ 之间的各部分面积的代数和.

3. 定积分的基本性质.

(1) $\int_a^b kf(x)\mathrm{d}x=k\int_a^b f(x)\mathrm{d}x.$

(2) $\int_a^b [f(x)\pm g(x)]\mathrm{d}x=\int_a^b f(x)\mathrm{d}x\pm\int_a^b g(x)\mathrm{d}x.$

(3) 积分区间可加性：$\int_a^b f(x)\mathrm{d}x=\int_a^c f(x)\mathrm{d}x+\int_c^b f(x)\mathrm{d}x.$

(4) $\int_a^b 1\mathrm{d}x=\int_a^b \mathrm{d}x=b-a.$

(5) 如果在区间 $[a,b]$ 上，$f(x) \geqslant 0$，则 $\int_a^b f(x) \mathrm{d}x \geqslant 0 (a<b)$.

① 如果在区间 $[a,b]$ 上，$f(x) \leqslant g(x)$，则 $\int_a^b f(x) \mathrm{d}x \leqslant \int_a^b g(x) \mathrm{d}x (a<b)$.

② $\left| \int_a^b f(x) \mathrm{d}x \right| \leqslant \int_a^b |f(x)| \mathrm{d}x \quad (a<b)$.

(6) 积分估值定理：$m(b-a) \leqslant \int_a^b f(x) \mathrm{d}x \leqslant M(b-a)$，其中 M 和 m 分别为函数 $f(x)$ 在区间 $[a,b]$ 上的最大值和最小值.

(7) 积分中值定理：如果函数 $f(x)$ 在区间 $[a,b]$ 上连续，则在 $[a,b]$ 上至少存在一点 ξ，使得 $\int_a^b f(x) \mathrm{d}x = f(\xi)(b-a)$.

(8) 连续奇、偶函数的积分性质：

当 $f(x)$ 为连续奇函数时，$\int_{-a}^a f(x) \mathrm{d}x = 0$；

当 $f(x)$ 为连续偶函数时，$\int_{-a}^a f(x) \mathrm{d}x = 2 \int_0^a f(x) \mathrm{d}x$.

二、基本定理

1. 变上限积分函数及其导数.

(1) $\dfrac{\mathrm{d}}{\mathrm{d}x} \left(\int_a^x f(t) \mathrm{d}t \right) = f(x) \quad$（$a$ 为任意常数）.

(2) $\dfrac{\mathrm{d}}{\mathrm{d}x} \left(\int_a^{\alpha(x)} f(t) \mathrm{d}t \right) = f[\alpha(x)] \alpha'(x)$.

(3) $\dfrac{\mathrm{d}}{\mathrm{d}x} \left(\int_{\beta(x)}^{\alpha(x)} f(t) \mathrm{d}t \right) = f[\alpha(x)] \alpha'(x) - f[\beta(x)] \beta'(x)$.

2. 牛顿-莱布尼茨公式（微积分基本公式）.

$$\int_a^b f(x) \mathrm{d}x = F(x) \Big|_a^b = F(b) - F(a).$$

三、定积分的换元积分法与分部积分法

1. 换元积分法.

设函数 $f(x)$ 在区间 $[a,b]$ 上连续，做代换 $x = \varphi(t)$. 如果它满足下列条件：

(1) 函数 $x = \varphi(t)$ 在区间 $[\alpha, \beta]$ 上具有连续导数 $\varphi'(t)$；

(2) 当 $t \in [\alpha, \beta]$ 时，$a \leqslant \varphi(t) \leqslant b$，且 $\varphi(\alpha) = a$，$\varphi(\beta) = b$，

则有换元积分公式

$$\int_a^b f(x) \mathrm{d}x = \int_\alpha^\beta f[\varphi(t)] \varphi'(t) \mathrm{d}t.$$

定积分的换元积分法有别于不定积分的换元积分法的地方有两点：一是换元必换积分上、下限；二是不必回代.

2. 分部积分法.

$$\int_a^b u(x) \mathrm{d}[v(x)] = u(x)v(x) \Big|_a^b - \int_a^b v(x) \mathrm{d}[u(x)].$$

四、定积分的应用

1. 几何学应用.

(1) 由上、下两条连续曲线 $y=f(x)$ 和 $y=g(x)(f(x)\geqslant g(x))$ 与左、右两条直线 $x=a$ 和 $x=b(a\leqslant b)$ 所围成的平面图形的面积为 $S=\int_a^b[f(x)-g(x)]\mathrm{d}x$.

(2) 由左、右两条连续曲线 $x=g(y)$ 和 $x=f(y)(f(y)\geqslant g(y))$ 与上、下两条直线 $y=d$ 和 $y=c(c\leqslant d)$ 所围成的平面图形的面积为 $S=\int_c^d[f(y)-g(y)]\mathrm{d}y$.

2. 经济学应用.

(1) 由边际函数求总函数.

如果某产品的固定成本为 C_0,边际成本函数为 $C'(Q)$,边际收入函数为 $R'(Q)$,其中 Q 为产量,则有:

总成本函数 $C(Q)=\int_0^Q C'(Q)\mathrm{d}Q+C_0$;

总收入函数 $R(Q)=\int_0^Q R'(Q)\mathrm{d}Q$;

总利润函数 $L(Q)=R(Q)-C(Q)=\int_0^Q[R'(Q)-C'(Q)]\mathrm{d}Q-C_0$.

(2) 消费者(生产者)剩余.

消费者剩余:

$$\mathrm{CS}=\int_0^{Q^*}D(Q)\mathrm{d}Q-P^*Q^*,$$

式中 $\int_0^{Q^*}D(Q)\mathrm{d}Q$ 表示消费者愿意高价支出的总货币量,P^*Q^* 表示消费者的实际支出. 两者之差为消费者省下来的钱,即消费者剩余.

生产者剩余:

$$\mathrm{PS}=P^*Q^*-\int_0^{Q^*}S(Q)\mathrm{d}Q.$$

式中 P^*Q^* 表示生产者的实际收入,$\int_0^{Q^*}S(Q)\mathrm{d}Q$ 表示生产者愿意低价出售的总货币量. 两者之差为生产者所得到的额外利益,即生产者剩余.

五、广义积分初步

1. 无限区间上的广义积分.

(1) $\int_a^{+\infty}f(x)\mathrm{d}x=\lim\limits_{t\to+\infty}\left(F(x)\Big|_a^t\right)=F(x)\Big|_a^{+\infty}=F(+\infty)-F(a)$.

(2) $\int_{-\infty}^b f(x)\mathrm{d}x=\lim\limits_{s\to-\infty}\left(F(x)\Big|_s^b\right)=F(x)\Big|_{-\infty}^b=F(b)-F(-\infty)$.

(3) $\int_{-\infty}^{+\infty}f(x)\mathrm{d}x=\lim\limits_{\substack{s\to-\infty\\t\to+\infty}}\left(F(x)\Big|_s^t\right)=F(x)\Big|_{-\infty}^{+\infty}=F(+\infty)-F(-\infty)$.

2. 无界函数的广义积分.

(1) $\int_a^b f(x)\mathrm{d}x = \lim_{\varepsilon \to 0^+}\int_{a+\varepsilon}^b f(x)\mathrm{d}x$ (a 为瑕点).

(2) $\int_a^b f(x)\mathrm{d}x = \lim_{\varepsilon \to 0^+}\int_a^{b-\varepsilon} f(x)\mathrm{d}x$ (b 为瑕点).

(3) $\int_a^b f(x)\mathrm{d}x = \int_a^c f(x)\mathrm{d}x + \int_c^b f(x)\mathrm{d}x$ (c 为瑕点且 $c \in (a,b)$).

3. Γ 函数.

积分 $\Gamma(r) = \int_0^{+\infty} x^{r-1}\mathrm{e}^{-x}\mathrm{d}x (r>0)$ 是参变量 r 的函数, 称为 Γ 函数.

递推公式:

(1) $\Gamma(r+1) = r\Gamma(r)$ ($r>0$);

(2) $\Gamma(n+1) = n!$ (n 为正整数).

本章复习题

一、填空题

1. 函数 $f(x)$ 在区间 $[a,b]$ 上有界是 $f(x)$ 在 $[a,b]$ 上可积的_____条件(充分、必要、充要).

2. 函数 $f(x)$ 在区间 $[a,b]$ 上连续是 $f(x)$ 在 $[a,b]$ 上可积的_____条件(充分、必要、充要).

3. 如果函数 $f(x)$ 在区间 $[-1,1]$ 上连续,且平均值为 2,则 $\int_{-1}^{-1} f(x)\mathrm{d}x =$ _____.

4. $\int_0^2 \sqrt{x^2-2x+1}\,\mathrm{d}x =$ _____.

5. 设 $I_1 = \int_0^1 \mathrm{e}^x \mathrm{d}x, I_2 = \int_0^1 \mathrm{e}^{x^2}\mathrm{d}x$, 比较 I_1 与 I_2 的大小: I_1 _____ I_2.

6. $\int_{-5}^5 \dfrac{x^3 \sin^2 x}{x^2+1}\mathrm{d}x =$ _____.

7. $\lim\limits_{x\to 0}\dfrac{\int_0^{3x}\ln(1+t)\mathrm{d}t}{x^2} =$ _____.

8. $\int_{-\infty}^0 \dfrac{\mathrm{e}^x}{1+\mathrm{e}^x}\mathrm{d}x =$ _____.

9. $\lim\limits_{x\to 0}\dfrac{\int_0^x \cos t^2\,\mathrm{d}t}{x} =$ _____.

10. $\int_{-2}^1 |2x|\,\mathrm{d}x =$ _____.

二、选择题

1. 定积分 $\int_a^b f(x)\mathrm{d}x$ 的值与(　　)无关.

A. 积分下限 a　　B. 积分上限 b　　C. 对应法则 f　　D. 积分变量记号 x

2. 若 $\int_0^k (2x-3x^2)\mathrm{d}x = 0$, 则 k 可以取值为(　　).

A. -1　　B. 1　　C. -2　　D. 2

3. 设函数 $f(x)$ 在区间 $[a,b]$ 上连续, 函数 $\varphi(x) = \int_a^x f(t)\mathrm{d}t$, 则(　　).

A. $\varphi(x)$ 是 $f(x)$ 在 $[a,b]$ 上的一个原函数

B. $f(x)$ 是 $\varphi(x)$ 的一个原函数

C. $\varphi(x)$ 是 $f(x)$ 在 $[a,b]$ 上唯一的原函数

D. $f(x)$ 是 $\varphi(x)$ 在 $[a,b]$ 上唯一的原函数

4. 设函数 $f(x)$ 在区间 $[a,b]$ 上连续,则由曲线 $y=f(x)$,直线 $x=a,x=b$ 及 x 轴所围成的平面图形的面积 $S=$ ( ).

A. $\int_a^b f(x)\mathrm{d}x$　　　B. $-\int_a^b f(x)\mathrm{d}x$　　　C. $\int_a^b |f(x)|\mathrm{d}x$　　　D. $\left|\int_a^b f(x)\mathrm{d}x\right|$

5. 下列积分中可直接应用牛顿-莱布尼茨公式的有( ).

A. $\int_0^5 \dfrac{x^3}{x^2+1}\mathrm{d}x$　　　B. $\int_{-1}^1 \dfrac{x}{\sqrt{1-x^2}}\mathrm{d}x$　　　C. $\int_0^4 \dfrac{x}{(x^{\frac{3}{2}}-5)^2}\mathrm{d}x$　　　D. $\int_{\frac{1}{e}}^{e} \dfrac{\mathrm{d}x}{x\ln x}$

6. 设函数 $f(x)$ 在区间 $[0,2]$ 上连续,做代换 $t=2x$,则定积分 $\int_0^1 f(2x)\mathrm{d}x$ 化为( ).

A. $\dfrac{1}{2}\int_0^1 f(t)\mathrm{d}t$　　　B. $2\int_0^1 f(t)\mathrm{d}t$　　　C. $\dfrac{1}{2}\int_0^2 f(t)\mathrm{d}t$　　　D. $2\int_0^2 f(t)\mathrm{d}t$

7. 设函数 $f(x)$ 在区间 $[-a,a]$ 上连续,则 $\int_{-a}^a f(x)\mathrm{d}x$ 恒等于( ).

A. $2\int_0^a f(x)\mathrm{d}x$　　　　　　　　　B. 0

C. $\int_0^a [f(x)+f(-x)]\mathrm{d}x$　　　　　D. $\int_0^a [f(x)-f(-x)]\mathrm{d}x$

8. $\int_{-1}^1 (1+x)\sqrt{1-x^2}\mathrm{d}x=$ ( ).

A. π　　　　　B. $\dfrac{\pi}{2}$　　　　　C. 2π　　　　　D. $\dfrac{\pi}{4}$

9. $\int_a^b f'(2x)\mathrm{d}x=$ ( ).

A. $f(b)-f(a)$　　　　　　　　　B. $f(2b)-f(2a)$

C. $\dfrac{1}{2}[f(2b)-f(2a)]$　　　　D. $2[f(2b)-f(2a)]$

10. 设函数 $f'(x)$ 在区间 $[1,2]$ 上可积,且 $f(1)=1, f(2)=1$. 若 $\int_1^2 f(x)\mathrm{d}x=-1$,则 $\int_1^2 xf'(x)\mathrm{d}x=$ ( ).

A. 2　　　　　B. 1　　　　　C. 0　　　　　D. -1

三、计算题

1. $\int_{-1}^0 \dfrac{3x^4+3x^2+1}{x^2+1}\mathrm{d}x$.　　　　**2.** $\int_0^{2\pi} |\sin x|\mathrm{d}x$.

3. $\int_1^e \dfrac{3+\ln x}{x}\mathrm{d}x$.　　　　　　　　**4.** $\int_1^{\sqrt{3}} \dfrac{\mathrm{d}x}{x^2\sqrt{1+x^2}}$.

5. $\int_0^4 \dfrac{x+2}{\sqrt{2x+1}}\mathrm{d}x$.　　　　　　　**6.** $\int_0^1 xe^{-x}\mathrm{d}x$.

7. $\int_0^1 x\arctan x\,dx$.

8. $\int_1^{+\infty} \dfrac{dx}{\sqrt{x}}$.

9. $\int_{-\infty}^{+\infty} x e^{-x^2}\,dx$.

10. $\int_{-2}^{2} \dfrac{dx}{x^2}$.

11. $\int_{-1}^{1}\left(\dfrac{x\sin^4 x}{1+x^8}+x^3\right)dx$.

12. $\int_0^1 \dfrac{dx}{e^x+1}$.

四、综合题

1. 求由曲线 $y=x^2+3$，直线 $x=0, x=1$ 及 $y=0$ 所围成的平面图形的面积.

2. 求由抛物线 $y=x^2$，直线 $x+y=2$ 及 x 轴所围成的平面图形的面积.

3. 求 $\lim\limits_{x\to 0}\dfrac{\int_0^x (\sqrt{1+t}-\sqrt{1-t})\,dt}{x^2}$.

4. 求函数 $f(x)=\int_0^{x^2}(1-t)e^{-t}\,dt$ 的极值.

5. 设函数 $f(x)=\begin{cases}\dfrac{1}{2+x}, & x<0,\\ \dfrac{1}{1+e^x}, & x\geqslant 0,\end{cases}$ 求 $\int_0^2 f(x-1)\,dx$.

6. 设某种产品每天生产 x 件时的固定成本为 30 元，边际成本函数（单位：元/件）为

$$C'(x)=\dfrac{1}{2}x+3.$$

（1）求总成本函数 $C(x)$；

（2）如果这种产品的销售单价为 27 元，求总利润函数 $L(x)$，并问：每天生产多少件该产品时，总利润最大？求最大利润.

7. 证明：$\int_{-a}^{a} f(x)\,dx=\int_0^a [f(x)+f(-x)]\,dx$.

8. 用定积分定义求极限 $\lim\limits_{n\to\infty}\left(\dfrac{1}{n+1}+\dfrac{1}{n+2}+\cdots+\dfrac{1}{n+n}\right)$.

第七章

多元函数微积分学

一元函数微积分学讨论的是一个自变量与因变量的关系,它研究的是因变量受到一个自变量因素的影响问题.但是在实际问题中,因变量往往受到多个自变量因素的影响,从而引出了多元函数的概念.本章主要研究二元函数微积分学.它是一元函数微积分学的推广,其中的很多结论对于三元及三元以上的函数都成立.

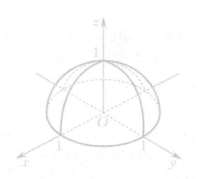

§7.1 多元函数的相关概念

首先来看一下实际生活中多元函数的例子：

(1) 长方形的面积 S 与它的长 x 和宽 y 有关系式 $S = xy$，我们称面积 S 是长 x 与宽 y 的二元函数；

(2) 在市场上购买某种商品所花的费用 F 与该商品的单价 P 和购买量 Q 有关系式 $F = PQ$，我们称费用 F 是价格 P 与购买量 Q 的二元函数．

通过这两个例子可以看到，现实事物中的一些量受到多个变量因素的影响，因此就产生了多元函数的概念．本节主要研究二元函数及其有关概念．

一、平面点集

1. 平面点集

平面中某些点所构成的集合称为**平面点集**．当建立平面直角坐标系后，平面上的每一点都可以用它的坐标来表示．因此，平面点集也可用它们的坐标来表示．

例如，点集 $D = \{(x, y) \mid \sqrt{x^2 + y^2} < 1\}$ 表示到坐标原点的距离小于 1 的点的集合（见图 7-1(a)）．又如，点集 $D = \{(x, y) \mid x + y > 0\}$ 表示横、纵坐标之和大于 0 的点的集合（见图 7-1(b)）．

2. 邻域和去心邻域

给定点 $P_0(x_0, y_0)$，称点集

$$\{(x, y) \mid \sqrt{(x-x_0)^2 + (y-y_0)^2} < \delta\} \quad (\delta > 0 \text{ 为常数})$$

为点 P_0 的 δ 邻域，记作 $U(P_0, \delta)$（见图 7-2(a)）．

称点集 $U(P_0, \delta) - \{P_0\}$，即

$$\{(x, y) \mid 0 < \sqrt{(x-x_0)^2 + (y-y_0)^2} < \delta\} \quad (\delta > 0 \text{ 为常数})$$

为点 P_0 的去心 δ 邻域，记作 $\overset{\circ}{U}(P_0, \delta)$，它表示从邻域 $U(P_0, \delta)$ 中去掉点 P_0 后的集合（见图 7-2(b)）．

3. 开区域和闭区域

在平面上由一条或几条曲线所围成并且连成一片的点集称为**区域**，这些曲线称为该区域的**边界**，边界上的每一个点称为该区域的**边界点**．如果区域含有它的所有边界，则称该区域为**闭区域**；如果区域不含它的任何边界点，则称该区域为**开区域**；含有部分边界点

的区域称为**半开区域**.

4. 有界区域和无界区域

如果平面点集 D 可包含在以坐标原点为圆心的某个圆中,则称点集 D 为**有界区域**;否则,称为**无界区域**.

点集的有界性表示了点集分布的"延伸性". 从直观上看,当点集分布在平面的有限范围内时,它是有界的;当点集分布延伸到无穷远时,它是无界的.

例如区域 $D_1 = \{(x,y) \mid |x|<1, |y|<2\}$,$D_1$ 的边界分别为直线 $x=-1, x=1, y=-2, y=2$ 上的某些线段,边界上的点都不属于 D_1,从而 D_1 是开区域. 显然,D_1 是有界区域(见图 7 - 3(a)).

又如区域 $D_2 = \{(x,y) \mid |x|\leqslant 1, |y|\leqslant 2\}$,$D_2$ 的边界与 D_1 的边界相同,区别是边界上的点都属于 D_2,从而 D_2 是闭区域. 显然,D_2 也是有界区域(见图 7 - 3(b)).

注:区域的边界是区域的重要特征. 若要画出一个区域,应先画出它的边界. 在确定区域的边界时,通常将区域表达式中不等号改为等号.

例如,对于区域 $G_1 = \{(x,y) \mid y-x>0\}$ 和区域 $G_2 = \{(x,y) \mid y-x \geqslant 0\}$,将这两个表达式中不等号改为等号,则它们的边界都为 $y-x=0$. 这条边界将整个平面分为两个部分,要思考的是不等式表示的是哪一部分. 我们可以在其中的一个部分上取某个点(不在边界上),它的坐标如果满足不等式,则这个点所在的部分就是不等式表示的部分;如果不满足不等式,则另一部分就是不等式表示的部分. 此例中,我们取点 $(0,1)$,它满足 G_1 和 G_2 中的不等式,从而区域 G_1, G_2 表示的部分分别如图 7-4(a), (b) 所示. 因边界 $y-x=0$ 上的点都不属于 G_1,故 G_1 是开区域,且显然无界;但边界 $y-x=0$ 上的点都属于 G_2,故 G_2 是闭区域,且显然无界.

二、二元函数的定义

定义 1 设 D 是平面上的非空点集. 若有一个对应法则 f,使得 $\forall P(x,y) \in D$,都有一个确定的实数 z 与之对应,则称这个对应法则 f 为定义在 D 上的**二元函数**,记作

$$z = f(x,y) \quad ((x,y) \in D) \quad \text{或} \quad z = f(P) \quad (P \in D),$$

其中 x, y 称为**自变量**,z 称为**因变量**.

与一元函数类似,我们将自变量 x, y 的变化范围称为二元函数 $z = f(x,y)$ 的**定义域**,记为 D 或 $D(f)$. 对于自变量 x, y 的一对固定的取值 (x_0, y_0)(二元有序实数组),如果按照对应法则 f,对应的因变量 z 的值是 z_0,则记为 $z_0 = f(x_0, y_0)$,z_0 称为二元函数 $z = f(x,y)$ 在点 (x_0, y_0) 处的**函数值**. 所有函数值的集合称为二元函数

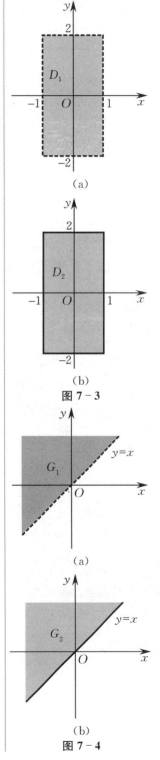

图 7 - 3

图 7 - 4

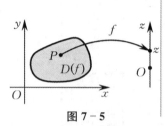

图 7-5

$z=f(x,y)$ 的**值域**，记为 Z 或 Z_f. 二元函数的定义域及其对应法则是确定一个二元函数的两个基本条件.

通常我们把变化的 x,y 记为实数对 (x,y)，将它看作平面上的点 $P(x,y)$，则二元函数 $z=f(x,y)$ 的定义域 $D(f)$ 就是平面上的点集，点 P 在点集 $D(f)$ 内变化. 因此，二元函数 $z=f(x,y)$ 就是平面点集 $D(f)$ 到实数集的映射（见图 7-5）.

例 1 求二元函数 $z=\dfrac{1}{\sqrt{1-x^2-y^2}}$ 的定义域，并画出定义域的图形.

解 要使得函数有意义，必须满足
$$1-x^2-y^2>0, \quad 即 \quad x^2+y^2<1.$$
故二元函数 $z=\dfrac{1}{\sqrt{1-x^2-y^2}}$ 的定义域为 $D(f)=\{(x,y)\mid x^2+y^2<1\}$，它表示的图形如图 7-6 所示，是一个有界开区域.

例 2 求二元函数 $z=\ln(x+y)$ 的定义域，并画出定义域的图形.

解 要使得函数有意义，必须满足
$$x+y>0.$$
故二元函数 $z=\ln(x+y)$ 的定义域为 $D(f)=\{(x,y)\mid x+y>0\}$，它表示的图形如图 7-7 所示，是一个无界开区域.

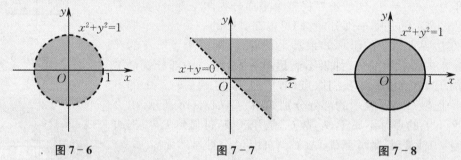

图 7-6　　　　　　图 7-7　　　　　　图 7-8

例 3 求二元函数 $z=\arcsin(x^2+y^2)$ 的定义域，并画出定义域的图形.

解 要使得函数有意义，必须满足
$$x^2+y^2\leqslant 1.$$
故二元函数 $z=\arcsin(x^2+y^2)$ 的定义域为 $D(f)=\{(x,y)\mid x^2+y^2\leqslant 1\}$，它表示的图形是以坐标原点为圆心，以 1 为半径的圆，是一个有界闭区域，如图 7-8 所示.

二元函数与一元函数有着密切的联系. 设二元函数 $z=f(x,y)$，当固定 y_0 让 x 变化时，$z=f(x,y_0)$ 就是关于 x 的一元函数，记为 $F(x)$. 同理，当固定 x_0 让 y 变化时，$z=f(x_0,y)$ 就是关于 y 的一元函数，记为 $G(y)$. 显然
$$F(x_0)=G(y_0)=f(x_0,y_0).$$
例如，二元函数 $z=f(x,y)=x^2-y+\cos xy$，固定 $x=1$，则得到关于 y 的一元函数 $z=1-y+\cos y=G(y)$；固定 $y=2$，则

得到关于 x 的一元函数 $z = x^2 - 2 + \cos 2x = F(x)$,且有 $F(1) = G(2) = f(1,2) = \cos 2 - 1$.

定义 2 设二元函数 $z = f(x,y)$ 在点集 D 上有定义. 如果存在 $M > 0$,使得 $\forall (x,y) \in D$,都有
$$|f(x,y)| \leqslant M$$
成立,则称 $z = f(x,y)$ 是 D 上的**有界函数**;否则,称为**无界函数**.

例如,二元函数 $f(x,y) = \dfrac{1}{x^2 + y^2 + 1}$ 的定义域为整个平面,记作 $\mathbf{R}^2$,$f(x,y) = \dfrac{1}{x^2 + y^2 + 1}$ 在其定义域上是有界的,因为此时 $\left|\dfrac{1}{x^2 + y^2 + 1}\right| \leqslant 1$. 又如,二元函数 $g(x,y) = \dfrac{1}{x^2 + y^2}$ 的定义域为 $D(f) = \{(x,y) \mid x^2 + y^2 \neq 0\}$,$g(x,y) = \dfrac{1}{x^2 + y^2}$ 在其定义域上是无界的.

三元及三元以上函数的定义与二元函数的定义类似. 例如,三元函数 $u = f(x,y,z) = x^2 + y^2 + z^2$,其定义域是整个空间,记作 $\mathbf{R}^3$.

三、二元函数的几何意义

二元函数 $z = f(x,y)((x,y) \in D)$,其定义域 D 是 xOy 面上的一个区域. 这时,$\forall (x,y) \in D$,必有唯一确定的值 $z = f(x,y)$ 与其对应,这样以 x 为横坐标,以 y 为纵坐标,以 $z = f(x,y)$ 为竖坐标,在空间内就确定了一点 $M(x,y,z)$. 当 (x,y) 取遍 D 上的一切点时,得到一个空间点集 $\{(x,y,z) \mid z = f(x,y),(x,y) \in D\}$,这个点集就是二元函数 $z = f(x,y)$ 的**图形**. 二元函数 $z = f(x,y)$ 的图形通常是空间中的一个曲面 Σ,且曲面 Σ 在 xOy 面上的投影就是函数 $z = f(x,y)$ 的定义域 $D(f)$(见图 7-9).

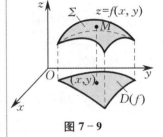

图 7-9

四、二元函数的极限

下面讨论二元函数 $z = f(x,y)$ 在 $(x,y) \to (x_0,y_0)$,即 $P(x,y) \to P_0(x_0,y_0)$ 时的极限. 这里 $P \to P_0$ 表示点 P 以任何方式趋向于点 P_0,也就是点 P 与点 P_0 间的距离趋向于 0,即
$$\rho = |PP_0| = \sqrt{(x-x_0)^2 + (y-y_0)^2} \to 0.$$

与一元函数的极限概念类似,如果在 $P(x,y) \to P_0(x_0,y_0)$ 的过程中,对应的函数值 $f(x,y)$ 无限接近于一个确定的常数 A,则称 A 是函数 $f(x,y)$ 在 $(x,y) \to (x_0,y_0)$ 时的极限. 定义如下:

定义 3 设二元函数 $z = f(x,y)$ 在点 $P_0(x_0,y_0)$ 的某一去心邻域内有定义. 对于该去心邻域内异于点 $P_0(x_0,y_0)$ 的任意一点 $P(x,y)$,如果当 $\rho = |PP_0| = \sqrt{(x-x_0)^2 + (y-y_0)^2} \to 0$ 时,函

数值 $f(x,y)$ 无限接近于某个确定的常数 A，则称当 $(x,y) \to (x_0,y_0)$ 时，二元函数 $f(x,y)$ 的**极限存在**，且极限为 A，记作
$$\lim_{(x,y)\to(x_0,y_0)} f(x,y) = A \quad 或 \quad \lim_{\rho\to 0} f(x,y) = A \quad 或 \quad \lim_{P\to P_0} f(P) = A.$$

上述定义为二元函数极限的定性描述，下面用"ε-δ"语言来定量描述这个极限概念，得到如下定义：

定义 3′ 如果对于任意给定的正数 ε，总存在一个正数 δ，使得当 $0 < \rho = \sqrt{(x-x_0)^2 + (y-y_0)^2} < \delta$ 时，有
$$|f(x,y) - A| < \varepsilon$$

恒成立，则称当 $(x,y) \to (x_0,y_0)$ 时，函数 $f(x,y)$ 以 A 为**极限**，记为
$$\lim_{(x,y)\to(x_0,y_0)} f(x,y) = A \quad 或 \quad \lim_{\rho\to 0} f(x,y) = A \quad 或 \quad \lim_{P\to P_0} f(P) = A.$$

为了区别于一元函数的极限，我们把二元函数的极限称为**二重极限**。

注：所谓二重极限存在，是指当点 P 以任何方式趋向于点 P_0 时，函数 $f(x,y)$ 都无限接近于常数 A；否则，称该二重极限不存在。也就是说，当点 P 以不同的方式趋向于点 P_0 时，若函数 $f(x,y)$ 会无限接近于不同的值，则该二重极限不存在。

例 4 对于二重极限 $\lim\limits_{(x,y)\to(0,0)} \dfrac{xy}{x^2+y^2}$，考察点 (x,y) 沿不同路径趋向于点 $(0,0)$ 时的极限是否存在。

解 当点 (x,y) 沿着 x 轴趋向于点 $(0,0)$ 时，由于 x 轴上的点的纵坐标都是 0，因此有
$$\lim_{(x,y)\to(0,0)} \frac{xy}{x^2+y^2} = \lim_{\substack{x\to 0\\ y=0}} \frac{0}{x^2+0} = 0.$$

当点 (x,y) 沿着 y 轴趋向于点 $(0,0)$ 时，由于 y 轴上的点的横坐标都是 0，因此有
$$\lim_{(x,y)\to(0,0)} \frac{xy}{x^2+y^2} = \lim_{\substack{x=0\\ y\to 0}} \frac{0}{0+y^2} = 0.$$

当点 (x,y) 沿着直线 $y=x$ 趋向于点 $(0,0)$ 时，由于直线 $y=x$ 上的点的横坐标与纵坐标相等，因此有
$$\lim_{(x,y)\to(0,0)} \frac{xy}{x^2+y^2} = \lim_{\substack{x\to 0\\ y=x}} \frac{x^2}{2x^2} = \frac{1}{2}.$$

我们可以看到，此例虽然沿前两种路径得到的极限值均为 0，但由于第三种路径得到的极限值不为 0，因此二重极限 $\lim\limits_{(x,y)\to(0,0)} \dfrac{xy}{x^2+y^2}$ 不存在。

二重极限的性质与一元函数极限的性质类似，如极限的四则运算公式、极限的保号性等。在下面的讨论中我们也将直接使用有关性质和公式。

以上关于二元函数的极限概念，可相应地推广到三元及三元以上的函数上去。

关于多元函数的极限运算，有与一元函数类似的运算法则。

例 5 求 $\lim\limits_{(x,y)\to(0,2)} \dfrac{\sin(xy)}{x}$.

解 $\lim\limits_{(x,y)\to(0,2)} \dfrac{\sin(xy)}{x} = \lim\limits_{(x,y)\to(0,2)} \left[\dfrac{\sin(xy)}{xy} \cdot y\right]$
$= \lim\limits_{(x,y)\to(0,2)} \dfrac{\sin(xy)}{xy} \cdot \lim\limits_{y\to 2} y = 1 \cdot 2 = 2.$

注：这里利用了一元函数极限中，第一重要极限的结论.

例 6 求 $\lim\limits_{(x,y)\to(0,1)} xy\sin\dfrac{1}{x^2+y^2}$.

解 由于 $\lim\limits_{(x,y)\to(0,1)} xy = 0 \cdot 1 = 0$，而 $\left|\sin\dfrac{1}{x^2+y^2}\right| \leqslant 1$，因此
$$\lim\limits_{(x,y)\to(0,1)} xy\sin\dfrac{1}{x^2+y^2} = 0.$$

注：这里利用了一元函数极限中，无穷小与有界变量的乘积是无穷小的性质.

例 7 求 $\lim\limits_{(x,y)\to(0,0)} \dfrac{1-\cos(x^2+y^2)}{(x^2+y^2)^2}$.

解 $\lim\limits_{(x,y)\to(0,0)} \dfrac{1-\cos(x^2+y^2)}{(x^2+y^2)^2} = \lim\limits_{(x,y)\to(0,0)} \dfrac{\frac{1}{2}(x^2+y^2)^2}{(x^2+y^2)^2} = \dfrac{1}{2}.$

注：这里利用了一元函数极限中，等价无穷小替换的性质.

五、二元函数的连续性

与一元函数的连续和间断类似，可以给出二元函数连续的定义.

定义 4 设二元函数 $z = f(x,y)$ 在点 (x_0, y_0) 的某一邻域内有定义. 如果
$$\lim\limits_{(\Delta x,\Delta y)\to(0,0)} \Delta z = \lim\limits_{(\Delta x,\Delta y)\to(0,0)} [f(x_0+\Delta x, y_0+\Delta y) - f(x_0, y_0)] = 0,$$
$$(7-1)$$
则称二元函数 $z = f(x,y)$ 在点 (x_0, y_0) 处**连续**，(x_0, y_0) 称为函数 $z = f(x,y)$ 的**连续点**.

上述定义中，设
$$x_0 + \Delta x = x, \quad y_0 + \Delta y = y,$$
则当 $(\Delta x, \Delta y) \to (0,0)$ 时，有 $(x,y) \to (x_0, y_0)$，且
$\Delta z = f(x_0+\Delta x, y_0+\Delta y) - f(x_0, y_0) = f(x,y) - f(x_0, y_0).$
因此，式(7-1) 也可以写为
$$\lim\limits_{(\Delta x,\Delta y)\to(0,0)} \Delta z = \lim\limits_{(x,y)\to(x_0,y_0)} [f(x,y) - f(x_0,y_0)] = 0,$$
即
$$\lim\limits_{(x,y)\to(x_0,y_0)} f(x,y) = f(x_0, y_0).$$
因此，二元函数 $z = f(x,y)$ 在点 (x_0, y_0) 处连续的定义又可以叙述如下：

定义 4′ 设二元函数 $z = f(x,y)$ 在点 (x_0, y_0) 的某一去心邻域内有定义，且同时满足下列三个条件：

(1) 在点 (x_0, y_0) 处有定义，即 $(x_0, y_0) \in D(f)$；

(2) $\lim\limits_{(x,y) \to (x_0, y_0)} f(x,y)$ 存在；

(3) $\lim\limits_{(x,y) \to (x_0, y_0)} f(x,y) = f(x_0, y_0)$，

则称二元函数 $z = f(x,y)$ 在点 (x_0, y_0) 处**连续**；否则，称 $z = f(x,y)$ 在点 (x_0, y_0) 处**间断**，(x_0, y_0) 称为函数 $z = f(x,y)$ 的**间断点**.

如果函数 $f(x,y)$ 在平面区域 D 内的每一点都连续，则称函数 $f(x,y)$ 在**区域 D 内连续**，其图形为一张连绵不断无间隙的曲面.

以上关于二元函数的连续性概念，可相应地推广到三元及三元以上的函数上去.

前面已指出：关于多元函数的极限运算，有与一元函数类似的运算法则. 根据多元函数的极限运算法则，可以证明多元连续函数的和、差、积、商都是连续函数；多元连续函数的复合函数仍为连续函数.

与一元初等函数类似，多元初等函数是指可用一个式子表示的多元函数，且这个式子是由常数及具有不同自变量的一元基本初等函数经过有限次的四则运算和复合运算而得到的. 例如，$\dfrac{x^2 + y^2}{xy}$，$\sin(x+y)$，e^{x-y^2} 等都是多元初等函数. 根据上面指出的多元连续函数的和、差、积、商的连续性以及连续函数的复合函数的连续性，我们可以得到结论：**一切多元初等函数在其定义域内的区域或闭区域上是连续的**. 一般地，求 $\lim\limits_{P \to P_0} f(P)$ 时，如果 $f(P)$ 是多元初等函数，且 P_0 是 $f(P)$ 定义域内的区域或闭区域上的一点，则 $f(P)$ 在点 P_0 处连续，于是

$$\lim_{P \to P_0} f(P) = f(P_0).$$

例 8 求下列二元函数的极限：

(1) $\lim\limits_{(x,y) \to (0,0)} \dfrac{e^x \cos y}{1 + x + y}$； (2) $\lim\limits_{(x,y) \to (2,3)} \ln(\sqrt{3 + xy} + 1)$； (3) $\lim\limits_{(x,y) \to (1,2)} \dfrac{x+y}{xy}$.

解 (1) 原式 $= \dfrac{e^0 \cos 0}{1 + 0 + 0} = 1$.

(2) 原式 $= \ln(\sqrt{3+6} + 1) = \ln 4$.

(3) 原式 $= \dfrac{1+2}{1 \times 2} = \dfrac{3}{2}$.

例 9 求 $\lim\limits_{(x,y) \to (0,0)} \dfrac{\sqrt{xy+1} - 1}{xy}$.

解 $\lim\limits_{(x,y) \to (0,0)} \dfrac{\sqrt{xy+1} - 1}{xy} = \lim\limits_{(x,y) \to (0,0)} \dfrac{(xy+1) - 1}{xy(\sqrt{xy+1} + 1)} = \lim\limits_{(x,y) \to (0,0)} \dfrac{1}{\sqrt{xy+1} + 1} = \dfrac{1}{2}$.

类似于闭区间上一元连续函数的性质,在有界闭区域上连续的多元函数有以下几个基本性质.

性质 1(最大值和最小值定理) 如果多元函数 $f(P)$ 在有界闭区域 D 上连续,则 $f(P)$ 必在 D 上有界,且能取得它的最大值和最小值.

性质 1 表明,若多元函数 $f(P)$ 在有界闭区域 D 上连续,则必定存在常数 $M>0$,使得对于一切 $P \in D$,有
$$|f(P)| \leqslant M,$$
且存在 $P_1, P_2 \in D$,使得
$$f(P_1) = \max\{f(P) \mid P \in D\},$$
$$f(P_2) = \min\{f(P) \mid P \in D\}.$$

性质 2(介值定理) 如果多元函数 $f(P)$ 在有界闭区域 D 上连续,$f(P)$ 在 D 上取得最大值 M 和最小值 m,则对于任意实数 $c \in [m, M]$,必存在点 $P_3 \in D$,使得
$$f(P_3) = c.$$

习题 7.1

1. 已知二元函数 $f(x,y) = x^2 - y^2$,求 $f\left(x+y, \dfrac{y}{x}\right)$ 的表达式.

2. 设二元函数 $f(x+y, x-y) = e^{x^2+y^2}(x^2-y^2)$,求 $f(x,y)$ 和 $f(\sqrt{2}, \sqrt{2})$ 的值.

3. 求下列二元函数的定义域,并画出定义域的图形:

(1) $z = \sqrt{x-1} + y$; (2) $z = \sqrt{1-x^2} + \sqrt{y^2-1}$;

(3) $z = \dfrac{1}{\sqrt{x^2+y^2-1}}$; (4) $z = \ln(-x-y)$.

4. 判别二元函数 $z = \ln(x^2 - y^2)$ 与 $z = \ln(x+y) + \ln(x-y)$ 是否为同一函数,并说明理由.

5. 求下列二重极限:

(1) $\displaystyle\lim_{(x,y) \to (0,1)} \dfrac{\ln(x+e^y)}{\sqrt{x^2+y^2}}$; (2) $\displaystyle\lim_{(x,y) \to (0,0)} \dfrac{2-\sqrt{xy+4}}{xy}$;

(3) $\displaystyle\lim_{(x,y) \to (0,1)} \dfrac{1-xy}{x^2+y^2}$; (4) $\displaystyle\lim_{(x,y) \to (2,0)} \dfrac{\tan(xy)}{y}$;

(5) $\displaystyle\lim_{(x,y) \to (0,1)} \dfrac{xy}{\sqrt{2-e^{xy}}-1}$; (6) $\displaystyle\lim_{(x,y) \to (0,0)} \left(x\sin\dfrac{1}{y} + y\sin\dfrac{1}{x}\right)$.

6. 证明:二重极限 $\displaystyle\lim_{(x,y) \to (0,0)} \dfrac{x+y}{x-y}$ 不存在.

7. 讨论函数 $f(x,y) = \begin{cases} \dfrac{x^3-y^3}{x^3+y^3}, & x^2+y^2 \neq 0, \\ 0, & x^2+y^2 = 0 \end{cases}$ 在点 $(0,0)$ 处的连续性.

8. 判定下列函数在何处间断:

(1) $z = \dfrac{e^{x^2+y^2}}{x^2+y^2-1}$; (2) $z = \dfrac{y^2+2x}{y^2-2x}$;

(3) $z = \dfrac{x+y}{y-2x^2}$; (4) $z = \sin\dfrac{1}{x+y}$.

§7.2　偏导数与全微分

对于多元函数同样需要讨论它的变化率,但多元函数的自变量不止一个,因变量与自变量的关系要比一元函数复杂得多.由于多元函数的各个自变量的变化是互不相关的,因此我们可以讨论多元函数关于一个自变量的变化率,此时其他自变量都固定不变(看作常量),这就引入了偏导数的概念.

一、偏导数

下面先介绍关于二元函数增量的几个概念.

设二元函数 $z=f(x,y)$ 在点 (x_0,y_0) 的某一邻域内有定义.当 x 在点 x_0 处取得改变量 $\Delta x(\Delta x\neq 0)$,而 $y=y_0$ 保持不变时,$f(x,y)$ 得到一个增量

$$\Delta_x z = f(x_0+\Delta x,y_0)-f(x_0,y_0),$$

则称该增量为函数 $f(x,y)$ 在点 (x_0,y_0) 处对于 x 的**偏增量**.

类似地,当 y 在点 y_0 处取得改变量 $\Delta y(\Delta y\neq 0)$,而 $x=x_0$ 保持不变时,可得到函数 $f(x,y)$ 在点 (x_0,y_0) 处对于 y 的**偏增量**

$$\Delta_y z = f(x_0,y_0+\Delta y)-f(x_0,y_0).$$

对于自变量 x,y 分别在点 x_0,y_0 处取得增量 $\Delta x,\Delta y$,得到二元函数 $f(x,y)$ 的相应增量

$$\Delta z = f(x_0+\Delta x,y_0+\Delta y)-f(x_0,y_0),$$

则称该增量为函数 $f(x,y)$ 在点 (x_0,y_0) 处的**全增量**.

1. 二元函数在点 (x_0,y_0) 处的偏导数

定义 1　设二元函数 $z=f(x,y)$ 在点 (x_0,y_0) 的某一邻域内有定义.当 x 在点 x_0 处有增量 Δx,而 $y=y_0$ 保持不变时,函数相应地有偏增量 $\Delta_x z = f(x_0+\Delta x,y_0)-f(x_0,y_0)$.如果极限

$$\lim_{\Delta x\to 0}\frac{\Delta_x z}{\Delta x} = \lim_{\Delta x\to 0}\frac{f(x_0+\Delta x,y_0)-f(x_0,y_0)}{\Delta x}$$

存在,则称此极限值为 $z=f(x,y)$ 在点 (x_0,y_0) 处对 x 的**偏导数**,记作 $f'_x(x_0,y_0)$,$\dfrac{\partial f}{\partial x}\Big|_{\substack{x=x_0\\y=y_0}}$,$\dfrac{\partial z}{\partial x}\Big|_{\substack{x=x_0\\y=y_0}}$ 或 $z'_x\Big|_{\substack{x=x_0\\y=y_0}}$ 等.

同样,如果极限

$$\lim_{\Delta y \to 0} \frac{\Delta_y z}{\Delta y} = \lim_{\Delta y \to 0} \frac{f(x_0, y_0 + \Delta y) - f(x_0, y_0)}{\Delta y}$$

存在,则称此极限值为二元函数 $z = f(x,y)$ 在点 (x_0, y_0) 处对 y 的偏导数,记作 $f'_y(x_0, y_0)$,$\left.\frac{\partial f}{\partial y}\right|_{\substack{x=x_0 \\ y=y_0}}$,$\left.\frac{\partial z}{\partial y}\right|_{\substack{x=x_0 \\ y=y_0}}$ 或 $\left.z'_y\right|_{\substack{x=x_0 \\ y=y_0}}$ 等.

2. 二元函数在区域 D 上的偏导数

如果二元函数 $z = f(x,y)$ 在区域 D 上每一点 (x,y) 处对 x 的偏导数都存在,那么就称它为 $z = f(x,y)$ 在 D 上对自变量 x 的**偏导函数**,记作 $f'_x(x,y)$,$\frac{\partial z}{\partial x}$,$\frac{\partial f}{\partial x}$,$z'_x$.

类似地,可以定义二元函数 $z = f(x,y)$ 在 D 上对自变量 y 的偏导函数,记作 $f'_y(x,y)$,$\frac{\partial z}{\partial y}$,$\frac{\partial f}{\partial y}$,$z'_y$.

由偏导函数的概念可知,$f'_x(x_0, y_0)$ 显然就是偏导函数 $f'_x(x,y)$ 在点 (x_0, y_0) 处的函数值;$f'_y(x_0, y_0)$ 显然就是偏导函数 $f'_y(x,y)$ 在点 (x_0, y_0) 处的函数值. 就像一元函数的导函数一样,偏导函数也简称为**偏导数**.

3. 偏导数的求法

由偏导数的定义可以看出,求二元函数 $z = f(x,y)$ 的偏导数并不需要新的方法,因为这里只有一个自变量在变动,而另一个自变量是看作固定的,所以仍旧是一元函数的微分问题. 求偏导数 $\frac{\partial f}{\partial x}$ 时,只要把 y 暂时看作常量,而对 x 求导数;求偏导数 $\frac{\partial f}{\partial y}$ 时,只要把 x 暂时看作常量,而对 y 求导数. 这一方法也适用于二元以上的多元函数.

偏导数的概念还可推广到二元以上的函数. 例如三元函数 $u = f(x,y,z)$ 在点 (x,y,z) 处对 x 的偏导数定义为

$$f'_x(x,y,z) = \lim_{\Delta x \to 0} \frac{f(x + \Delta x, y, z) - f(x, y, z)}{\Delta x}.$$

例 1 求二元函数 $z = \ln \frac{y}{x} \left(x \neq 0, \frac{y}{x} > 0\right)$ 的偏导数 $\frac{\partial z}{\partial x}, \frac{\partial z}{\partial y}$.

解 把 y 看作常量,对 x 求导数得

$$\frac{\partial z}{\partial x} = \frac{x}{y} \cdot \left(-\frac{y}{x^2}\right) = -\frac{1}{x};$$

把 x 看作常量,对 y 求导数得

$$\frac{\partial z}{\partial y} = \frac{x}{y} \cdot \frac{1}{x} = \frac{1}{y}.$$

例 2 求下列二元函数的偏导数：

(1) $z = x^y (x > 0)$；　　(2) $z = e^{x^2 y}$；　　(3) $z = x^2 \sin 2y$.

解 (1) 把 y 看作常量，对 x 求导数得

$$\frac{\partial z}{\partial x} = yx^{y-1};$$

把 x 看作常量，对 y 求导数得

$$\frac{\partial z}{\partial y} = x^y \ln x.$$

(2) 把 y 看作常量，对 x 求导数得

$$\frac{\partial z}{\partial x} = 2xy e^{x^2 y};$$

把 x 看作常量，对 y 求导数得

$$\frac{\partial z}{\partial y} = x^2 e^{x^2 y}.$$

(3) 把 y 看作常量，对 x 求导数得

$$\frac{\partial z}{\partial x} = 2x \sin 2y;$$

把 x 看作常量，对 y 求导数得

$$\frac{\partial z}{\partial y} = 2x^2 \cos 2y.$$

例 3 求二元函数 $z = x^2 + 3xy^2 + y^4$ 在点 $(1,2)$ 处的偏导数.

解 把 y 看作常量，对 x 求导数得

$$z'_x = 2x + 3y^2;$$

把 x 看作常量，对 y 求导数得

$$z'_y = 6xy + 4y^3.$$

所以，有

$$z'_x \Big|_{\substack{x=1 \\ y=2}} = (2x + 3y^2) \Big|_{\substack{x=1 \\ y=2}} = 14, \quad z'_y \Big|_{\substack{x=1 \\ y=2}} = (6xy + 4y^3) \Big|_{\substack{x=1 \\ y=2}} = 44.$$

例 4 设二元函数 $f(x,y) = x^2 + y^2 + (x-1)\arctan\frac{y}{x}$，求 $f'_x(1,0)$ 及 $f'_y(1,0)$.

解 把 y 看作常量，对 x 求导数时，可以先把 $y = 0$ 代入函数 $f(x,y)$，得

$$f'_x(1,0) = \frac{d}{dx} f(x,0) \Big|_{x=1} = \frac{d}{dx}(x^2) \Big|_{x=1} = 2x \Big|_{x=1} = 2;$$

把 x 看作常量，对 y 求导数时，可以先把 $x = 1$ 代入函数 $f(x,y)$，得

$$f'_y(1,0) = \frac{d}{dy} f(1,y) \Big|_{y=0} = \frac{d}{dy}(1 + y^2) \Big|_{y=0} = 2y \Big|_{y=0} = 0.$$

注：由例 3 和例 4 可看到，求 $f'_x(x_0, y_0)$ 和 $f'_y(x_0, y_0)$ 有两种方法，根据不同的题型选择适当的方法来计算.

4. 二元函数偏导数的几何意义

二元函数 $z=f(x,y)$ 在点 (x_0,y_0) 处的偏导数，就是该函数在点 (x_0,y_0) 处分别沿 x 轴和 y 轴方向的变化率，即

$$f'_x(x_0,y_0) = \frac{\mathrm{d}}{\mathrm{d}x}f(x,y_0)\Big|_{x=x_0},$$

$$f'_y(x_0,y_0) = \frac{\mathrm{d}}{\mathrm{d}y}f(x_0,y)\Big|_{y=y_0}.$$

由此可知偏导数的**几何意义**：$f'_x(x_0,y_0)$ 表示曲面 $z=f(x,y)$ 与平面 $y=y_0$ 的交线在点 $P(x_0,y_0,f(x_0,y_0))$ 处的切线 T_x 对 x 轴的斜率（见图 7-10）；$f'_y(x_0,y_0)$ 表示曲面 $z=f(x,y)$ 与平面 $x=x_0$ 的交线在点 $P(x_0,y_0,f(x_0,y_0))$ 处的切线 T_y 对 y 轴的斜率（见图 7-10）. 这与一元函数导数的几何意义是类似的.

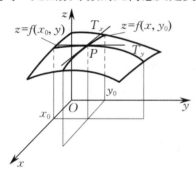

图 7-10

但是，对于二元函数 $z=f(x,y)$，即使在点 (x_0,y_0) 处的偏导数存在，也不能保证 $f(x,y)$ 在该点处连续. 这与一元函数在某点可导就必定在该点连续的结论完全不同.

例如，二元函数 $f(x,y)=\begin{cases}\dfrac{xy}{x^2+y^2}, & x^2+y^2\neq 0,\\ 0, & x^2+y^2=0\end{cases}$ 在点 $(0,0)$ 处的两个偏导数分别为

$$f'_x(0,0)=\lim_{\Delta x\to 0}\frac{f(0+\Delta x,0)-f(0,0)}{\Delta x}=\lim_{\Delta x\to 0}\frac{\frac{\Delta x\cdot 0}{(\Delta x)^2+0^2}-0}{\Delta x}=0,$$

$$f'_y(0,0)=\lim_{\Delta y\to 0}\frac{f(0,0+\Delta y)-f(0,0)}{\Delta y}=\lim_{\Delta y\to 0}\frac{\frac{0\cdot\Delta y}{0^2+(\Delta y)^2}-0}{\Delta y}=0.$$

但由 §7.1 例 4 可知，二重极限 $\lim\limits_{(x,y)\to(0,0)}\dfrac{xy}{x^2+y^2}$ 不存在，从而该函数在点 $(0,0)$ 处不连续.

注：分段函数在分段点处的偏导数用定义求.

二、高阶偏导数

显然,二元函数 $z = f(x,y)$ 的偏导数 $f'_x(x,y), f'_y(x,y)$ 仍然是 x,y 的函数。如果 $f'_x(x,y), f'_y(x,y)$ 对 x,y 仍有偏导数,则称这些偏导数为函数 $z = f(x,y)$ 的**二阶偏导数**。按照对变量求导数次序的不同,$z = f(x,y)$ 的二阶偏导数有四个:

(1) $\dfrac{\partial}{\partial x}\left(\dfrac{\partial z}{\partial x}\right) = \dfrac{\partial^2 z}{\partial x^2} = z''_{xx}$;

(2) $\dfrac{\partial}{\partial y}\left(\dfrac{\partial z}{\partial x}\right) = \dfrac{\partial^2 z}{\partial x \partial y} = z''_{xy}$;

(3) $\dfrac{\partial}{\partial x}\left(\dfrac{\partial z}{\partial y}\right) = \dfrac{\partial^2 z}{\partial y \partial x} = z''_{yx}$;

(4) $\dfrac{\partial}{\partial y}\left(\dfrac{\partial z}{\partial y}\right) = \dfrac{\partial^2 z}{\partial y^2} = z''_{yy}$,

其中二阶偏导数(2),(3)称为 $z = f(x,y)$ 关于 x,y 的**二阶混合偏导数**。

可类似定义二元函数更高阶的偏导数。例如,$\dfrac{\partial}{\partial x}\left(\dfrac{\partial^2 z}{\partial x^2}\right) = \dfrac{\partial^3 z}{\partial x^3}$,$\dfrac{\partial}{\partial y}\left(\dfrac{\partial^2 z}{\partial x^2}\right) = \dfrac{\partial^3 z}{\partial x^2 \partial y}$,$\dfrac{\partial}{\partial x}\left(\dfrac{\partial^2 z}{\partial x \partial y}\right) = \dfrac{\partial^3 z}{\partial x \partial y \partial x}$ 等。

例5 求二元函数 $z = x^3 + y^3 - 3xy^2$ 的二阶偏导数。

解 由 $\dfrac{\partial z}{\partial x} = 3x^2 - 3y^2, \dfrac{\partial z}{\partial y} = 3y^2 - 6xy$ 得

$$\dfrac{\partial^2 z}{\partial x^2} = 6x, \quad \dfrac{\partial^2 z}{\partial x \partial y} = -6y, \quad \dfrac{\partial^2 z}{\partial y \partial x} = -6y, \quad \dfrac{\partial^2 z}{\partial y^2} = 6y - 6x.$$

例6 求二元函数 $z = x^2 y e^y$ 的二阶偏导数。

解 由 $\dfrac{\partial z}{\partial x} = 2xy e^y, \dfrac{\partial z}{\partial y} = x^2(1+y)e^y$ 得

$$\dfrac{\partial^2 z}{\partial x^2} = 2y e^y, \quad \dfrac{\partial^2 z}{\partial x \partial y} = 2x(1+y)e^y,$$

$$\dfrac{\partial^2 z}{\partial y \partial x} = 2x(1+y)e^y, \quad \dfrac{\partial^2 z}{\partial y^2} = x^2(2+y)e^y.$$

例5与例6中的两个二阶混合偏导数相等,即 $z''_{xy} = z''_{yx}$。但这个关系式并不是对所有二元函数都成立。可以证明,**当二阶混合偏导数 z''_{xy}, z''_{yx} 为 x,y 的连续函数时,必有**

$$z''_{xy} = z''_{yx}.$$

换句话说,二阶混合偏导数在连续的条件下与求偏导数的次序无关。

例 7 验证二元函数 $z = \ln \sqrt{x^2 + y^2}$ 满足方程 $\dfrac{\partial^2 z}{\partial x^2} + \dfrac{\partial^2 z}{\partial y^2} = 0$.

证 因为 $z = \ln \sqrt{x^2 + y^2} = \dfrac{1}{2} \ln(x^2 + y^2)$, 所以

$$\frac{\partial z}{\partial x} = \frac{x}{x^2 + y^2}, \quad \frac{\partial z}{\partial y} = \frac{y}{x^2 + y^2},$$

$$\frac{\partial^2 z}{\partial x^2} = \frac{(x^2 + y^2) - x \cdot 2x}{(x^2 + y^2)^2} = \frac{y^2 - x^2}{(x^2 + y^2)^2},$$

$$\frac{\partial^2 z}{\partial y^2} = \frac{(x^2 + y^2) - y \cdot 2y}{(x^2 + y^2)^2} = \frac{x^2 - y^2}{(x^2 + y^2)^2}.$$

因此

$$\frac{\partial^2 z}{\partial x^2} + \frac{\partial^2 z}{\partial y^2} = \frac{y^2 - x^2}{(x^2 + y^2)^2} + \frac{x^2 - y^2}{(x^2 + y^2)^2} = 0.$$

例 7 中的方程 $\dfrac{\partial^2 z}{\partial x^2} + \dfrac{\partial^2 z}{\partial y^2} = 0$ 叫作**拉普拉斯**(Laplace)**方程**, 它是数学物理方程中一种很重要的方程.

三、全微分

在一元函数 $y = f(x)$ 中, y 对 x 的微分 $\mathrm{d}y$ 是自变量的改变量 Δx 的线性函数, 且当 $\Delta x \to 0$ 时, 微分 $\mathrm{d}y$ 与函数增量 Δy 的差是 Δx 的高阶无穷小. 类似地, 我们来讨论在所有自变量都有微小变化时, 二元函数的全增量的变化情况.

例如, 用 S 表示边长分别为 x 和 y 的矩形的面积, 当边长分别有增量 Δx 和 Δy 时, S 相应地有一个全增量

$$\Delta S = (x + \Delta x)(y + \Delta y) - xy = y\Delta x + x\Delta y + \Delta x \Delta y.$$

上式包含两部分: 第一部分 $y\Delta x + x\Delta y$, 它是 $\Delta x, \Delta y$ 的两个线性函数, 如图 7-11 中浅色阴影部分所示的两个矩形面积的和; 第二部分 $\Delta x \Delta y$, 当 $\Delta x \to 0, \Delta y \to 0$ 时, 它是 $\rho = \sqrt{(\Delta x)^2 + (\Delta y)^2}$ 的高阶无穷小. 如果以 $y\Delta x + x\Delta y$ 近似表示 ΔS, 而将 $\Delta x \Delta y$ 略去, 则其差

$$\Delta S - (y\Delta x + x\Delta y)$$

是 ρ 的高阶无穷小. 我们把 $y\Delta x + x\Delta y$ 称为面积 S 的微分.

一般地, 对二元函数 $z = f(x, y)$ 有如下定义:

定义 2 设二元函数 $z = f(x, y)$ 在点 (x, y) 的某一邻域内有定义. 如果函数的全增量可以表示为

$$\Delta z = f(x + \Delta x, y + \Delta y) - f(x, y)$$
$$= A\Delta x + B\Delta y + o(\rho),$$

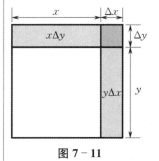

图 7-11

其中 A,B 仅与 x,y 有关,而与 $\Delta x,\Delta y$ 无关,$o(\rho)$ 是 ρ 的高阶无穷小($\rho = \sqrt{(\Delta x)^2+(\Delta y)^2}$),则称函数 $f(x,y)$ 在点 (x,y) 处**可微**,其中 $A\Delta x + B\Delta y$ 称为函数 $z = f(x,y)$ 在点 (x,y) 处的**全微分**,记作 $\mathrm{d}z$,即

$$\mathrm{d}z = A\Delta x + B\Delta y.$$

如果二元函数 $z = f(x,y)$ 在区域 D 上的每一点处都可微,则称该函数在**区域 D 上可微**.

定理 1(必要条件) 设二元函数 $z = f(x,y)$ 在点 (x,y) 处可微,则函数 $z = f(x,y)$ 在该点处的偏导数 $f'_x(x,y),f'_y(x,y)$ 必存在,且 $z = f(x,y)$ 在点 (x,y) 处的全微分为 $\mathrm{d}z = A\Delta x + B\Delta y$,其中 $A = f'_x(x,y), B = f'_y(x,y)$.

证 由于函数 $z = f(x,y)$ 在点 (x,y) 处可微,因此有等式

$$\Delta z = A\Delta x + B\Delta y + o(\rho)$$

成立. 令 $\Delta y = 0$,得 $\rho = \sqrt{(\Delta x)^2 + 0^2} = |\Delta x|$,从而

$$\begin{aligned}\Delta z &= f(x+\Delta x, y+\Delta y) - f(x,y) \\ &= f(x+\Delta x, y) - f(x,y) \\ &= A\Delta x + o(|\Delta x|).\end{aligned}$$

上式两边同时除以 Δx,再令 $\Delta x \to 0$ 取极限,得

$$\lim_{\Delta x \to 0}\frac{\Delta z}{\Delta x} = \lim_{\Delta x \to 0}\frac{A\Delta x + o(|\Delta x|)}{\Delta x} = A,$$

即 $f'_x(x,y)$ 存在,且 $A = f'_x(x,y)$.

同理可证 $f'_y(x,y)$ 存在,且 $B = f'_y(x,y)$.

综上可知,$z = f(x,y)$ 在点 (x,y) 处的全微分为

$$\mathrm{d}z = f'_x(x,y)\Delta x + f'_y(x,y)\Delta y.$$

注:与一元函数类似,自变量的增量 $\Delta x,\Delta y$ 即为自变量的微分 $\mathrm{d}x,\mathrm{d}y$,则二元函数的全微分就写为

$$\mathrm{d}z = f'_x(x,y)\mathrm{d}x + f'_y(x,y)\mathrm{d}y.$$

定理 2(充分条件) 设二元函数 $z = f(x,y)$ 的偏导数 $f'_x(x,y), f'_y(x,y)$ 在点 (x,y) 的某一邻域内连续,则函数 $f(x,y)$ 在该点处可微.

证明从略.

注:如果二元函数 $z = f(x,y)$ 在点 (x,y) 处可微,则由二元函数 $z = f(x,y)$ 的连续性定义可知,$z = f(x,y)$ 在该点连续.

由定理 1 和定理 2 可知,二元函数 $z = f(x,y)$ 在点 (x,y) 处存在偏导数是 $f(x,y)$ 在该点处可微的必要条件,而非充分条件;当 $f(x,y)$ 在点 (x,y) 处的偏导数存在且连续时,$f(x,y)$ 才在该点处可微. 这与一元函数 $y = f(x)$ 可微与可导等价的结论是不同的.

二元函数全微分的概念可以推广到三元及三元以上的多元函数. 例如,设三元函数 $u=f(x,y,z)$ 可微,那么它的全微分为
$$\mathrm{d}u = f'_x(x,y,z)\mathrm{d}x + f'_y(x,y,z)\mathrm{d}y + f'_z(x,y,z)\mathrm{d}z.$$

例 8 求二元函数 $z = x^2 y + y^2$ 的全微分.

解 因为 $z'_x = 2xy, z'_y = x^2 + 2y$,所以
$$\mathrm{d}z = z'_x \mathrm{d}x + z'_y \mathrm{d}y = 2xy\mathrm{d}x + (x^2+2y)\mathrm{d}y.$$

例 9 求下列函数的全微分:

(1) $z = \mathrm{e}^{x^2+y^2}$; (2) $z = \arctan(xy)$; (3) $u = \ln(x^2+y^2+z^2)$.

解 (1) 因为 $z'_x = \mathrm{e}^{x^2+y^2} \cdot 2x, z'_y = \mathrm{e}^{x^2+y^2} \cdot 2y$,所以
$$\mathrm{d}z = z'_x \mathrm{d}x + z'_y \mathrm{d}y = 2\mathrm{e}^{x^2+y^2}(x\mathrm{d}x + y\mathrm{d}y).$$

(2) 因为 $z'_x = \dfrac{y}{1+x^2y^2}, z'_y = \dfrac{x}{1+x^2y^2}$,所以
$$\mathrm{d}z = z'_x \mathrm{d}x + z'_y \mathrm{d}y = \frac{1}{1+x^2y^2}(y\mathrm{d}x + x\mathrm{d}y).$$

(3) 因为 $u'_x = \dfrac{2x}{x^2+y^2+z^2}, u'_y = \dfrac{2y}{x^2+y^2+z^2}, u'_z = \dfrac{2z}{x^2+y^2+z^2}$,所以
$$\mathrm{d}u = u'_x \mathrm{d}x + u'_y \mathrm{d}y + u'_z \mathrm{d}z = \frac{2}{x^2+y^2+z^2}(x\mathrm{d}x + y\mathrm{d}y + z\mathrm{d}z).$$

例 10 求二元函数 $z = \mathrm{e}^{xy}$ 的全微分,并计算函数在 $x=2, y=1, \Delta x = 0.15, \Delta y = -0.1$ 时的全微分.

解 由于 $\dfrac{\partial z}{\partial x} = y\mathrm{e}^{xy}, \dfrac{\partial z}{\partial y} = x\mathrm{e}^{xy}$,因此
$$\mathrm{d}z = y\mathrm{e}^{xy}\Delta x + x\mathrm{e}^{xy}\Delta y = \mathrm{e}^{xy}(y\Delta x + x\Delta y).$$
当 $x=2, y=1, \Delta x = 0.15, \Delta y = -0.1$ 时,全微分为
$$\mathrm{d}z = \mathrm{e}^2 \times [1 \times 0.15 + 2 \times (-0.1)] = -0.05\mathrm{e}^2.$$

与一元函数类似,二元函数有近似公式 $\Delta z \approx \mathrm{d}z$,即
$$f(x+\Delta x, y+\Delta y) - f(x,y) \approx f'_x(x,y)\Delta x + f'_y(x,y)\Delta y \tag{7-2}$$
或
$$f(x+\Delta x, y+\Delta y) \approx f(x,y) + f'_x(x,y)\Delta x + f'_y(x,y)\Delta y.$$

例 11 要造一无盖的圆桶形水槽,其内径为 $2\,\mathrm{m}$,高为 $4\,\mathrm{m}$,厚度均为 $0.01\,\mathrm{m}$,求所需材料体积的近似值与精确值.

解 因为圆柱的体积 $V = \pi r^2 h$(其中 r 为底半径,h 为高),由式(7-2)得
$$\Delta V \approx 2\pi rh\Delta r + \pi r^2 \Delta h.$$
由于 $r=2\,\mathrm{m}, h=4\,\mathrm{m}, \Delta r = \Delta h = 0.01\,\mathrm{m}$,因此
$$\Delta V \approx (2\pi \times 2 \times 4 \times 0.01 + \pi \times 2^2 \times 0.01)\,\mathrm{m}^3 = 0.2\pi\,\mathrm{m}^3,$$

$$\Delta V = \pi(r+\Delta r)^2(h+\Delta h) - \pi r^2 h$$
$$= (\pi \times 2.01^2 \times 4.01 - \pi \times 2^2 \times 4) \text{ m}^3 = 0.200\,801\pi \text{ m}^3.$$

所以，所需材料体积的近似值为 0.2π m³，精确值为 $0.200\,801\pi$ m³.

习题 7.2

1. 考虑二元函数 $z = f(x, y)$ 的下列四条结论：

(1) $z = f(x, y)$ 在点 (x, y) 处连续；

(2) $f'_x(x, y), f'_y(x, y)$ 在点 (x, y) 处连续；

(3) $z = f(x, y)$ 在点 (x, y) 处可微；

(4) $f'_x(x, y), f'_y(x, y)$ 存在.

若用"$P \Rightarrow Q$"表示可由结论 P 推出结论 Q，则下列选项中正确的是(　　).

A. (2) $\Rightarrow$ (3) $\Rightarrow$ (1)　　　　　　　B. (3) $\Rightarrow$ (2) $\Rightarrow$ (1)

C. (3) $\Rightarrow$ (4) $\Rightarrow$ (1)　　　　　　　D. (3) $\Rightarrow$ (1) $\Rightarrow$ (4)

2. 求下列函数的偏导数：

(1) $z = x^2 y^2$；　　　　　　　　　　(2) $z = e^{xy} + yx^2$；

(3) $z = \dfrac{x}{\sqrt{x^2 + y^2}}$；　　　　　　　(4) $z = e^{\sin x} \cos y$；

(5) $u = e^{x^2 y^3 z^5}$.

3. 设二元函数 $f(x, y) = x + (y-1)\arcsin\sqrt{\dfrac{x}{y}}$，求 $f'_x(x, 1)$.

4. 求下列二元函数在给定点处的偏导数：

(1) $f(x, y) = x + y - \sqrt{x^2 + y^2}$，求 $f'_x(3, 4)$；

(2) $f(x, y) = (1 + xy)^y$，求 $f'_y(1, 0)$；

(3) $z = e^{-x}\sin(x + 2y)$，求 $\left.\dfrac{\partial z}{\partial x}\right|_{\substack{x=0 \\ y=\frac{\pi}{4}}}$；

(4) $z = \ln(1 + x^2 + y^2)$，求 $\left.z'_x\right|_{\substack{x=1 \\ y=1}} + \left.z'_y\right|_{\substack{x=1 \\ y=1}}$.

5. 求下列二元函数的二阶偏导数：

(1) $z = \sin(xy^2)$；　　　　　　　　(2) $z = \arctan\dfrac{y}{x}$；

(3) $z = x^4 + y^4 - 4x^2 y^2$；　　　　　(4) $z = e^{xy}$.

6. 求下列函数的全微分：

(1) $z = xy + \dfrac{x}{y}$；　　　　　　　　(2) $z = e^{\frac{y}{x}}$；

(3) $z = \sqrt{\dfrac{x}{y}}$；　　　　　　　　　(4) $u = xy + yz + zx$.

7. 用某种材料做一个开口的长方体容器，其外形长为 5 m，宽为 4 m，高为 3 m，厚度均为 0.2 m，求所需材料体积的近似值与精确值.

§7.3 复合函数与隐函数的偏导数

一、复合函数的偏导数

现在要将一元函数微分学中复合函数的求导法则推广到多元复合函数的情形,多元复合函数的求导法则在多元函数微分学中也起着重要作用. 多元复合函数的求导法则在不同的函数复合情况下,表达形式有所不同,下面归纳成三种典型情形加以讨论.

复合函数的偏导数

1. 复合函数的中间变量均为一元函数的情形

如果函数 $u = u(x), v = v(x)$ 都在点 x 处可导,且函数 $z = f(u,v)$ 在对应点 (u,v) 处具有连续偏导数,则复合函数 $z = f[u(x), v(x)]$ 在点 x 处可导,且有

$$\frac{\mathrm{d}z}{\mathrm{d}x} = \frac{\partial z}{\partial u} \cdot \frac{\mathrm{d}u}{\mathrm{d}x} + \frac{\partial z}{\partial v} \cdot \frac{\mathrm{d}v}{\mathrm{d}x}, \tag{7-3}$$

其复合示意图如图 7-12 所示.

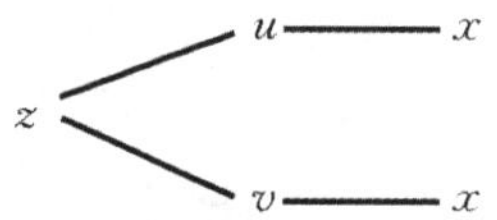

公式 (7-3) 中的导数 $\dfrac{\mathrm{d}z}{\mathrm{d}x}$ 称为**全导数**.

图 7-12

例 1 已知函数 $z = u^2 v^3, u = \sin x, v = \cos x$,求 $\dfrac{\mathrm{d}z}{\mathrm{d}x}$.

解 由公式 (7-3) 知,

$$\frac{\mathrm{d}z}{\mathrm{d}x} = \frac{\partial z}{\partial u} \cdot \frac{\mathrm{d}u}{\mathrm{d}x} + \frac{\partial z}{\partial v} \cdot \frac{\mathrm{d}v}{\mathrm{d}x} = 2uv^3 \cos x + 3u^2 v^2 (-\sin x)$$

$$= 2\sin x \cos^4 x - 3\sin^3 x \cos^2 x = \sin x \cos^2 x (2\cos^2 x - 3\sin^2 x).$$

注:也可以把表达式 $u = \sin x, v = \cos x$ 代入 $z = u^2 v^3$,即 $z = \sin^2 x \cos^3 x$,然后直接求一元函数的导数 $\dfrac{\mathrm{d}z}{\mathrm{d}x}$.

例 2 已知函数 $z = \dfrac{v}{u}, u = \mathrm{e}^x, v = 1 - \mathrm{e}^{2x}$,求 $\dfrac{\mathrm{d}z}{\mathrm{d}x}$.

解 由式 (7-3) 知,

$$\frac{\mathrm{d}z}{\mathrm{d}x} = \frac{\partial z}{\partial u} \cdot \frac{\mathrm{d}u}{\mathrm{d}x} + \frac{\partial z}{\partial v} \cdot \frac{\mathrm{d}v}{\mathrm{d}x} = \left(-\frac{v}{u^2}\right) \mathrm{e}^x + \frac{1}{u} (-\mathrm{e}^{2x}) \cdot 2$$

$$= -\frac{1 - \mathrm{e}^{2x}}{\mathrm{e}^{2x}} \mathrm{e}^x + \frac{1}{\mathrm{e}^x} (-2\mathrm{e}^{2x}) = \frac{1}{\mathrm{e}^x} (-1 + \mathrm{e}^{2x} - 2\mathrm{e}^{2x})$$

$$= -\mathrm{e}^{-x} - \mathrm{e}^x.$$

例3 已知函数 $z = \ln(u+v) + e^x, u = 2x, v = x^2$,求 $\dfrac{dz}{dx}$.

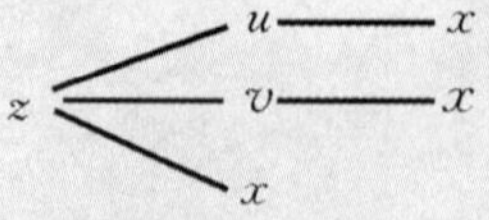

解 题设函数的复合示意图如图7-13所示. 因此

$$\frac{dz}{dx} = \frac{\partial z}{\partial u} \cdot \frac{du}{dx} + \frac{\partial z}{\partial v} \cdot \frac{dv}{dx} + \frac{\partial z}{\partial x}$$

$$= \frac{1}{u+v} \cdot 2 + \frac{1}{u+v} \cdot 2x + e^x$$

$$= \frac{1}{2x+x^2} \cdot 2 + \frac{1}{2x+x^2} \cdot 2x + e^x$$

$$= \frac{2+2x}{2x+x^2} + e^x.$$

图 7-13

注:解中 $\dfrac{dz}{dx}$ 和 $\dfrac{\partial z}{\partial x}$ 的含义不一样. $\dfrac{dz}{dx}$ 表示复合后的一元函数 $z = f[u(x), v(x), w(x)]$ 对 x 的全导数,而 $\dfrac{\partial z}{\partial x}$ 表示复合前的三元函数 $z = \ln(u+v) + e^x$ 对第三个自变量 x 的偏导数.

2. 复合函数的中间变量均为多元函数的情形

如果函数 $u = u(x,y), v = v(x,y)$ 在点 (x,y) 处关于 x, y 的偏导数都存在,且函数 $z = f(u,v)$ 在对应点 (u,v) 处具有连续偏导数,则复合函数 $z = f[u(x,y), v(x,y)]$ 在点 (x,y) 处的两个偏导数均存在,且有

$$\frac{\partial z}{\partial x} = \frac{\partial z}{\partial u} \cdot \frac{\partial u}{\partial x} + \frac{\partial z}{\partial v} \cdot \frac{\partial v}{\partial x}, \tag{7-4}$$

$$\frac{\partial z}{\partial y} = \frac{\partial z}{\partial u} \cdot \frac{\partial u}{\partial y} + \frac{\partial z}{\partial v} \cdot \frac{\partial v}{\partial y}, \tag{7-5}$$

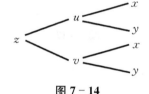

图 7-14

其复合示意图如图 7-14 所示.

例4 设函数 $z = u^v, u = x^2 + y, v = xy$,求 $\dfrac{\partial z}{\partial x}$ 和 $\dfrac{\partial z}{\partial y}$.

解 $\dfrac{\partial z}{\partial u} = vu^{v-1}, \dfrac{\partial z}{\partial v} = u^v \ln u, \dfrac{\partial u}{\partial x} = 2x, \dfrac{\partial u}{\partial y} = 1, \dfrac{\partial v}{\partial x} = y, \dfrac{\partial v}{\partial y} = x$. 于是,由公式(7-4)和(7-5)知

$$\frac{\partial z}{\partial x} = \frac{\partial z}{\partial u} \cdot \frac{\partial u}{\partial x} + \frac{\partial z}{\partial v} \cdot \frac{\partial v}{\partial x} = vu^{v-1} \cdot 2x + u^v \ln u \cdot y$$

$$= 2x^2 y(x^2+y)^{xy-1} + y(x^2+y)^{xy} \ln(x^2+y),$$

$$\frac{\partial z}{\partial y} = \frac{\partial z}{\partial u} \cdot \frac{\partial u}{\partial y} + \frac{\partial z}{\partial v} \cdot \frac{\partial v}{\partial y} = vu^{v-1} \cdot 1 + u^v \ln u \cdot x$$

$$= xy(x^2+y)^{xy-1} + x(x^2+y)^{xy} \ln(x^2+y).$$

例5 设函数 $z = u^2 \ln v, u = \dfrac{x}{y}, v = 3x - 2y$,求 $\dfrac{\partial z}{\partial x}$ 和 $\dfrac{\partial z}{\partial y}$.

解 $\dfrac{\partial z}{\partial u} = 2u\ln v, \dfrac{\partial z}{\partial v} = \dfrac{u^2}{v}, \dfrac{\partial u}{\partial x} = \dfrac{1}{y}, \dfrac{\partial u}{\partial y} = -\dfrac{x}{y^2}, \dfrac{\partial v}{\partial x} = 3, \dfrac{\partial v}{\partial y} = -2$. 于是,由公式(7-4)和(7-5)知

$$\frac{\partial z}{\partial x} = \frac{\partial z}{\partial u} \cdot \frac{\partial u}{\partial x} + \frac{\partial z}{\partial v} \cdot \frac{\partial v}{\partial x} = 2u\ln v \cdot \frac{1}{y} + \frac{u^2}{v} \cdot 3$$

$$= \frac{2x}{y^2}\ln(3x-2y) + \frac{3x^2}{y^2(3x-2y)},$$

$$\frac{\partial z}{\partial y} = \frac{\partial z}{\partial u} \cdot \frac{\partial u}{\partial y} + \frac{\partial z}{\partial v} \cdot \frac{\partial v}{\partial y} = 2u\ln v \cdot \left(-\frac{x}{y^2}\right) + \frac{u^2}{v} \cdot (-2)$$

$$= -\frac{2x^2}{y^3}\ln(3x-2y) - \frac{2x^2}{y^2(3x-2y)}.$$

3. 复合函数的中间变量既有一元函数又有多元函数的情形

设函数 $z = f(u,v), u = u(x,y), v = v(y)$ 复合成二元函数 $z = f[u(x,y), v(y)]$，则在与情形 2 类似的条件下，z 关于 x,y 的偏导数均存在，且有

$$\frac{\partial z}{\partial x} = \frac{\partial z}{\partial u} \cdot \frac{\partial u}{\partial x}, \tag{7-6}$$

$$\frac{\partial z}{\partial y} = \frac{\partial z}{\partial u} \cdot \frac{\partial u}{\partial y} + \frac{\partial z}{\partial v} \cdot \frac{\mathrm{d}v}{\mathrm{d}y}, \tag{7-7}$$

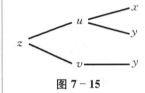

图 7-15

其复合示意图如图 7-15 所示.

例 6 设函数 $z = \arcsin uv, u = x - y, v = y^2$，求 $\frac{\partial z}{\partial x}$ 和 $\frac{\partial z}{\partial y}$.

解 $\frac{\partial z}{\partial u} = \frac{v}{\sqrt{1-u^2v^2}}, \frac{\partial z}{\partial v} = \frac{u}{\sqrt{1-u^2v^2}}, \frac{\partial u}{\partial x} = 1, \frac{\partial u}{\partial y} = -1, \frac{\mathrm{d}v}{\mathrm{d}y} = 2y$. 于是，由公式 (7-6) 和 (7-7) 知

$$\frac{\partial z}{\partial x} = \frac{\partial z}{\partial u} \cdot \frac{\partial u}{\partial x} = \frac{v}{\sqrt{1-u^2v^2}} \cdot 1 = \frac{y^2}{\sqrt{1-(x-y)^2y^4}},$$

$$\frac{\partial z}{\partial y} = \frac{\partial z}{\partial u} \cdot \frac{\partial u}{\partial y} + \frac{\partial z}{\partial v} \cdot \frac{\mathrm{d}v}{\mathrm{d}y} = \frac{v}{\sqrt{1-u^2v^2}} \cdot (-1) + \frac{u}{\sqrt{1-u^2v^2}} \cdot 2y$$

$$= \frac{(2x-3y)y}{\sqrt{1-(x-y)^2y^4}}.$$

我们将上述求复合函数导数的方法形象地称为**链式法则**. 链式法则体现为 $\left(\text{以求}\frac{\partial z}{\partial x}\text{为例}\right)$，找出所有从 z 到 x 的"链"，先将同一链上前一变量对后一变量求偏导数（或导数），并相乘，再把不同链上所得的结果全部相加.

二、隐函数的导数与偏导数

1. 由方程 $F(x,y) = 0$ 所确定的一元函数 $y = f(x)$ 的导数 $\frac{\mathrm{d}y}{\mathrm{d}x}$

在上册 §3.3 的学习过程中，我们知道，可以不经过显化直接用

复合函数的求导法则求解隐函数 $F(x,y)=0$ 的导数. 但是,对于某些复杂的函数,此种方法用起来非常烦琐. 例如,已知函数 $x^y+\sin(x+y)=0$,要求 $\dfrac{\mathrm{d}y}{\mathrm{d}x}$. 因为 y 是 x 的函数,则 x^y 是幂指函数,其对 x 的导数不易直接求出,所以我们要引入下述新的方法.

若 $\dfrac{\partial F}{\partial y}\neq 0$,则对于 $F[x,f(x)]=0$(函数的复合示意图如图 7-16 所示),由复合函数的求导法则可知

$$\dfrac{\partial F}{\partial x}+\dfrac{\partial F}{\partial y}\cdot\dfrac{\mathrm{d}y}{\mathrm{d}x}=0.$$

因此,可得

$$\dfrac{\mathrm{d}y}{\mathrm{d}x}=-\dfrac{\dfrac{\partial F}{\partial x}}{\dfrac{\partial F}{\partial y}},\quad 即 \quad \dfrac{\mathrm{d}y}{\mathrm{d}x}=-\dfrac{F'_x}{F'_y}. \tag{7-8}$$

例 7 求由方程 $xy+\ln y-\ln x=0$ 所确定的隐函数 $y=f(x)$ 的导数 $\dfrac{\mathrm{d}y}{\mathrm{d}x}$.

解 设函数 $F(x,y)=xy+\ln y-\ln x$,则

$$F'_x=y-\dfrac{1}{x},\quad F'_y=x+\dfrac{1}{y}.$$

于是,由公式(7-8)知

$$\dfrac{\mathrm{d}y}{\mathrm{d}x}=-\dfrac{F'_x}{F'_y}=\dfrac{y(1-xy)}{x(xy+1)}.$$

例 8 求由方程 $\ln\sqrt{x^2+y^2}=\arctan\dfrac{y}{x}$ 所确定的隐函数 $y=f(x)$ 的导数 $\dfrac{\mathrm{d}y}{\mathrm{d}x}$.

解 设函数 $F(x,y)=\dfrac{1}{2}\ln(x^2+y^2)-\arctan\dfrac{y}{x}$,则

$$F'_x=\dfrac{1}{2}\cdot\dfrac{1}{x^2+y^2}\cdot 2x-\dfrac{1}{1+\left(\dfrac{y}{x}\right)^2}\cdot\left(-\dfrac{y}{x^2}\right)=\dfrac{x+y}{x^2+y^2},$$

$$F'_y=\dfrac{1}{2}\cdot\dfrac{1}{x^2+y^2}\cdot 2y-\dfrac{1}{1+\left(\dfrac{y}{x}\right)^2}\cdot\dfrac{1}{x}=\dfrac{y-x}{x^2+y^2}.$$

于是,由公式(7-8)知

$$\dfrac{\mathrm{d}y}{\mathrm{d}x}=-\dfrac{F'_x}{F'_y}=\dfrac{x+y}{x-y}.$$

2. 由方程 $F(x,y,z)=0$ 所确定的二元函数 $z=f(x,y)$ 的偏导数 $\dfrac{\partial z}{\partial x},\dfrac{\partial z}{\partial y}$

若 $\dfrac{\partial F}{\partial z}\neq 0$,则对于 $F[x,y,f(x,y)]=0$(函数的复合示意图如图 7-17 所示),由复合函数的求导法则可知

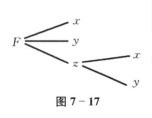

图 7-17

$$\frac{\partial F}{\partial x}+\frac{\partial F}{\partial z}\cdot\frac{\partial z}{\partial x}=0, \quad \frac{\partial F}{\partial y}+\frac{\partial F}{\partial z}\cdot\frac{\partial z}{\partial y}=0.$$

因此,可得 $\dfrac{\partial z}{\partial x}=-\dfrac{\dfrac{\partial F}{\partial x}}{\dfrac{\partial F}{\partial z}}, \dfrac{\partial z}{\partial y}=-\dfrac{\dfrac{\partial F}{\partial y}}{\dfrac{\partial F}{\partial z}}$,即

$$\frac{\partial z}{\partial x}=-\frac{F'_x}{F'_z}, \tag{7-9}$$

$$\frac{\partial z}{\partial y}=-\frac{F'_y}{F'_z}. \tag{7-10}$$

例 9 求由方程 $e^z = xyz$ 所确定的隐函数 $z = f(x,y)$ 的偏导数 $\dfrac{\partial z}{\partial x}, \dfrac{\partial z}{\partial y}$.

解 令函数 $F(x,y,z) = e^z - xyz$,则
$$F'_x = -yz, \quad F'_y = -xz, \quad F'_z = e^z - xy.$$
于是,由公式(7-9)和(7-10)知
$$\frac{\partial z}{\partial x} = -\frac{F'_x}{F'_z} = -\frac{-yz}{e^z - xy} = \frac{yz}{e^z - xy},$$
$$\frac{\partial z}{\partial y} = -\frac{F'_y}{F'_z} = -\frac{-xz}{e^z - xy} = \frac{xz}{e^z - xy}.$$

例 10 设方程 $\dfrac{x^2}{4}+\dfrac{y^2}{8}+\dfrac{z^2}{16}=1$ 可确定 z 是 x 和 y 的函数,求:

(1) 全微分 $\mathrm{d}z$;

(2) 二阶偏导数 $\dfrac{\partial^2 z}{\partial x^2}$ 及 $\dfrac{\partial^2 z}{\partial x \partial y}$.

解 原方程可变形为 $4x^2 + 2y^2 + z^2 - 16 = 0$,令函数
$$F(x,y,z) = 4x^2 + 2y^2 + z^2 - 16.$$

(1) 因为 $F'_x = 8x, F'_y = 4y, F'_z = 2z$,所以
$$\frac{\partial z}{\partial x}=-\frac{F'_x}{F'_z}=-\frac{8x}{2z}=-\frac{4x}{z}, \quad \frac{\partial z}{\partial y}=-\frac{F'_y}{F'_z}=-\frac{4y}{2z}=-\frac{2y}{z}.$$
于是,由全微分公式得
$$\mathrm{d}z = -\frac{4x}{z}\mathrm{d}x - \frac{2y}{z}\mathrm{d}y.$$

(2) $\dfrac{\partial^2 z}{\partial x^2} = \dfrac{\partial}{\partial x}\left(\dfrac{\partial z}{\partial x}\right) = \dfrac{\partial}{\partial x}\left(-\dfrac{4x}{z}\right) = -4 \cdot \dfrac{z - x z'_x}{z^2}$

$\qquad = -4 \cdot \dfrac{z - x\left(-\dfrac{4x}{z}\right)}{z^2} = -\dfrac{4(z^2 + 4x^2)}{z^3},$

$\dfrac{\partial^2 z}{\partial x \partial y} = \dfrac{\partial}{\partial y}\left(\dfrac{\partial z}{\partial x}\right) = \dfrac{\partial}{\partial y}\left(-\dfrac{4x}{z}\right) = -4x \cdot \left(-\dfrac{1}{z^2}\right) \cdot z'_y$

$\qquad = \dfrac{4x}{z^2}\left(-\dfrac{2y}{z}\right) = -\dfrac{8xy}{z^3}.$

习题 7.3

1. 求下列复合函数的导数或偏导数：

(1) 设 $z = uv, u = e^x, v = \cos x$，求 $\dfrac{dz}{dx}$；

(2) 设 $z = e^{u-2v}, u = \sin x, v = x^3$，求 $\dfrac{dz}{dx}$；

(3) 设 $z = \ln(u+v) + \arctan x, u = 2x, v = 2x^3$，求 $\dfrac{dz}{dx}$；

(4) 设 $z = u^2 v - uv^2, u = x\cos y, v = x\sin y$，求 $\dfrac{\partial z}{\partial x}, \dfrac{\partial z}{\partial y}$；

(5) 设 $z = \dfrac{\cos u}{v}, u = \dfrac{y}{x}, v = x^2 - y^2$，求 $\dfrac{\partial z}{\partial x}, \dfrac{\partial z}{\partial y}$；

(6) 设 $z = uv, u = x+y, v = 3x+2y$，求 $\dfrac{\partial z}{\partial x}, \dfrac{\partial z}{\partial y}$.

2. 求下列由方程所确定的隐函数的导数或偏导数：

(1) $xy + x + y = 1$，求 $\dfrac{dy}{dx}$；

(2) $\sin y + e^x - xy^2 = 0$，求 $\dfrac{dy}{dx}$；

(3) $xy - \ln y = 0$，求 $\dfrac{dy}{dx}$；

(4) $yx = \arctan(xz)$，求 $\dfrac{\partial z}{\partial x}, \dfrac{\partial z}{\partial y}$；

(5) $x + 2y + z - 2\sqrt{xyz} = 0$，求 $\dfrac{\partial z}{\partial x}, \dfrac{\partial z}{\partial y}$；

(6) $\dfrac{x}{z} = \ln \dfrac{z}{y}$，求 $\dfrac{\partial z}{\partial x}, \dfrac{\partial z}{\partial y}, \dfrac{\partial^2 z}{\partial x \partial y}$.

3. 设方程 $2\sin(x+2y-3z) = x+2y-3z$，证明：$\dfrac{\partial z}{\partial x} + \dfrac{\partial z}{\partial y} = 1$.

§7.4 二元函数的极值与最值

在实际问题中，往往会遇到多元函数的最大值、最小值问题. 与一元函数类似，多元函数的最大值、最小值与极大值、极小值有密切联系. 因此，本节将以二元函数为例，先讨论多元函数的极值问题.

一、二元函数的极值

与一元函数类似，可得到二元函数极值的概念.

定义 1　设二元函数 $z = f(x, y)$ 在点 (x_0, y_0) 的某一邻域内有定义. 如果对于该邻域内异于点 (x_0, y_0) 的所有点, 总有
$$f(x, y) < f(x_0, y_0),$$
则称 $f(x_0, y_0)$ 是函数 $f(x, y)$ 的**极大值**, 称点 (x_0, y_0) 为二元函数 $z = f(x, y)$ 的**极大值点**. 如果总有
$$f(x, y) > f(x_0, y_0),$$
则称 $f(x_0, y_0)$ 是函数 $f(x, y)$ 的**极小值**, 称点 (x_0, y_0) 为二元函数 $z = f(x, y)$ 的**极小值点**.

函数的极大值与极小值统称为**极值**, 函数的极大值点与极小值点统称为**极值点**.

例如, 函数 $z = 3x^2 + y^2$ 在点 $(0, 0)$ 处取得极小值; 函数 $z = -\sqrt{x^2 + y^2}$ 在点 $(0, 0)$ 处取得极大值; 函数 $z = xy$ 在点 $(0, 0)$ 处既不取得极大值, 也不取得极小值.

二元函数的极值问题一般可以利用偏导数来解决, 下面两个定理就是关于此问题的结论.

定理 1 (极值存在的必要条件)　如果二元函数 $z = f(x, y)$ 在点 (x_0, y_0) 处取得极值, 且两个偏导数存在, 则有
$$f'_x(x_0, y_0) = 0, \quad f'_y(x_0, y_0) = 0.$$

证　不妨设 $z = f(x, y)$ 在点 (x_0, y_0) 处取得极大值, 则由定义可知, 在点 (x_0, y_0) 的某一邻域内异于该点的所有点处都满足不等式
$$f(x, y) < f(x_0, y_0).$$
特殊地, 在该邻域内取 $y = y_0$ 而 $x \neq x_0$ 的点, 则应有不等式
$$f(x, y_0) < f(x_0, y_0)$$
成立. 这表明, 一元函数 $f(x, y_0)$ 在点 $x = x_0$ 处取得极大值, 因而必有
$$f'_x(x_0, y_0) = 0.$$
同理可证
$$f'_y(x_0, y_0) = 0.$$

注: 使得二元函数的两个偏导数同时为零的点, 称为**二元函数的驻点**. 由定理 1 可知, 极值点可能在驻点处取得, 但驻点不一定是极值点, 极值点也可能是使得偏导数不存在的点. 例如, 二元函数 $z = -\sqrt{x^2 + y^2}$ 在点 $(0, 0)$ 处的两个偏导数都不存在, 但该函数在点 $(0, 0)$ 处取得极大值. 又如, 点 $(0, 0)$ 是二元函数 $z = xy$ 的驻点, 但函数 $z = xy$ 在点 $(0, 0)$ 处并不取得极值.

例 1　讨论二元函数 $f(x, y) = y^2 - x^2 + 1$ 是否有极值.

解　由 $f'_x(x, y) = -2x = 0, f'_y(x, y) = 2y = 0$, 得驻点 $(0, 0)$, 驻点处函数值 $f(0, 0) = 1$.

当 $x \neq 0, y = 0$ 时，$f(x,0) = -x^2 + 1 < 1 = f(0,0)$.
当 $x = 0, y \neq 0$ 时，$f(0,y) = y^2 + 1 > 1 = f(0,0)$.
因此，$f(0,0)$ 不是极值，故此函数无极值.

怎样判定一个驻点是不是极值点呢? 下面的定理回答了这个问题.

定理 2 (极值存在的充分条件) 设二元函数 $z = f(x,y)$ 在点 (x_0, y_0) 的某一邻域内有一阶及二阶连续偏导数，且该点是它的驻点. 令 $A = f''_{xx}(x_0, y_0), B = f''_{xy}(x_0, y_0), C = f''_{yy}(x_0, y_0)$，则有如下判断：

(1) 如果 $B^2 - AC < 0$，且 $A < 0$，则 $f(x_0, y_0)$ 是极大值；

(2) 如果 $B^2 - AC < 0$，且 $A > 0$，则 $f(x_0, y_0)$ 是极小值；

(3) 如果 $B^2 - AC > 0$，则 $f(x_0, y_0)$ 不是极值；

(4) 如果 $B^2 - AC = 0$，则 $f(x_0, y_0)$ 是否为极值需另做讨论.

利用定理 1 和定理 2，求具有二阶连续偏导数的二元函数 $f(x,y)$ 的极值的步骤可叙述如下：

(1) 解方程组 $\begin{cases} f'_x(x,y) = 0, \\ f'_y(x,y) = 0, \end{cases}$ 求得一切实数解，即求得一切驻点；

(2) 对于每个驻点 (x_0, y_0)，求出其二阶偏导数的值 A, B, C；

(3) 确定 $B^2 - AC$ 的符号，按定理 2 的结论判定 $f(x_0, y_0)$ 是否为极值. 如果是极值，则再根据 A 的符号判定是极大值还是极小值.

例 2 确定二元函数 $f(x,y) = x^3 - y^3 + 3x^2 + 3y^2 - 9x$ 的极值点及极值.

解 由方程组
$$\begin{cases} f'_x(x,y) = 3x^2 + 6x - 9 = 0, \\ f'_y(x,y) = -3y^2 + 6y = 0, \end{cases}$$

得 $\begin{cases} x = 1, \\ x = -3, \end{cases} \begin{cases} y = 0, \\ y = 2, \end{cases}$ 故驻点为 $(1,0), (1,2), (-3,0), (-3,2)$. 又

$$f''_{xx}(x,y) = 6x + 6, \quad f''_{xy}(x,y) = 0, \quad f''_{yy}(x,y) = -6y + 6.$$

在点 $(1,0)$ 处，$A = 12, B = 0, C = 6$，由 $B^2 - AC = 0 - 12 \times 6 < 0$ 及 $A = 12 > 0$ 可知，函数在该点处取得极小值；

在点 $(1,2)$ 处，$A = 12, B = 0, C = -6$，由 $B^2 - AC = 0 - 12 \times (-6) > 0$ 可知，函数在该点处无极值；

在点 $(-3,0)$ 处，$A = -12, B = 0, C = 6$，由 $B^2 - AC = 0 - (-12) \times 6 > 0$ 可知，函数在该点处无极值；

在点 $(-3,2)$ 处，$A = -12, B = 0, C = -6$，由 $B^2 - AC = 0 - (-12) \times (-6) < 0$ 及 $A = -12 < 0$ 可知，函数在该点处取得极大值.

因此，函数的极小值点为 $(1,0)$，极大值点为 $(-3,2)$；极小值为 $f(1,0) = -5$，极大值为 $f(-3,2) = 31$.

二、二元函数的最值

在实际问题中,往往会遇到多元函数的最大值、最小值问题.与一元函数类似,我们可以利用函数的极值来求函数的最大值、最小值.我们知道,如果二元函数 $f(x,y)$ 在有界闭区域 D 上连续,则 $f(x,y)$ 必在 D 上取得最大值和最小值.这种使得函数取得最大值或最小值的点既可能在 D 的内部,也可能在 D 的边界上.

我们假定,函数在 D 内可微且只有有限个驻点.这时,如果函数在 D 的内部取得最大值(或最小值),那么这个最大值(或最小值)也是函数的极大值(或极小值).

因此,在上述假定下求二元函数 $f(x,y)$ 在有界闭区域 D 上的最大值和最小值的一般方法是:将函数 $f(x,y)$ 在 D 内所有驻点处的函数值与其在 D 的边界上的最大值、最小值互相比较,其中最大的就是最大值,最小的就是最小值.然而,由于这种做法要求出 $f(x,y)$ 在 D 的边界上的最大值和最小值,因此往往相当复杂.

在通常遇到的实际问题中,如果根据问题的性质知道函数 $f(x,y)$ 的最大值(或最小值)一定在区域 D 的内部取得,且函数在 D 内只有一个驻点,那么据此就可以肯定,该驻点处的函数值就是函数 $f(x,y)$ 在 D 上的最大值(或最小值).

例 3 某工厂生产 A,B 两种产品,出售单价分别为 10 元与 9 元,生产 x 件 A 产品与生产 y 件 B 产品的总费用(单位:元) 为
$$400 + 2x + 3y + 0.01(3x^2 + xy + 3y^2).$$
问:当两种产品各生产多少时,该工厂可取得最大利润?

解 已知总利润函数(单位:元) 为
$$L(x,y) = (10x + 9y) - [400 + 2x + 3y + 0.01(3x^2 + xy + 3y^2)]$$
$$= -0.01(3x^2 + xy + 3y^2) + 8x + 6y - 400 \quad (x > 0, y > 0).$$
由方程组
$$\begin{cases} L'_x(x,y) = 8 - 0.01(6x + y) = 0, \\ L'_y(x,y) = 6 - 0.01(x + 6y) = 0, \end{cases}$$
得驻点 $(120,80)$.根据题意可知,总利润的最大值一定存在.又由于函数 $L(x,y)$ 在其定义域内只有唯一的驻点 $(120,80)$,因此可断定,当 $x = 120, y = 80$ 时,$L(x,y)$ 取得最大值,即当生产 120 件 A 产品、80 件 B 产品时,该工厂可取得最大利润.

三、二元函数的条件极值

在上面所讨论的二元函数的极值问题中,自变量 x,y 可以在定义域内独立变化,不受其他条件约束,这样求得的极值称为**无条件极值**.但在实际问题中,往往要求自变量 x,y 还要满足一定的约束条件 $\varphi(x,y) = 0$,这样求得的极值称为**条件极值**.

条件极值

求二元函数 $z = f(x,y)$ 在约束条件 $\varphi(x,y) = 0$ 下的条件极值,一般有两种方法.

1. 转化法

先从 $\varphi(x,y) = 0$ 中解出 $y = g(x)$,再代入 $z = f(x,y)$,得 $z = f[x,g(x)] = F(x)$,这样就把条件极值转化为求一元函数 $z = F(x)$ 的无条件极值问题. 三元及三元以上的函数情形与此类似.

例 4 要用铁板做一个体积为 2 m^3 的有盖长方体水箱,问:当长、宽、高各取怎样的尺寸时,用料最省?

解 设水箱的长为 x m,宽为 y m,则高应为 $\dfrac{2}{xy}$ m. 此水箱所用材料的面积(单位:m^2)为

$$A = 2\left(xy + y\frac{2}{xy} + x\frac{2}{xy}\right),$$

即

$$A = 2\left(xy + \frac{2}{x} + \frac{2}{y}\right) \quad (x > 0, y > 0).$$

可见,材料面积 A 是 x 和 y 的二元函数. 令

$$\begin{cases} A'_x = 2\left(y - \dfrac{2}{x^2}\right) = 0, \\ A'_y = 2\left(x - \dfrac{2}{y^2}\right) = 0, \end{cases}$$

解方程组,得 $x = \sqrt[3]{2}, y = \sqrt[3]{2}$.

根据题意可知,水箱所用材料面积的最小值一定存在,并在区域 $D: x > 0, y > 0$ 内取得. 又由于函数在 D 内有唯一的驻点 $(\sqrt[3]{2}, \sqrt[3]{2})$,因此可断定,当 $x = \sqrt[3]{2}, y = \sqrt[3]{2}$ 时,A 取得最小值. 也就是说,当水箱的长为 $\sqrt[3]{2}$ m,宽为 $\sqrt[3]{2}$ m,高为 $\dfrac{2}{\sqrt[3]{2} \cdot \sqrt[3]{2}}$ m $= \sqrt[3]{2}$ m 时,水箱所用材料最省.

从例 4 可以看出,在体积一定的长方体中,正方体的表面积最小.

但在很多情形下,将条件极值转化为无条件极值并不简单. 我们另有一种直接寻求条件极值的方法,可以不必把问题化为无条件极值问题,这就是下面所述的拉格朗日乘数法.

2. 拉格朗日乘数法

(1) 构造拉格朗日函数

$$F(x,y) = f(x,y) + \lambda \varphi(x,y),$$

其中 λ 为某一常数;

(2) 先求 $F(x,y)$ 对 x, y 的一阶偏导数,并令其为零,然后与约束条件联立,得方程组

$$\begin{cases} F'_x(x,y) = f'_x(x,y) + \lambda\varphi'_x(x,y) = 0, \\ F'_y(x,y) = f'_y(x,y) + \lambda\varphi'_y(x,y) = 0, \\ \varphi(x,y) = 0. \end{cases}$$

上述方程组无须求得 λ 的值,只需求得 x,y 的值,这样得到的点 (x,y) 就是二元函数 $z = f(x,y)$ 在约束条件 $\varphi(x,y) = 0$ 下的可能极值点.

注:拉格朗日乘数法只给出了函数极值的必要条件,至于如何确定 (x,y) 是否为极值点,在实际中往往可根据问题本身的性质来判定.

例 5 求二元函数 $z = xy$ 在约束条件 $x + y = 1$ 下的极大值.

解 约束条件变形为 $x + y - 1 = 0$. 构造拉格朗日函数
$$F(x,y) = xy + \lambda(x+y-1),$$
求其偏导数并令其为零,与约束条件联立,得
$$\begin{cases} \dfrac{\partial F}{\partial x} = y + \lambda = 0, \\ \dfrac{\partial F}{\partial y} = x + \lambda = 0, \\ x + y - 1 = 0. \end{cases}$$
解得唯一一个可能的极值点为 $x = y = \dfrac{1}{2}$,即该点就是所求的极大值点,此时极大值为 $\dfrac{1}{4}$.

拉格朗日乘数法可推广到自变量多于两个而条件多于一个的情形.

例 6 求表面积为 a^2 而体积最大的长方体的体积.

解 设长方体的长、宽、高分别为 x,y,z,则所求问题为在约束条件 $\varphi(x,y,z) = 2xy + 2yz + 2zx - a^2 = 0$ 下,求体积 $V = f(x,y,z) = xyz(x>0, y>0, z>0)$ 的最大值.

构造拉格朗日函数
$$F(x,y,z) = xyz + \lambda(2xy + 2yz + 2zx - a^2),$$
求其偏导数并令其为零,与约束条件联立,得
$$\begin{cases} \dfrac{\partial F}{\partial x} = yz + 2y\lambda + 2z\lambda = 0, \\ \dfrac{\partial F}{\partial y} = xz + 2x\lambda + 2z\lambda = 0, \\ \dfrac{\partial F}{\partial z} = xy + 2y\lambda + 2x\lambda = 0, \\ 2xy + 2yz + 2zx - a^2 = 0. \end{cases}$$
解得唯一一个可能的极值点 $x = y = z = \dfrac{\sqrt{6}}{6}a$.

因为问题本身存在着最大值,所以边长均为 $\dfrac{\sqrt{6}}{6}a$ 的正方体在表面积为 a^2 的约束条件下体积最大,此时 $V = \dfrac{\sqrt{6}}{36}a^3$.

实际上,转化法能解决的极值问题,拉格朗日乘数法都能够解决.读者可以试着使用拉格朗日乘数法求解例 4.

习题 7.4

1. 已知二元函数 $f(x,y)$ 在点 $(0,0)$ 的某一邻域内连续,且 $\lim\limits_{(x,y)\to(0,0)}\dfrac{f(x,y)-xy}{(x^2+y^2)^2}=1$,则下述选项中正确的是(　　).
   A. 点 $(0,0)$ 不是 $f(x,y)$ 的极值点
   B. 点 $(0,0)$ 是 $f(x,y)$ 的极大值点
   C. 点 $(0,0)$ 是 $f(x,y)$ 的极小值点
   D. 根据所给条件无法判断点 $(0,0)$ 是否为 $f(x,y)$ 的极值点
2. 求下列二元函数的极值:
   (1) $z=x^2-xy+y^2+9x-6y+20$;
   (2) $z=4(x-y)-x^2-y^2$;
   (3) $z=x^3+y^3-3xy$.
3. 现要造一个容积为 $100\ \mathrm{m}^3$ 的有盖长方体水池,试问:如何选择水池的尺寸,才能使得水池的表面积最小?
4. 把正数 a 分成三个正数之和,使它们的乘积为最大,求这三个正数.
5. 求半径为 r 的球的最大内接长方体的体积.
6. 在椭球面 $\dfrac{x^2}{a^2}+\dfrac{y^2}{b^2}+\dfrac{z^2}{c^2}=1$ 上求一点,使其三个坐标的乘积最大.
7. 某工厂生产甲、乙两种产品,甲产品的售价为 900 元/t,乙种产品的售价为 1 000 元/t,已知生产 x t 甲产品和 y t 乙产品的总成本函数(单位:元)为
$$C(x,y)=30\,000+300x+200y+3x^2+xy+3y^2.$$
问:甲、乙两种产品的产量为多少时,总利润最大?

§7.5　二重积分的概念与性质

在本节中,我们把一元函数定积分的概念及基本性质推广到二元函数的定积分,即二重积分.

一、二重积分的基本概念

引例　设二元函数 $z=f(x,y)$ 在有界闭区域 D 上连续,且 $f(x,y)\geqslant 0((x,y)\in D)$,它在几何上表示一个连续的曲面.试求以曲面 $z=f(x,y)$ 为顶,以区域 D 为底,以平行 z 轴的直线为母线的曲顶柱体的体积(见图 7-18).

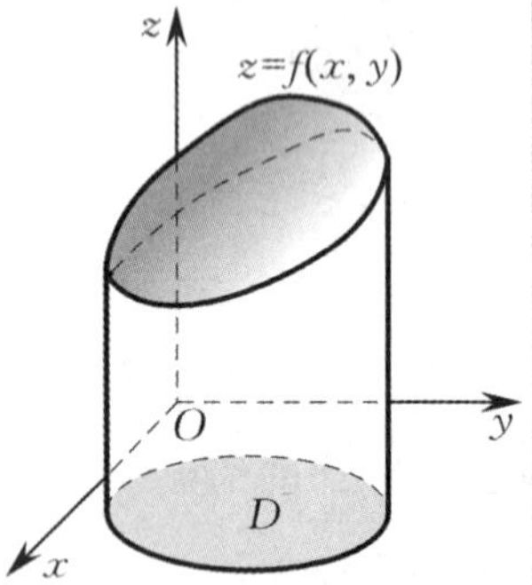

图 7-18

我们仿照求曲边梯形面积的方法来求此曲顶柱体的体积,分如下四个步骤.

(1) 分割.

将闭区域 D 任意分割成 n 个小闭区域 $D_1, D_2, \cdots, D_n$,且以 $\Delta\sigma_i$ 表示第 i 个小闭区域 $D_i(i=1,2,\cdots,n)$ 的面积(见图 7-19),这样就把此曲顶柱体分成 n 个小曲顶柱体. 以 $\Delta V_i(i=1,2,\cdots,n)$ 表示以 D_i 为底的第 i 个小曲顶柱体的体积,以 V 表示此曲顶柱体的体积.

(2) 近似替代.

在每个小闭区域 $D_i(i=1,2,\cdots,n)$ 内,任取一点 (ξ_i, η_i),用以 $f(\xi_i, \eta_i)$ 为高,以 D_i 为底的平顶柱体的体积 $f(\xi_i, \eta_i)\Delta\sigma_i$ 近似替代小曲顶柱体的体积 ΔV_i(见图 7-20),即
$$\Delta V_i \approx f(\xi_i, \eta_i)\Delta\sigma_i \quad (i=1,2,\cdots,n).$$

(3) 求和.
$$V = \sum_{i=1}^{n} \Delta V_i \approx \sum_{i=1}^{n} f(\xi_i, \eta_i)\Delta\sigma_i,$$
此时得到的是此曲顶柱体体积 V 的近似值.

(4) 取极限.

当分割越来越细时,小闭区域 D_i 会越来越小. 而当 D_i 逐渐收缩接近于点时,近似和 $\sum_{i=1}^{n} f(\xi_i, \eta_i)\Delta\sigma_i$ 就越来越接近 V.

我们用 $d_i(i=1,2,\cdots,n)$ 表示 D_i 内任意两点间距离的最大值,称为该区域的**直径**. 设 $\lambda = \max\limits_{1 \leqslant i \leqslant n} \{d_i\}$. 若当 $\lambda \to 0 (n \to \infty)$ 时,近似和 $\sum_{i=1}^{n} f(\xi_i, \eta_i)\Delta\sigma_i$ 的极限存在,则此极限值便为此曲顶柱体的体积 V,即
$$V = \lim_{\lambda \to 0} \sum_{i=1}^{n} f(\xi_i, \eta_i)\Delta\sigma_i.$$

撇开上述问题中的几何特性,一般地研究这种和式的极限,可得下述定义:

定义 1 设 $f(x,y)$ 是定义在有界闭区域 D 上的二元函数,将 D 任意分成 n 个小闭区域 $\Delta D_1, \Delta D_2, \cdots, \Delta D_n$,记 $\Delta D_i(i=1,2,\cdots,n)$ 的面积为 $\Delta\sigma_i$,$\lambda = \max\limits_{1 \leqslant i \leqslant n} \{\Delta D_i \text{ 的直径}\}$. 在每个小闭区域 $\Delta D_i(i=1,2,\cdots,n)$ 上任取一点 (ξ_i, η_i),做乘积 $f(\xi_i, \eta_i)\Delta\sigma_i$,再做和
$$I = \sum_{i=1}^{n} f(\xi_i, \eta_i)\Delta\sigma_i,$$
称为**积分和**. 如果不论闭区域 D 如何分割与点 (ξ_i, η_i) 如何选取,当各小闭区域的直径中的最大值 $\lambda \to 0$ 时,I 的极限总存在,则称 $f(x,y)$ 在 D 上**可积**,并称此极限值为 $f(x,y)$ 在闭区域 D 上的**二重积分**,记为 $\iint\limits_{D} f(x,y)\mathrm{d}\sigma$,即

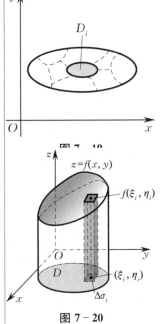

图 7-20

$$\iint_D f(x,y)\mathrm{d}\sigma = \lim_{\lambda \to 0} \sum_{i=1}^n f(\xi_i,\eta_i)\Delta\sigma_i,$$

其中 D 称为**积分区域**,$f(x,y)$ 称为**被积函数**,$f(x,y)\mathrm{d}\sigma$ 称为**被积表达式**,x,y 称为**积分变量**,$\mathrm{d}\sigma$ 称为**面积元素**.

注:下面对定义 1 做几点说明:

(1) 根据定义,积分和的极限存在时,此极限值称为 $f(x,y)$ 在 D 上的二重积分,这时称 $f(x,y)$ 在 D 上可积. 可以证明,若二元函数 $f(x,y)$ 在有界闭区域 D 上连续,则 $f(x,y)$ 在 D 上一定可积.

(2) 由定义可知,如果 $f(x,y)$ 在 D 上可积,则积分和的极限存在,且与闭区域 D 的分法无关. 因此,在直角坐标系下常用平行于 x 轴和 y 轴的两组直线来分割 D,除了含边界点的一些小闭区域外,其余小闭区域都为矩形闭区域,每个小闭区域的面积为 $\Delta\sigma_i = \Delta x_i \Delta y_i$. 可以证明,取极限后的面积元素为 $\mathrm{d}\sigma = \mathrm{d}x\mathrm{d}y$. 因此,在直角坐标系下,二重积分可表示为

$$\iint_D f(x,y)\mathrm{d}\sigma = \iint_D f(x,y)\mathrm{d}x\mathrm{d}y.$$

(3) 二重积分同定积分一样,是一个数值. 这个数值大小仅与被积函数 $f(x,y)$ 和积分区域 D 有关,而与积分变量用什么字母无关,即

$$\iint_D f(x,y)\mathrm{d}x\mathrm{d}y = \iint_D f(u,v)\mathrm{d}u\mathrm{d}v.$$

(4) 二重积分的数值与点 (ξ_i,η_i) 的取法也是无关的.

(5) 二重积分的几何意义就是曲顶柱体的体积,其体积 V 就是曲面方程 $z = f(x,y) \geqslant 0$ 在闭区域 D 上的二重积分,即

$$V = \iint_D f(x,y)\mathrm{d}\sigma.$$

如果 $f(x,y) \leqslant 0$,则曲顶柱体在 xOy 面的下方,二重积分就等于曲顶柱体体积的负值. 如果 $f(x,y)$ 在 D 的某些部分闭区域上是正的,而在其余部分是负的,那么二重积分就等于 xOy 面上方的曲顶柱体体积减去 xOy 面下方的曲顶柱体体积所得之差.

二、二重积分的性质

二重积分与一元函数定积分具有类似对应的性质(证明从略). 下面论及的二元函数均假定在闭区域 D 上可积.

性质 1 常数因子可以提到积分号外面来,即

$$\iint_D kf(x,y)\mathrm{d}\sigma = k\iint_D f(x,y)\mathrm{d}\sigma.$$

性质 2 函数代数和的二重积分等于函数二重积分的代数和,即

$$\iint_D [f(x,y) \pm g(x,y)]\mathrm{d}\sigma = \iint_D f(x,y)\mathrm{d}\sigma \pm \iint_D g(x,y)\mathrm{d}\sigma.$$

性质 3 若在闭区域 D 上,$f(x,y)=1$,且 S 为 D 的面积,则
$$\iint\limits_{D}\mathrm{d}\sigma=S.$$

性质 4(二重积分的可加性) 若积分区域 D 被一连续曲线划分为 D_1,D_2 两个闭区域,则
$$\iint\limits_{D}f(x,y)\mathrm{d}\sigma=\iint\limits_{D_1}f(x,y)\mathrm{d}\sigma+\iint\limits_{D_2}f(x,y)\mathrm{d}\sigma.$$

性质 5 如果在闭区域 D 上总有 $f(x,y)\leqslant g(x,y)$,则
$$\iint\limits_{D}f(x,y)\mathrm{d}\sigma\leqslant\iint\limits_{D}g(x,y)\mathrm{d}\sigma.$$

注:与定积分类似,若 $f(x,y),g(x,y)$ 为具体函数,则性质 5 中所得不等式的不等号"$\leqslant$"应从"$=$""$<$"中取其一.

特别地,由于 $-|f(x,y)|\leqslant f(x,y)\leqslant |f(x,y)|$,因此
$$\left|\iint\limits_{D}f(x,y)\mathrm{d}\sigma\right|\leqslant\iint\limits_{D}|f(x,y)|\mathrm{d}\sigma.$$

性质 6 若 m 和 M 分别为二元函数 $f(x,y)$ 在闭区域 D 上的最小值和最大值,S 为 D 的面积,则有对二重积分进行估值的不等式成立:
$$mS\leqslant\iint\limits_{D}f(x,y)\mathrm{d}\sigma\leqslant MS.$$

性质 7(二重积分的中值定理) 设二元函数 $f(x,y)$ 在闭区域 D 上连续,S 为 D 的面积,则在 D 上至少存在一点 (ξ,η),使得
$$\iint\limits_{D}f(x,y)\mathrm{d}\sigma=f(\xi,\eta)S.$$

二重积分的中值定理的几何意义是:在闭区域 D 上以曲面 $f(x,y)$ 为顶的曲顶柱体的体积,等于 D 上以某点 (ξ,η) 的函数值 $f(\xi,\eta)$ 为高,以 D 的面积 S 为底面积的平顶柱体的体积.

例 1 比较二重积分 $\iint\limits_{D}\ln(x+y)\mathrm{d}\sigma$ 与 $\iint\limits_{D}[\ln(x+y)]^2\mathrm{d}\sigma$ 的大小,其中 D 是三角形闭区域,三顶点分别为 $(1,0),(1,1),(2,0)$.

解 如图 7-21 所示,在积分区域 D 内有 $1\leqslant x+y\leqslant 2<\mathrm{e}$,于是 $0\leqslant\ln(x+y)<1$,因此
$$\ln(x+y)\geqslant[\ln(x+y)]^2.$$
故由性质 5 可知
$$\iint\limits_{D}\ln(x+y)\mathrm{d}\sigma>\iint\limits_{D}[\ln(x+y)]^2\mathrm{d}\sigma.$$

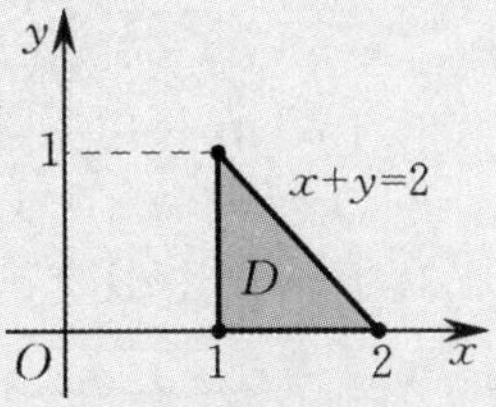

图 7-21

例 2 估计二重积分 $I=\iint\limits_{D}\sin^2 x\sin^2 y\mathrm{d}\sigma$ 的值,其中 $D=\{(x,y)\mid 0\leqslant x\leqslant\pi,0\leqslant y\leqslant\pi\}$.

解 在积分区域 D 内有 $0\leqslant\sin^2 x\sin^2 y\leqslant 1$,而积分区域 D 的面积 $S=\pi^2$.所以,由

性质 6 可知

$$0 \leqslant \iint\limits_{D} \sin^2 x \sin^2 y \, d\sigma \leqslant \pi^2.$$

习题 7.5

1. 填空题：

(1) 在直角坐标系下，二重积分 $\iint\limits_{D} f(x,y) d\sigma$ 中的面积元素可以写成_____；

(2) 二重积分定义式 $\iint\limits_{D} f(x,y) d\sigma = \lim\limits_{\lambda \to 0} \sum\limits_{i=1}^{n} f(\xi_i, \eta_i) \Delta \sigma_i$ 中的 λ 表示_____；

(3) 由二重积分的几何意义可知，$I = \iint\limits_{x^2+y^2 \leqslant 1} \sqrt{1-x^2-y^2} \, dxdy =$ _____；

(4) 由二重积分的几何意义可知，$I = \iint\limits_{x^2+y^2 \leqslant 1} (1 - \sqrt{x^2+y^2}) \, dxdy =$ _____；

(5) 设 $I_1 = \iint\limits_{D_1} (x^2+y^2)^3 d\sigma$, $I_2 = \iint\limits_{D_2} (x^2+y^2)^3 d\sigma$，其中 $D_1 = \{(x,y) \mid -1 \leqslant x \leqslant 1, -2 \leqslant y \leqslant 2\}$, $D_2 = \{(x,y) \mid 0 \leqslant x \leqslant 1, 0 \leqslant y \leqslant 2\}$，则 I_1 与 I_2 的关系为_____。

2. 利用二重积分的性质，计算下列二重积分的值：

(1) $\iint\limits_{D} 2 d\sigma$，其中 $D = \{(x,y) \mid 1 \leqslant x^2+y^2 \leqslant 9, x \geqslant 0\}$;

(2) $\iint\limits_{D} 3 d\sigma$，其中 D 是由直线 $y = x, x = 2, y = 1$ 所围成的闭区域.

3. 比较下列二重积分的大小：

(1) $\iint\limits_{D} (x+y)^2 d\sigma$ 与 $\iint\limits_{D} (x+y)^3 d\sigma$，其中 D 是由直线 $x=0, y=0, x+y=1$ 所围成的闭区域；

(2) $\iint\limits_{D} \ln(x+y) d\sigma$ 与 $\iint\limits_{D} [\ln(x+y)]^2 d\sigma$，其中 D 是由直线 $x=0, y=0, x+y=1, x+y=2$ 所围成的闭区域.

4. 估计下列二重积分的值：

(1) $I = \iint\limits_{D} xy(x+y) d\sigma$，其中 $D = \{(x,y) \mid 0 \leqslant x \leqslant 1, 0 \leqslant y \leqslant 1\}$;

(2) $I = \iint\limits_{D} (x+y+1) d\sigma$，其中 $D = \{(x,y) \mid 0 \leqslant x \leqslant 1, 0 \leqslant y \leqslant 2\}$;

(3) $I = \iint\limits_{D} (x^2+4y^2+9) d\sigma$，其中 $D = \{(x,y) \mid x^2+y^2 \leqslant 4\}$.

§7.6　二重积分的计算

计算二重积分的基本方法是在一定的坐标系(如直角坐标系、

极坐标系)下将二重积分化为二次积分(两次定积分). 本书仅介绍利用直角坐标系计算二重积分的方法.

下面根据积分区域 D 的形状, 讨论如何将二重积分转化为二次积分.

一、积分区域为矩形闭区域

最为特殊的积分区域为矩形闭区域, 此时两积分变量的积分上、下限均是具体数值(见图 7-22), 即
$$D = \{(x,y) \mid a \leqslant x \leqslant b, c \leqslant y \leqslant d\},$$
则
$$\iint\limits_D f(x,y)\mathrm{d}x\mathrm{d}y = \int_a^b \mathrm{d}x \int_c^d f(x,y)\mathrm{d}y$$
或
$$\iint\limits_D f(x,y)\mathrm{d}x\mathrm{d}y = \int_c^d \mathrm{d}y \int_a^b f(x,y)\mathrm{d}x.$$

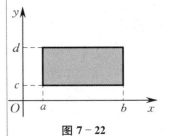

图 7-22

例1 计算 $\iint\limits_D (x+y)\mathrm{d}x\mathrm{d}y$, 其中 $D = \{(x,y) \mid 0 \leqslant x \leqslant 3, 1 \leqslant y \leqslant 2\}$.

解 原式 $= \int_0^3 \mathrm{d}x \int_1^2 (x+y)\mathrm{d}y = \int_0^3 \left(x + \frac{3}{2}\right)\mathrm{d}x = 9$.

注: 如果二元函数 $f(x,y) = f_1(x)f_2(y)$ 可积, 且积分区域为矩形闭区域 $D = \{(x,y) \mid a \leqslant x \leqslant b, c \leqslant y \leqslant d\}$, 则
$$\iint\limits_D f(x,y)\mathrm{d}\sigma = \int_a^b f_1(x)\mathrm{d}x \int_c^d f_2(y)\mathrm{d}y.$$

例2 计算 $\iint\limits_D \mathrm{e}^{x+y}\mathrm{d}x\mathrm{d}y$, 其中 D 是由直线 $x = 0, x = 1, y = 1, y = 2$ 所围成的闭区域.

解 积分区域 D 为矩形闭区域, 可表示为 $D = \{(x,y) \mid 0 \leqslant x \leqslant 1, 1 \leqslant y \leqslant 2\}$, 从而
$$\iint\limits_D \mathrm{e}^{x+y}\mathrm{d}x\mathrm{d}y = \int_0^1 \mathrm{e}^x \mathrm{d}x \int_1^2 \mathrm{e}^y \mathrm{d}y = \mathrm{e}(\mathrm{e}-1)^2.$$

二、积分区域为 X-型区域

若积分区域 D 由直线 $x = a, x = b$ 及曲线 $y = \varphi_1(x)$, $y = \varphi_2(x)$ 所围成, 其中函数 $\varphi_1(x), \varphi_2(x)$ 在区间 $[a,b]$ 上连续(见图 7-23), 且 $\varphi_1(x) \leqslant \varphi_2(x) (a \leqslant x \leqslant b)$, 即

$$D = \{(x,y) \mid a \leq x \leq b, \varphi_1(x) \leq y \leq \varphi_2(x)\},$$

则称 D 为 X-型区域. 其区域特征为:穿过 D 内部且平行于 y 轴的直线与 D 的边界最多交于两点.

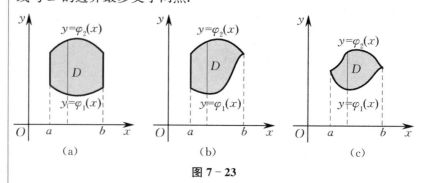

图 7-23

若积分区域 D 为 X-型区域, 即

$$D = \{(x,y) \mid a \leq x \leq b, \varphi_1(x) \leq y \leq \varphi_2(x)\},$$

则有

$$\iint_D f(x,y)\mathrm{d}x\mathrm{d}y = \int_a^b \mathrm{d}x \int_{\varphi_1(x)}^{\varphi_2(x)} f(x,y)\mathrm{d}y.$$

上式右端的积分称为**按先 y 后 x 顺序的二次积分**.

注:把区域写成 X-型表达式时,边界必须写成 y 是 x 的函数,同时确定边界曲线所在的上下位置.

例 3 计算 $\iint_D xy\mathrm{d}x\mathrm{d}y$,其中 D 是由抛物线 $y=x^2$ 及直线 $y=x+2$ 所围成的闭区域.

解 画出积分区域 D,如图 7-24 所示. D 为 X-型区域,可表示为

$$D = \{(x,y) \mid -1 \leq x \leq 2, x^2 \leq y \leq x+2\},$$

从而

$$\iint_D xy\mathrm{d}x\mathrm{d}y = \int_{-1}^2 \mathrm{d}x \int_{x^2}^{x+2} xy\mathrm{d}y = \int_{-1}^2 \left(x\frac{y^2}{2}\right)\Big|_{x^2}^{x+2} \mathrm{d}x$$
$$= \frac{1}{2}\int_{-1}^2 [x(x+2)^2 - x^5]\mathrm{d}x = \frac{45}{8}.$$

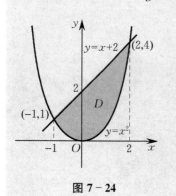

图 7-24

三、积分区域为 Y-型区域

若积分区域 D 由直线 $y=c, y=d$ 及曲线 $x=\varphi_1(y), x=\varphi_2(y)$ 所围成,其中函数 $\varphi_1(y), \varphi_2(y)$ 在区间 $[c,d]$ 上连续(见

图 7-25),且 $\varphi_1(y) \leqslant \varphi_2(y)(c \leqslant y \leqslant d)$,即
$$D = \{(x,y) \mid c \leqslant y \leqslant d, \varphi_1(y) \leqslant x \leqslant \varphi_2(y)\},$$
则称 D 为 **Y-型区域**. 其区域特征为:穿过 D 内部且平行于 x 轴的直线与 D 的边界最多交于两点.

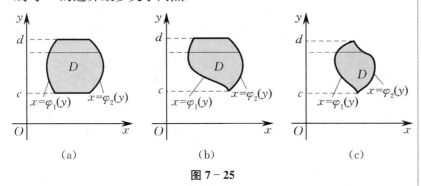

图 7-25

若积分区域 D 为 Y-型区域,即
$$D = \{(x,y) \mid c \leqslant y \leqslant d, \varphi_1(y) \leqslant x \leqslant \varphi_2(y)\},$$
则有
$$\iint\limits_D f(x,y)\mathrm{d}x\mathrm{d}y = \int_c^d \mathrm{d}y \int_{\varphi_1(y)}^{\varphi_2(y)} f(x,y)\mathrm{d}x.$$

上式右端的积分称为**按先 x 后 y 顺序的二次积分**.

注:把区域写成 Y-型表达式时,边界必须写成 x 是 y 的函数,同时确定边界曲线所在的左右位置.

例 4 计算 $\iint\limits_D (2x-y)\mathrm{d}x\mathrm{d}y$,其中 D 是由直线 $y=1$, $2x-y+3=0$ 与 $x+y-3=0$ 所围成的闭区域.

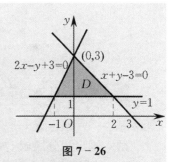

图 7-26

解 画出积分区域 D,如图 7-26 所示. D 为 Y-型区域,可表示为
$$D = \left\{(x,y) \mid 1 \leqslant y \leqslant 3, \frac{1}{2}(y-3) \leqslant x \leqslant 3-y\right\},$$
从而
$$\iint\limits_D (2x-y)\mathrm{d}x\mathrm{d}y = \int_1^3 \mathrm{d}y \int_{\frac{1}{2}(y-3)}^{3-y} (2x-y)\mathrm{d}x = \int_1^3 (x^2-xy)\Big|_{\frac{1}{2}(y-3)}^{3-y} \mathrm{d}y$$
$$= \frac{9}{4}\int_1^3 (y^2-4y+3)\mathrm{d}y = \frac{9}{4}\left(\frac{1}{3}y^3 - 2y^2 + 3y\right)\Big|_1^3 = -3.$$

有些积分区域既可以看成 X-型区域,又可以看成 Y-型区域. 有时还需要结合被积函数确定合适的积分区域,以使计算更方便.

例 5 计算 $\iint\limits_{D} xy \mathrm{d}x\mathrm{d}y$,其中 D 是由直线 $y=1, x=2, y=x$ 所围成的闭区域.

解 画出积分区域 D,不难发现,它既是 X-型区域(见图 7-27(a)),又是 Y-型区域(见图 7-27(b)).

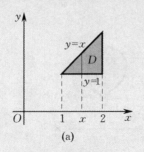
(a)

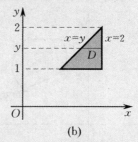
(b)

图 7-27

若将 D 看成 X-型区域,则 D 可表示为
$$D=\{(x,y)\,|\,1\leqslant x\leqslant 2, 1\leqslant y\leqslant x\},$$
从而
$$\iint\limits_{D} xy\mathrm{d}x\mathrm{d}y = \int_1^2 \mathrm{d}x\int_1^x xy\mathrm{d}y = \int_1^2 \left(\frac{1}{2}xy^2\Big|_1^x\right)\mathrm{d}x$$
$$= \int_1^2 \frac{1}{2}(x^3-x)\mathrm{d}x = \frac{1}{2}\left(\frac{1}{4}x^4-\frac{1}{2}x^2\right)\Big|_1^2 = \frac{9}{8}.$$

若将 D 看成 Y-型区域,则 D 可表示为
$$D=\{(x,y)\,|\,1\leqslant y\leqslant 2, y\leqslant x\leqslant 2\},$$
从而
$$\iint\limits_{D} xy\mathrm{d}x\mathrm{d}y = \int_1^2 \mathrm{d}y\int_y^2 xy\mathrm{d}x = \int_1^2 \left(\frac{1}{2}x^2 y\Big|_y^2\right)\mathrm{d}y$$
$$= \int_1^2 \left(2y-\frac{1}{2}y^3\right)\mathrm{d}y = \left(y^2-\frac{1}{8}y^4\right)\Big|_1^2 = \frac{9}{8}.$$

例 6 计算二重积分 $\iint\limits_{D} \mathrm{e}^{-y^2}\mathrm{d}x\mathrm{d}y$,其中 D 是由直线 $y=x, y=1$ 及 y 轴所围成的闭区域.

解 画出积分区域 D,不难发现,它既是 X-型区域(见图 7-28(a)),又是 Y-型区域(见图 7-28(b)).

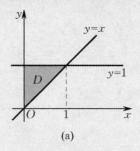
(a)

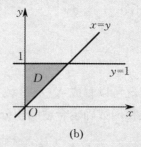
(b)

图 7-28

若将 D 看成 X-型区域,则 D 可表示为
$$D = \{(x,y) \mid 0 \leqslant x \leqslant 1, x \leqslant y \leqslant 1\},$$
从而
$$\iint\limits_D e^{-y^2} dxdy = \int_0^1 dx \int_x^1 e^{-y^2} dy.$$
由于 e^{-y^2} 没有初等函数形式的原函数,因此计算无法继续下去.

若将 D 看成 Y-型区域,则 D 可表示为
$$D = \{(x,y) \mid 0 \leqslant y \leqslant 1, 0 \leqslant x \leqslant y\},$$
从而
$$\iint\limits_D e^{-y^2} dxdy = \int_0^1 dy \int_0^y e^{-y^2} dx = \int_0^1 y e^{-y^2} dy = \frac{1}{2}(1-e^{-1}).$$

四、积分区域为复合积分区域

当积分区域 D 既不是 X-型区域,又不是 Y-型区域(见图 7-29)时,我们称此积分区域为**复合积分区域**.这时,我们可以将 D 划分成几个小积分区域,使得每个小积分区域是 X-型区域或 Y-型区域,从而每个小积分区域上可利用已知公式计算.再利用二重积分的可加性,我们就可以得到整个积分区域 D 上的二重积分,即

$$\iint\limits_D f(x,y)dxdy = \iint\limits_{D_1} f(x,y)dxdy + \iint\limits_{D_2} f(x,y)dxdy + \iint\limits_{D_3} f(x,y)dxdy.$$

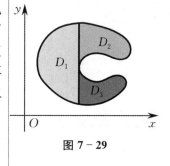

图 7-29

复合积分区域二重积分的计算,最终转化为 X-型区域二重积分与 Y-型区域二重积分的代数和,在此就不再举例赘述.

注:将二重积分化为二次积分计算时,确定积分限是关键,而它一般又是根据积分区域来确定的.一般可以先画出积分区域的图形,从而判断积分区域的类型,以确定二次积分的积分次序,并定出相应的积分限.

由例 6 可以看到,计算二重积分时,合理选择积分次序是比较关键的一步,积分次序选择不当可能会使得计算烦琐,甚至无法计算出结果.因此,对给定的二次积分,交换其积分次序是一种常见的题型.

二次积分的交换积分次序

例 7 交换下列二次积分的积分次序:

(1) $\int_0^1 dx \int_0^x f(x,y)dy$;   (2) $\int_0^1 dx \int_x^{2-x} f(x,y)dy$.

解 (1) 首先画出积分区域 D 的图形(见图 7-30), $D = \{(x,y) \mid 0 \leqslant x \leqslant 1, 0 \leqslant y \leqslant x\}$,原二次积分的积分次序是先对 y 后对 x,现在改为先对 x 后对 y,则 D 可表示为
$$D = \{(x,y) \mid 0 \leqslant y \leqslant 1, y \leqslant x \leqslant 1\}.$$

故
$$\int_0^1 dx \int_0^x f(x,y)dy = \int_0^1 dy \int_y^1 f(x,y)dx.$$

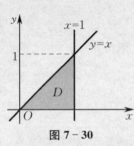

图 7-30

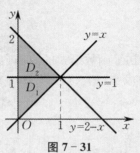

图 7-31

（2）首先画出积分区域 D 的图形（见图 7-31），原二次积分的积分次序是先对 y 后对 x，现在改为先对 x 后对 y，则需用直线 $y=1$ 将 D 分成 D_1 和 D_2 两部分，如图 7-31 所示，D_1,D_2 可表示为

$$D_1 = \{(x,y) \mid 0 \leqslant y \leqslant 1, 0 \leqslant x \leqslant y\},$$
$$D_2 = \{(x,y) \mid 1 \leqslant y \leqslant 2, 0 \leqslant x \leqslant 2-y\}.$$

故
$$\int_0^1 dx \int_x^{2-x} f(x,y)dy = \int_0^1 dy \int_0^y f(x,y)dx + \int_1^2 dy \int_0^{2-y} f(x,y)dx.$$

习题 7.6

1. 在直角坐标系下计算下列二重积分：

(1) $\iint_D (x^2+y^2)dxdy$，其中 $D = \{(x,y) \mid |x| \leqslant 1, |y| \leqslant 1\}$；

(2) $\iint_D x\cos y\, dxdy$，其中 $D = \left\{(x,y) \mid 1 \leqslant x \leqslant 2, 0 \leqslant y \leqslant \dfrac{\pi}{2}\right\}$；

(3) $\iint_D (2x+y)dxdy$，其中 $D = \{(x,y) \mid x+y \leqslant 1, x \geqslant 0, y \geqslant 0\}$；

(4) $\iint_D x^2 y\, dxdy$，其中 D 是由抛物线 $y=x^2$ 和直线 $y=x$ 所围成的闭区域；

(5) $\iint_D \dfrac{\sin x}{x}dxdy$，其中 D 是由抛物线 $y=x^2$ 和直线 $y=x$ 所围成的闭区域；

(6) $\iint_D x\, dxdy$，其中 D 是由抛物线 $y=x^2$ 和 $y=4-x^2$ 所围成的闭区域.

2. 交换下列二次积分的积分次序：

(1) $\int_1^e dx \int_0^{\ln x} f(x,y)dy$；

(2) $\int_0^2 dx \int_{\frac{x}{2}}^1 f(x,y)dy$；

(3) $\int_0^1 dy \int_0^y f(x,y)dx.$

本章小结

知识导航图

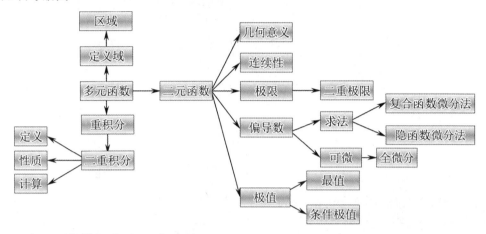

一、多元函数的概念、极限与连续

1. 二元函数的概念.

(1) 二元函数：$z = f(x,y)((x,y) \in D)$.

(2) 二元函数的几何意义：二元函数 $z = f(x,y)$ 的图形是空间直角坐标系中的一个曲面，其在 xOy 面上的投影是函数 $z = f(x,y)$ 的定义域 D. 例如，函数 $z = ax + by + c$ 的图形是一张平面；函数 $z = \sqrt{R^2 - x^2 - y^2}$ 表示球面的上半部.

2. 二元函数的极限.

$$\lim_{(x,y) \to (x_0, y_0)} f(x,y) = A \text{ 或 } \lim_{P \to P_0} f(P) = A.$$

二元函数的极限比一元函数的极限复杂，需特别注意以下两点：

(1) 二元函数的极限存在，是指点 P 以任何方式趋向于点 P_0 时，函数都无限接近于 A.

(2) 如果当点 P 以两种不同方式趋向于点 P_0 时，函数接近于不同的值，则该函数的极限不存在.

3. 二元函数的连续性.

(1) 若 $\lim\limits_{(x,y) \to (x_0, y_0)} f(x,y) = f(x_0, y_0)$，则称二元函数 $z = f(x,y)$ 在点 (x_0, y_0) 处连续，并称点 (x_0, y_0) 为连续点.

(2) 一切多元初等函数在其定义域内的区域或闭区域内连续；多元连续函数经过四则运算后仍为多元连续函数.

(3) 有界闭区域上多元连续函数的性质：最大值和最小值定理、介值定理.

二、多元函数的偏导数与全微分

1. 二元函数偏导数的概念与计算.

(1) 函数 $z = f(x,y)$ 对 x 的偏导数 $\dfrac{\partial z}{\partial x}, \dfrac{\partial f}{\partial x}, z'_x$ 或 $f'_x(x,y)$：

$$f'_x(x,y) = \lim_{\Delta x \to 0} \frac{f(x + \Delta x, y) - f(x,y)}{\Delta x}.$$

(2) 函数 $z=f(x,y)$ 对 y 的偏导数 $\dfrac{\partial z}{\partial y}, \dfrac{\partial f}{\partial y}, z'_y$ 或 $f'_y(x,y)$：

$$f'_y(x,y) = \lim_{\Delta y \to 0} \dfrac{f(x,y+\Delta y) - f(x,y)}{\Delta y}.$$

2. 二阶偏导数.

$$\dfrac{\partial}{\partial x}\left(\dfrac{\partial z}{\partial x}\right) = \dfrac{\partial^2 z}{\partial x^2} = z''_{xx}, \qquad \dfrac{\partial}{\partial y}\left(\dfrac{\partial z}{\partial x}\right) = \dfrac{\partial^2 z}{\partial x \partial y} = z''_{xy},$$

$$\dfrac{\partial}{\partial x}\left(\dfrac{\partial z}{\partial y}\right) = \dfrac{\partial^2 z}{\partial y \partial x} = z''_{yx}, \qquad \dfrac{\partial}{\partial y}\left(\dfrac{\partial z}{\partial y}\right) = \dfrac{\partial^2 z}{\partial y^2} = z''_{yy}.$$

3. 全微分.

(1) 二元函数 $f(x,y)$ 的全微分：$\mathrm{d}z = \dfrac{\partial z}{\partial x}\mathrm{d}x + \dfrac{\partial z}{\partial y}\mathrm{d}y$.

(2) 三元函数 $u=f(x,y,z)$ 的全微分：$\mathrm{d}u = \dfrac{\partial u}{\partial x}\mathrm{d}x + \dfrac{\partial u}{\partial y}\mathrm{d}y + \dfrac{\partial u}{\partial z}\mathrm{d}z$.

(3) 可微(全微分存在)与连续、偏导数存在之间的关系：

若 $f(x,y)$ 在点 (x,y) 处可微，则 $f(x,y)$ 在点 (x,y) 处连续.

若 $f(x,y)$ 在点 (x,y) 处可微，则 $f(x,y)$ 在点 (x,y) 的偏导数 $\dfrac{\partial z}{\partial x}, \dfrac{\partial z}{\partial y}$ 必存在.

若 $f(x,y)$ 的偏导数 $\dfrac{\partial z}{\partial x}, \dfrac{\partial z}{\partial y}$ 在点 (x,y) 处连续，则 $f(x,y)$ 在点 (x,y) 处可微.

三、多元复合函数微分法与隐函数微分法

1. 多元复合函数微分法——链式法则.

情形(1)：$z=f(u,v), u=u(t), v=v(t)$，则

$$\dfrac{\mathrm{d}z}{\mathrm{d}t} = \dfrac{\partial z}{\partial u} \cdot \dfrac{\mathrm{d}u}{\mathrm{d}t} + \dfrac{\partial z}{\partial v} \cdot \dfrac{\mathrm{d}v}{\mathrm{d}t}.$$

情形(2)：$z=f(u,v), u=u(x,y), v=v(x,y)$，则

$$\dfrac{\partial z}{\partial x} = \dfrac{\partial z}{\partial u} \cdot \dfrac{\partial u}{\partial x} + \dfrac{\partial z}{\partial v} \cdot \dfrac{\partial v}{\partial x},$$

$$\dfrac{\partial z}{\partial y} = \dfrac{\partial z}{\partial u} \cdot \dfrac{\partial u}{\partial y} + \dfrac{\partial z}{\partial v} \cdot \dfrac{\partial v}{\partial y}.$$

情形(3)：$z=f(u,v), u=u(x,y), v=v(y)$，则

$$\dfrac{\partial z}{\partial x} = \dfrac{\partial z}{\partial u} \cdot \dfrac{\partial u}{\partial x},$$

$$\dfrac{\partial z}{\partial y} = \dfrac{\partial z}{\partial u} \cdot \dfrac{\partial u}{\partial y} + \dfrac{\partial z}{\partial v} \cdot \dfrac{\mathrm{d}v}{\mathrm{d}y}.$$

2. 隐函数微分法.

(1) 设方程 $F(x,y)=0$ 可确定一元函数 $y=f(x)$，则 $\dfrac{\mathrm{d}y}{\mathrm{d}x} = -\dfrac{F'_x}{F'_y}$.

(2) 设方程 $F(x,y,z)=0$ 可确定二元函数 $z=f(x,y)$，则 $\dfrac{\partial z}{\partial x} = -\dfrac{F'_x}{F'_z}, \dfrac{\partial z}{\partial y} = -\dfrac{F'_y}{F'_z}$.

四、多元函数的极值与最值

1. 求二元函数 $z=f(x,y)$ 的极值的一般步骤.

第一步，解方程组

$$\begin{cases} f'_x(x,y) = 0, \\ f'_y(x,y) = 0, \end{cases}$$

求出 $f(x,y)$ 的所有驻点.

第二步,求出 $f(x,y)$ 在每个驻点 (x_0,y_0) 的二阶偏导数的值:

$$f''_{xx}(x_0,y_0) = A, \quad f''_{xy}(x_0,y_0) = B, \quad f''_{yy}(x_0,y_0) = C.$$

第三步,根据 $B^2 - AC = \Delta$ 的符号逐一判定驻点是否为极值点:

(1) 当 $\Delta < 0$ 时, $z = f(x,y)$ 在点 (x_0,y_0) 处有极值,且当 $A > 0$ 时有极小值,当 $A < 0$ 时有极大值;

(2) 当 $\Delta > 0$ 时, $z = f(x,y)$ 在点 (x_0,y_0) 处没有极值;

(3) 当 $\Delta = 0$ 时, $z = f(x,y)$ 在点 (x_0,y_0) 处可能有极值,也可能没有极值(需另做讨论).

2. 拉格朗日乘数法.

求二元函数 $z = f(x,y)$ 在约束条件 $\varphi(x,y) = 0$ 下的极值的基本步骤如下:

第一步,构造拉格朗日函数 $F(x,y) = f(x,y) + \lambda \varphi(x,y)$,其中 λ 为某一常数;

第二步,解方程组

$$\begin{cases} F'_x(x,y) = f'_x(x,y) + \lambda \varphi'_x(x,y) = 0, \\ F'_y(x,y) = f'_y(x,y) + \lambda \varphi'_y(x,y) = 0, \\ \varphi(x,y) = 0. \end{cases}$$

上述方程组无须求得 λ 的值,只需求得 x,y 的值,这样得到的点 (x,y) 就是二元函数 $z = f(x,y)$ 在约束条件 $\varphi(x,y) = 0$ 下的可能极值点.

至于如何确定 (x,y) 是否为极值点,在实际中往往可根据问题本身的性质来判定.

3. 求有界闭区域 D 上的二元连续函数 $f(x,y)$ 的最大值和最小值的一般步骤.

第一步,求 $f(x,y)$ 在 D 内所有驻点处的函数值;

第二步,求 $f(x,y)$ 在 D 的边界上的最大值和最小值;

第三步,比较前两步得到的所有函数值,其中最大者为最大值,最小者为最小值.

五、二重积分的概念与性质

1. 二重积分的定义式.

$$\iint_D f(x,y) \mathrm{d}\sigma = \lim_{\lambda \to 0} \sum_{i=1}^{n} f(\xi_i, \eta_i) \Delta \sigma_i,$$

其中 λ 为各小闭区域的直径中的最大值.

2. 二重积分的几何意义.

当二元函数 $z = f(x,y)$ 在有界闭区域 D 上连续,且 $f(x,y) \geq 0$ 时, $\iint_D f(x,y) \mathrm{d}\sigma$ 表示以曲面 $z = f(x,y)$ 为顶,以 D 为底的曲顶柱体体积.

3. 二重积分的性质.

(1) 常数因子可以提到积分号外面来,即

$$\iint_D k f(x,y) \mathrm{d}\sigma = k \iint_D f(x,y) \mathrm{d}\sigma.$$

(2) 函数代数和的二重积分等于函数二重积分的代数和,即

$$\iint\limits_{D}[f(x,y)\pm g(x,y)]\mathrm{d}\sigma = \iint\limits_{D}f(x,y)\mathrm{d}\sigma \pm \iint\limits_{D}g(x,y)\mathrm{d}\sigma.$$

(3) 若在闭区域 D 上, $f(x,y)=1$, 且 S 为 D 的面积, 则 $\iint\limits_{D}\mathrm{d}\sigma = S$.

(4) 二重积分的可加性: 若积分区域 D 被一连续曲线划分为 D_1, D_2 两个闭区域, 则

$$\iint\limits_{D}f(x,y)\mathrm{d}\sigma = \iint\limits_{D_1}f(x,y)\mathrm{d}\sigma + \iint\limits_{D_2}f(x,y)\mathrm{d}\sigma.$$

(5) 如果在闭区域 D 上总有 $f(x,y) \leqslant g(x,y)$, 则 $\iint\limits_{D}f(x,y)\mathrm{d}\sigma \leqslant \iint\limits_{D}g(x,y)\mathrm{d}\sigma$.

(6) 若 m 和 M 分别为 $f(x,y)$ 在闭区域 D 上的最小值和最大值, S 为 D 的面积, 则有对二重积分进行估值的不等式: $mS \leqslant \iint\limits_{D}f(x,y)\mathrm{d}\sigma \leqslant MS$.

(7) 设二元函数 $f(x,y)$ 在闭区域 D 上连续, S 为 D 的面积, 则在 D 上至少存在一点 (ξ,η), 使得 $\iint\limits_{D}f(x,y)\mathrm{d}\sigma = f(\xi,\eta)S$.

六、在直角坐标系下化二重积分为二次积分以及交换二次积分的积分次序

1. 若 D 为 X-型区域 $\{(x,y) \mid a \leqslant x \leqslant b, \varphi_1(x) \leqslant y \leqslant \varphi_2(x)\}$, 即穿过 D 内部且平行于 y 轴的直线与 D 的边界的交点不多于两个, 则 $\iint\limits_{D}f(x,y)\mathrm{d}x\mathrm{d}y = \int_a^b \mathrm{d}x \int_{\varphi_1(x)}^{\varphi_2(x)} f(x,y)\mathrm{d}y$.

2. 若 D 为 Y-型区域 $\{(x,y) \mid c \leqslant y \leqslant d, \varphi_1(y) \leqslant x \leqslant \varphi_2(y)\}$, 即穿过 D 内部且平行于 x 轴的直线与 D 的边界的交点不多于两个, 则 $\iint\limits_{D}f(x,y)\mathrm{d}x\mathrm{d}y = \int_c^d \mathrm{d}y \int_{\varphi_1(y)}^{\varphi_2(y)} f(x,y)\mathrm{d}x$.

3. 交换积分次序: 由所给二次积分的积分上、下限确定积分区域 D, 根据条件将 X-型区域与 Y-型区域相互转化.

本章复习题

一、填空题

1. $\lim\limits_{(x,y)\to(0,0)}(x^2+y^2)\sin\dfrac{1}{xy} = $ _____.

2. 设二元函数 $f(x,y) = x^2-xy+y^2$, 则 $f'_x(x,y) = $ _____, $f'_y(x,y) = $ _____.

3. 设二元函数 $z = \ln(x+y)$, 则 $x\dfrac{\partial z}{\partial x} + y\dfrac{\partial z}{\partial y} = $ _____.

4. 二元函数 $z = \sqrt{1-x^2-y^2}$ 的全微分 $\mathrm{d}z = $ _____.

5. 设二元函数 $z = \mathrm{e}^{xy}$, 则 $\left.\dfrac{\partial z}{\partial x}\right|_{(0,0)} = $ _____.

6. 设二元函数 $z = y\sin(xy) + (1-y)\arctan x + \mathrm{e}^{-2y}$, 则 $\left.\dfrac{\partial z}{\partial x}\right|_{(0,1)} = $ _____.

7. 设方程 $x^2+y^2+z^2 = 6$, 则 $\left.\dfrac{\partial z}{\partial y}\right|_{(1,2,1)} = $ _____.

8. 设 D 为圆环闭区域: $1 \leqslant x^2+y^2 \leqslant 4$, 则 $\iint\limits_{D}\mathrm{d}x\mathrm{d}y = $ _____.

9. 设 $D = \{(x,y) \mid x^2 + y^2 \leqslant 2x\}$，则 $\iint\limits_{D} dxdy = $ _____.

10. 二元函数 $z = 1 - \sqrt{x^2 + y^2}$ 的极大值点是 _____.

二、选择题

1. 二元函数的几何图形一般是( ).
A. 一条曲线　　　B. 一个曲面　　　C. 一个平面区域　　　D. 一个空间区域

2. 二元函数 $z = \arcsin \dfrac{1}{x^2 + y^2} + \sqrt{1 - x^2 - y^2}$ 的定义域为( ).
A. 空集　　　B. 圆域　　　C. 圆周　　　D. 一个点

3. 二重极限 $\lim\limits_{(x,y) \to (0,0)} \dfrac{xy^2}{x^3 + y^3}$ ( ).
A. 存在且等于 0　　B. 存在且等于 1　　C. 存在且等于 -1　　D. 不存在

4. 二元函数 $f(x,y) = \sin(x^2 + y)$ 在点 $(0,0)$ 处( ).
A. 无定义　　B. 无极限　　C. 有极限，但不连续　　D. 连续

5. 下列结论中错误的是( ).

A. $\lim\limits_{\substack{x \to 0 \\ y = kx}} \dfrac{xy}{x+y} = 0$　　　　　　　　B. $\lim\limits_{(x,y) \to (0,0)} \dfrac{xy}{x+y} = \lim\limits_{(x,y) \to (0,0)} \dfrac{1}{\dfrac{1}{y} + \dfrac{1}{x}} = 0$

C. $\lim\limits_{\substack{x \to 0 \\ y = x^2 - x}} \dfrac{xy}{x+y} = -1$　　　　　　D. $\lim\limits_{(x,y) \to (0,0)} \dfrac{xy}{x+y}$ 不存在

6. 设二元函数 $f(x,y) = 1 - x^2 + y^2$，则下列结论中正确的是( ).
A. 点 $(0,0)$ 是 $f(x,y)$ 的极小值点　　　B. 点 $(0,0)$ 是 $f(x,y)$ 的极大值点
C. 点 $(0,0)$ 不是 $f(x,y)$ 的驻点　　　　D. $f(0,0)$ 不是 $f(x,y)$ 的极值

7. 二元函数 $f(x,y) = \begin{cases} \dfrac{xy}{x^2 + y^2}, & (x,y) \neq (0,0), \\ 0, & (x,y) = (0,0) \end{cases}$ 在点 $(0,0)$ 处( ).

A. 连续，偏导数存在　　　　　　　　B. 连续，偏导数不存在
C. 不连续，偏导数存在　　　　　　　D. 不连续，偏导数不存在

8. 设 $f(x,y)$ 是二元函数，(x_0, y_0) 是其定义域内的一点，则下列命题中一定正确的是( ).
A. 若 $f(x,y)$ 在点 (x_0, y_0) 处连续，则 $f(x,y)$ 在点 (x_0, y_0) 处可导
B. 若 $f(x,y)$ 在点 (x_0, y_0) 处的两个偏导数都存在，则 $f(x,y)$ 在点 (x_0, y_0) 处连续
C. 若 $f(x,y)$ 在点 (x_0, y_0) 处的两个偏导数都存在，则 $f(x,y)$ 在点 (x_0, y_0) 处可微
D. 若 $f(x,y)$ 在点 (x_0, y_0) 处可微，则 $f(x,y)$ 在点 (x_0, y_0) 处连续

9. 对于二元函数 $z = f(x,y)$，下列有关偏导数与全微分关系中正确的命题是( ).
A. 偏导数不连续，则全微分必不存在　　　B. 偏导数连续，则全微分必存在
C. 全微分存在，则偏导数必连续　　　　　D. 全微分存在，而偏导数不一定存在

10. 设二元函数 $z = f(x,y)$ 在点 (x_0, y_0) 处可微，且 $f_x'(x_0, y_0) = 0, f_y'(x_0, y_0) = 0$，则 $f(x,y)$ 在点 (x_0, y_0) 处( ).
A. 必有极值，可能是极大值，也可能是极小值
B. 可能有极值，也可能无极值
C. 必有极大值

D. 必有极小值

三、解答题

1. 已知二元函数 $f(x,y) = x^2 + y^2$，求 $f(x-y, \sqrt{xy})$.

2. 求下列二元函数的定义域，并指出其在平面直角坐标系中的图形：

(1) $z = \sin\dfrac{1}{x^2+y^2-1}$；

(2) $z = \arcsin\dfrac{x}{5} + \arcsin\dfrac{y}{4}$.

3. 证明：二重极限 $\lim\limits_{(x,y)\to(0,0)} \dfrac{3x-4y}{3x+2y}$ 不存在.

4. 求下列二重极限：

(1) $\lim\limits_{(x,y)\to(0,1)} \dfrac{e^x+y}{x+y}$；

(2) $\lim\limits_{(x,y)\to(0,1)} \dfrac{ye^x}{x^2+y^2+1}$；

(3) $\lim\limits_{(x,y)\to(0,0)} (x^2+y^2)\sin\dfrac{1}{x^2+y^2}$；

(4) $\lim\limits_{(x,y)\to(0,0)} (1+xy)^{\frac{1}{x}}$；

(5) $\lim\limits_{(x,y)\to(0,0)} \dfrac{\sin(x^3+y^3)}{x+y}$.

5. 讨论二元函数 $f(x,y) = \begin{cases} \dfrac{x^2-y^2}{x+y}, & (x,y) \neq (0,0) \\ 0, & (x,y) = (0,0) \end{cases}$ 在点 $(0,0)$ 处的连续性.

6. 求下列二元函数的偏导数：

(1) $z = \dfrac{\sin y^2}{x}$；

(2) $z = \ln(x-3y)$.

7. 求下列函数的二阶偏导数：

(1) $z = 4x^3 + 3x^2y - 3xy^2 - x + y$；

(2) $z = x\ln(x+y)$.

8. 已知 $z = u^2v - uv^2$，$u = x\sin y$，$v = x\cos y$，求 $\dfrac{\partial z}{\partial x}$ 和 $\dfrac{\partial z}{\partial y}$.

9. 求下列由方程所确定的隐函数 $z = f(x,y)$ 的偏导数 $\dfrac{\partial z}{\partial x}$，$\dfrac{\partial z}{\partial y}$：

(1) $\sin(xy) - 2z + e^z = 0$；

(2) $x^2 + y^2 + z^2 - 4z = 0$.

10. 交换下列二次积分的积分次序：

(1) $\displaystyle\int_0^2 dy \int_{y^2}^{2y} f(x,y) dx$；

(2) $\displaystyle\int_0^1 dy \int_{-\sqrt{1-y^2}}^{\sqrt{1-y^2}} f(x,y) dx$.

四、综合题

1. 求二元函数 $f(x,y) = 3xy - x^3 - y^3 + 1$ 的极值.

2. 要用铁板做成一个体积为 $8\,\text{m}^3$ 的有盖长方体水箱，问：如何设计才能使得用料最省？

3. 某工厂甲、乙两种产品的日产量分别为 x 件和 y 件，总成本函数（单位：元）为
$$C(x,y) = 1\,000 + 8x^2 - xy + 12y^2.$$
要求这两种产品的总日产量为 42 件，问：甲、乙两种产品的日产量各为多少时，总成本最低？

4. 设三元函数 $r = \sqrt{x^2+y^2+z^2}$，证明：$\left(\dfrac{\partial r}{\partial x}\right)^2 + \left(\dfrac{\partial r}{\partial y}\right)^2 + \left(\dfrac{\partial r}{\partial z}\right)^2 = 1$.

5. 计算由四个平面 $x=0$，$y=0$，$x=1$，$y=1$ 所围成的柱体被平面 $z=0$ 及 $2x+3y+z=6$ 截得的立体体积.

第八章

常微分方程初步

微积分研究的对象是函数,要应用微积分解决实际问题,首先要根据实际问题找寻其中存在的函数关系.但是在许多实际问题中,往往不能直接找出变量之间的函数关系,而只能建立起待求函数的导数或微分满足的关系式,这种关系式称为微分方程.通过解微分方程才能得到所要求的函数.本章将介绍微分方程的一些基本概念和几种简单的微分方程的解法.

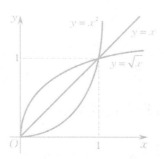

§8.1 常微分方程的基本概念

一、引例

例1 求过点 $(1,3)$ 且切线斜率为 $2x$ 的曲线的方程.

解 设所求曲线的方程是 $y = y(x)$,则根据题意,有
$$\begin{cases} \dfrac{\mathrm{d}y}{\mathrm{d}x} = 2x, \\ y(1) = 3. \end{cases}$$

由 $\dfrac{\mathrm{d}y}{\mathrm{d}x} = 2x$ 得
$$y = x^2 + C \quad (C \text{ 为待定常数}).$$

再将已知条件 $y(1) = 3$ 代入上式,求出 $C = 2$,故所求曲线的方程为
$$y = x^2 + 2.$$

例2 已知一质点在 t 时刻的加速度为 $t^2 + 1$,当 $t = 0$ 时,速度 $v = 1$ 且距离 $s = 0$,求此质点的运动方程.

解 设此质点的运动方程为 $s = s(t)$,则有
$$s''(t) = t^2 + 1, \quad s'(0) = 1, \quad s(0) = 0.$$

将 $s''(t) = t^2 + 1$ 积分一次,得
$$s'(t) = \frac{1}{3}t^3 + t + C_1;$$

再积分一次,得
$$s(t) = \frac{1}{12}t^4 + \frac{1}{2}t^2 + C_1 t + C_2 \quad (C_1, C_2 \text{ 为待定常数}).$$

由 $s'(0) = 1$ 可得 $C_1 = 1$;由 $s(0) = 0$ 可得 $C_2 = 0$,故此质点的运动方程为
$$s = \frac{1}{12}t^4 + \frac{1}{2}t^2 + t.$$

从以上两个例子我们可以看出,实际问题中常常会遇到含有未知函数的导数或微分的关系式,即微分方程.

二、微分方程的概念

定义1 含有未知函数的导数或微分的方程称为**微分方程**.

例如：

(1) $\dfrac{dy}{dx} = 4x^3$；　　　　(2) $\dfrac{d^2 s}{dt^2} = -g$；

(3) $(x+y)dx + (x-y)dy = 0$；(4) $y'' + 2y' - 4y - x = 1$；

(5) $\dfrac{\partial^2 u}{\partial x^2} + \dfrac{\partial^2 u}{\partial y^2} = 0$

都是微分方程. 未知函数是一元函数的微分方程称为**常微分方程**，如上述方程(1),(2),(3),(4)都是常微分方程；未知函数是多元函数的微分方程称为**偏微分方程**，如上述方程(5)就是一个偏微分方程. 在本章中，我们只讨论常微分方程，并把常微分方程简称为微分方程.

微分方程中出现的未知函数的导数或微分的最高阶数称为**微分方程的阶**. 例如，上述方程(1),(3)都是一阶微分方程；方程(2),(4)都是二阶微分方程.

满足微分方程的函数称为**微分方程的解**. 求微分方程的解的过程称为**解微分方程**. 如果一个微分方程的解中含有独立的任意常数，即每个任意常数跟其他任意常数没有关系，并且独立的任意常数的个数与该微分方程的阶相同，那么这样的解称为微分方程的**通解**. 通解中的任意常数予以确定后，得到的解称为**特解**.

例如，在例 1 中，$y = x^2 + C$ 是微分方程 $\dfrac{dy}{dx} = 2x$ 的通解，而 $y = x^2 + 2$ 是 $\dfrac{dy}{dx} = 2x$ 的特解；在例 2 中，$s(t) = \dfrac{1}{12}t^4 + \dfrac{1}{2}t^2 + C_1 t + C_2$ 是微分方程 $s''(t) = t^2 + 1$ 的通解，而 $s = \dfrac{1}{12}t^4 + \dfrac{1}{2}t^2 + t$ 是 $s''(t) = t^2 + 1$ 的特解.

注：微分方程的通解并非全部解，全部解应由通解、特解及常数解构成；当特解与常数解都能包含于通解时，通解才是全部解.

为了得到合乎要求的特解，必须要根据要求对微分方程附加一定的条件. 如果这种附加条件是由系统在某一瞬间所处的状态给出的，则称这种条件为**初始条件**，如例 1 和例 2 的条件.

微分方程和其初始条件合在一起，称为微分方程的**初值问题**. 例如，例 1 中的问题即为初值问题.

例 3 验证函数 $y = C_1 \sin x + C_2 \cos x + \dfrac{1}{2}e^x$ (C_1, C_2 为任意常数) 是微分方程 $y'' + y = e^x$ 的通解，并求此微分方程满足初始条件 $y\Big|_{x=0} = \dfrac{1}{2}, y'\Big|_{x=0} = 1$ 的特解.

证 对 $y = C_1 \sin x + C_2 \cos x + \dfrac{1}{2}e^x$ 求导数，得

$$y' = C_1\cos x - C_2\sin x + \frac{1}{2}e^x,$$

$$y'' = -C_1\sin x - C_2\cos x + \frac{1}{2}e^x,$$

代入所给微分方程,得

左边 $= \left(-C_1\sin x - C_2\cos x + \frac{1}{2}e^x\right) + \left(C_1\sin x + C_2\cos x + \frac{1}{2}e^x\right) = e^x =$ 右边,

故函数 $y = C_1\sin x + C_2\cos x + \frac{1}{2}e^x$ 是微分方程 $y'' + y = e^x$ 的解. 由于它含有两个独立的任意常数 C_1, C_2, 且 C_1, C_2 不能合并, 因此它是所给微分方程的通解.

将所给的初始条件代入通解及一阶导数, 得

$$\begin{cases} C_2 + \frac{1}{2} = \frac{1}{2}, \\ C_1 + \frac{1}{2} = 1, \end{cases}$$

即 $C_1 = \frac{1}{2}, C_2 = 0$. 故满足所给初始条件的特解为

$$y = \frac{1}{2}(\sin x + e^x).$$

习题 8.1

1. 选择题:

(1) 下列方程中,(　　)不是微分方程;

A. $\left(\frac{dy}{dx}\right)^2 - 3y = 0$ 　　　　　　B. $dy + ydx = 2$

C. $y'' + y = \sin x$ 　　　　　　D. $y'' - 7y' + 12y = 1$

(2) 下列方程是一阶微分方程的是(　　);

A. $xy'' + y' + y = 0$ 　　　　　　B. $x(y')^2 - 2yy' + x = 0$

C. $y'' + 5y' + x = 0$ 　　　　　　D. $y''' - 7y' + 12y = 1$

(3) 下列叙述中,不正确的是(　　);

A. 微分方程的通解应包含微分方程的所有解

B. 微分方程具有无数个解

C. 微分方程的通解含有相互独立的任意常数的个数与微分方程的阶相同

D. 微分方程的通解不一定包含微分方程的所有解

(4) 微分方程 $\frac{d^2y}{dx^2} + y = 0$ 的通解是(　　);

A. $y = A\sin x$ 　　　　　　B. $y = B\cos x$

C. $y = \sin x + B\cos x$ 　　　　　　D. $y = A\sin x + B\cos x$

(5) 微分方程 $y'' + y' = e^{-x}$ 满足初始条件 $y\big|_{x=0} = 1, y'\big|_{x=0} = -1$ 的特解为(　　).

A. $y = C_1 - C_2 xe^{-x}$ 　　　　　　B. $y = 2 - xe^{-x}$

C. $y = 1 + xe^{-x}$ D. $y = 1 - xe^{-x}$

2. 验证 $y = (C_1 + C_2 x)e^{-x}$ (C_1, C_2 为任意常数) 是微分方程 $y'' + 2y' + y = 0$ 的通解,并求其满足初始条件 $y\big|_{x=0} = 4, y'\big|_{x=0} = -2$ 的特解.

3. 设函数 $y = (1+x)^2 u(x)$ 是微分方程 $y' - \dfrac{2}{x+1}y = (x+1)^3$ 的通解,求 $u(x)$.

4. 写出下列由条件确定的曲线所满足的微分方程:
(1) 曲线在点 (x, y) 处的切线斜率等于该点横坐标的平方;
(2) 曲线上点 $P(x, y)$ 处的法线与 x 轴的交点为 Q,而线段 PQ 被 y 轴平分.

§8.2 一阶微分方程

一阶微分方程的一般形式是
$$F(x, y, y') = 0,$$
其通解的形式为
$$y = y(x, C) \quad \text{或} \quad \varphi(x, y, C) = 0.$$
后者称为**隐式解**.

下面介绍三种特殊类型的一阶微分方程的解法.

一、可分离变量的微分方程

形如
$$f(x)\mathrm{d}x = g(y)\mathrm{d}y \tag{8-1}$$
的一阶微分方程,称为**变量已分离的微分方程**. 将方程(8-1)两边同时积分,得
$$\int f(x)\mathrm{d}x = \int g(y)\mathrm{d}y + C, \tag{8-2}$$
其中 C 为任意常数. 式(8-2)就是方程(8-1)的通解表达式.

注:后文为了明显起见,将不定积分 $\int f(x)\mathrm{d}x$ 看成 $f(x)$ 的一个原函数,而将积分常数 C(C 为任意常数)单独写出来.

形如
$$\dfrac{\mathrm{d}y}{\mathrm{d}x} = f(x)g(y) \tag{8-3}$$
的一阶微分方程,称为**可分离变量的微分方程**.

可分离变量的微分方程 $\dfrac{\mathrm{d}y}{\mathrm{d}x} = f(x)g(y)$ 的解法如下:

(1) 当 $g(y) \neq 0$ 时.

① 分离变量,得
$$\frac{dy}{g(y)} = f(x)dx.$$

② 两边同时积分,得
$$\int \frac{dy}{g(y)} = \int f(x)dx + C \quad (C\text{ 为任意常数}),$$

即可得到方程(8-3)的通解.

(2) 当 $g(y) = 0$ 时,显然 $y = C$(C 为任意常数)为方程(8-3)的通解.

例 1 求微分方程 $y' + \dfrac{x}{y} = 0$ 的通解.

分析 解微分方程首先要判断微分方程的类型,然后根据类型选择解法. 这是一个可分离变量的微分方程,故选择上述先分离变量,再两边同时积分的解法.

解 (1) 分离变量,得
$$ydy = -xdx.$$

(2) 两边同时积分,得
$$\int ydy = \int -xdx + C_1 \quad (C_1\text{ 为任意常数}),$$

即 $\dfrac{1}{2}y^2 = -\dfrac{1}{2}x^2 + C_1$,整理得 $x^2 + y^2 = 2C_1$.

令 $C = 2C_1$,得 $x^2 + y^2 = C$(C 为任意常数),此即为所求微分方程的通解.

例 2 求微分方程 $y' = -\dfrac{y}{x}$ 的通解.

解 (1) 当 $y \neq 0$ 时.

① 分离变量,得
$$\frac{dy}{y} = -\frac{dx}{x}.$$

② 两边同时积分,得
$$\ln|y| = -\ln|x| + \ln|C| \quad (C\text{ 为不等于零的任意常数}),$$

整理得 $xy = C$,此即为所求微分方程的通解.

注:在求解微分方程的过程中,有时任意常数用 $\ln|C|$ 可使得结果化简更简洁.

(2) 当 $y = 0$ 时,显然 $y = 0$ 也为原微分方程的解,它可以从 $xy = C$ 中扩充 $C = 0$ 后得到.

综上可知,$xy = C$(C 为任意常数)为所求微分方程的通解.

例 3 求解初值问题
$$\begin{cases} y' = 3(x-1)^2(1+y^2), \\ y\big|_{x=0} = 1. \end{cases}$$

解 (1) 分离变量,得
$$\frac{\mathrm{d}y}{1+y^2} = 3(x-1)^2\mathrm{d}x.$$

(2) 两边同时积分,得
$$\int \frac{\mathrm{d}y}{1+y^2} = \int 3(x-1)^2\mathrm{d}x + C \quad (C\text{ 为任意常数}),$$

故 $\arctan y = (x-1)^3 + C$ 为所求微分方程的通解.

将条件 $y\big|_{x=0} = 1$ 代入,得 $\frac{\pi}{4} = -1 + C$,即 $C = \frac{\pi}{4} + 1$. 故所求初值问题的解为
$$\arctan y = (x-1)^3 + \frac{\pi}{4} + 1.$$

二、齐次微分方程

形如
$$\frac{\mathrm{d}y}{\mathrm{d}x} = f\left(\frac{y}{x}\right)$$
的一阶微分方程,称为**齐次微分方程**.

例如,$\frac{\mathrm{d}y}{\mathrm{d}x} = \frac{y^2}{xy - x^2}$ 变形可得 $\frac{\mathrm{d}y}{\mathrm{d}x} = \frac{\left(\frac{y}{x}\right)^2}{\frac{y}{x} - 1}$,为齐次微分方程;

$(xy - y^2)\mathrm{d}x - (x^2 - 2xy)\mathrm{d}y = 0$ 变形可得 $\frac{\mathrm{d}y}{\mathrm{d}x} = \frac{xy - y^2}{x^2 - 2xy} = \frac{\frac{y}{x} - \left(\frac{y}{x}\right)^2}{1 - 2\frac{y}{x}}$,也为齐次微分方程.

齐次微分方程 $\frac{\mathrm{d}y}{\mathrm{d}x} = f\left(\frac{y}{x}\right)$ 的解法如下:

(1) 换元,令 $u = \frac{y}{x}$,则 $y = ux$,$\frac{\mathrm{d}y}{\mathrm{d}x} = u + x\frac{\mathrm{d}u}{\mathrm{d}x}$,原微分方程就转化为可分离变量的微分方程
$$u + x\frac{\mathrm{d}u}{\mathrm{d}x} = f(u).$$

(2) 分离变量,得
$$\frac{\mathrm{d}u}{f(u) - u} = \frac{\mathrm{d}x}{x}.$$

(3) 两边同时积分,得
$$\int \frac{\mathrm{d}u}{f(u) - u} = \int \frac{\mathrm{d}x}{x} + C \quad (C\text{ 为任意常数}).$$

(4) 回代 $u = \dfrac{y}{x}$，还原为原微分方程的解.

例 4 求微分方程 $\dfrac{dy}{dx} = \dfrac{y^2}{xy - x^2}$ 的通解.

解 原微分方程可以化为 $\dfrac{dy}{dx} = \dfrac{\left(\dfrac{y}{x}\right)^2}{\dfrac{y}{x} - 1}$，为齐次微分方程.

(1) 换元，令 $u = \dfrac{y}{x}$，则 $y = ux$，$\dfrac{dy}{dx} = u + x\dfrac{du}{dx}$，从而原微分方程变形为
$$u + x\dfrac{du}{dx} = \dfrac{u^2}{u-1}, \quad 即 \quad x\dfrac{du}{dx} = \dfrac{u}{u-1}.$$

(2) 当 $u \neq 0 (y \neq 0)$ 时，分离变量，得
$$\left(1 - \dfrac{1}{u}\right)du = \dfrac{dx}{x}.$$

(3) 两边同时积分，得
$$u - \ln|u| = \ln|x| + C_1 \quad (C_1 \text{ 为任意常数}),$$
即 $\ln|ux| = u - C_1$，整理得 $ux = \pm e^{-C_1} e^u$. 令 $C = \pm e^{-C_1}$（C 为不等于零的任意常数），得
$$ux = Ce^u.$$

(4) 回代 $u = \dfrac{y}{x}$，得
$$y = Ce^{\frac{y}{x}},$$
此即为原微分方程的通解.

而 $y = 0$ 显然也是原微分方程的解，故上述通解中的任意常数可以取零，即 $y = Ce^{\frac{y}{x}}$（C 为任意常数）是原微分方程的通解.

例 5 求微分方程 $(y + \sqrt{x^2 - y^2})dx - xdy = 0 \ (x > 0)$ 的通解.

解 原微分方程可以化为 $\dfrac{dy}{dx} = \dfrac{y}{x} + \sqrt{1 - \left(\dfrac{y}{x}\right)^2}$，为齐次微分方程.

(1) 换元，令 $u = \dfrac{y}{x}$，则 $y = ux$，$\dfrac{dy}{dx} = u + x\dfrac{du}{dx}$，从而原微分方程变形为
$$u + x\dfrac{du}{dx} = u + \sqrt{1 - u^2}, \quad 即 \quad x\dfrac{du}{dx} = \sqrt{1 - u^2}.$$

(2) 分离变量，得
$$\dfrac{du}{\sqrt{1 - u^2}} = \dfrac{dx}{x}.$$

(3) 两边同时积分，得
$$\int \dfrac{du}{\sqrt{1 - u^2}} = \int \dfrac{dx}{x} + C \quad (C \text{ 为任意常数}),$$
即 $\arcsin u = \ln x + C$.

(4) 回代 $u = \dfrac{y}{x}$，得

$$\arcsin \dfrac{y}{x} = \ln x + C,$$

此即为原微分方程的通解.

三、一阶线性微分方程

形如

$$\dfrac{\mathrm{d}y}{\mathrm{d}x} + P(x)y = Q(x)$$

的微分方程，称为**一阶线性微分方程**. 当 $Q(x) \equiv 0$ 时，方程 $\dfrac{\mathrm{d}y}{\mathrm{d}x} + P(x)y = 0$ 称为**一阶线性齐次微分方程**；当 $Q(x)$ 不恒为 0 时，方程 $\dfrac{\mathrm{d}y}{\mathrm{d}x} + P(x)y = Q(x)$ 称为**一阶线性非齐次微分方程**.

一阶线性微分方程 $\dfrac{\mathrm{d}y}{\mathrm{d}x} + P(x)y = Q(x)$ 的解法如下：

(1) 求出其对应的一阶线性齐次微分方程 $\dfrac{\mathrm{d}y}{\mathrm{d}x} + P(x)y = 0$ 的通解.

当 $y \neq 0$ 时，可分离变量，得

$$\dfrac{\mathrm{d}y}{y} = -P(x)\mathrm{d}x.$$

两边同时积分，得

$$\ln|y| = -\int P(x)\mathrm{d}x + C_1 \quad (C_1 \text{ 为任意常数}),$$

即

$$y = \pm\, \mathrm{e}^{C_1} \mathrm{e}^{-\int P(x)\mathrm{d}x}.$$

令 $C = \pm \mathrm{e}^{C_1}$，则 $y = C\mathrm{e}^{-\int P(x)\mathrm{d}x}$（$C$ 为不等于零的任意常数）为对应的一阶线性齐次微分方程的通解.

当 $y = 0$ 时，显然 $y = 0$ 为对应的一阶线性齐次微分方程的解，它可以从 $y = C\mathrm{e}^{-\int P(x)\mathrm{d}x}$ 中扩充 $C = 0$ 后得到. 故 $y = C\mathrm{e}^{-\int P(x)\mathrm{d}x}$（$C$ 为任意常数）为对应的一阶线性齐次微分方程的通解.

(2) 利用常数变易法求出一阶线性非齐次微分方程的通解.

设 $y = u(x)\mathrm{e}^{-\int P(x)\mathrm{d}x}$（把步骤 (1) 中所得通解的任意常数 C 设成未知函数 $u(x)$）为一阶线性非齐次微分方程的解，则

$$y' = u'(x)\mathrm{e}^{-\int P(x)\mathrm{d}x} - u(x)P(x)\mathrm{e}^{-\int P(x)\mathrm{d}x}.$$

将 y, y' 代入原微分方程 $\dfrac{\mathrm{d}y}{\mathrm{d}x} + P(x)y = Q(x)$，得

$$u'(x)\mathrm{e}^{-\int P(x)\mathrm{d}x} - u(x)P(x)\mathrm{e}^{-\int P(x)\mathrm{d}x} + P(x)u(x)\mathrm{e}^{-\int P(x)\mathrm{d}x} = Q(x),$$

从而

$$u'(x) = Q(x)\mathrm{e}^{\int P(x)\mathrm{d}x},$$

解得

$$u(x) = \int Q(x)\mathrm{e}^{\int P(x)\mathrm{d}x}\mathrm{d}x + C \quad (C\text{ 为任意常数}).$$

故原微分方程的通解为

$$y = \mathrm{e}^{-\int P(x)\mathrm{d}x}\left[\int Q(x)\mathrm{e}^{\int P(x)\mathrm{d}x}\mathrm{d}x + C\right].$$

注:(1) 上式还可改写为

$$y = C\mathrm{e}^{-\int P(x)\mathrm{d}x} + \mathrm{e}^{-\int P(x)\mathrm{d}x}\int Q(x)\mathrm{e}^{\int P(x)\mathrm{d}x}\mathrm{d}x.$$

由此可知,一阶线性非齐次微分方程的通解等于它对应的线性齐次微分方程的通解与它本身的一个特解之和.

(2) 由于 $y \neq 0, y = 0$ 两种情况可以合并,因此以后的计算中不再分情况讨论.

例 6 求微分方程 $y' - \dfrac{2}{x+1}y = (x+1)^3$ 的通解.

解 (1) 这是一阶线性非齐次微分方程,对应的线性齐次微分方程为

$$\frac{\mathrm{d}y}{\mathrm{d}x} - \frac{2y}{x+1} = 0,$$

分离变量,得

$$\frac{\mathrm{d}y}{y} = 2\frac{\mathrm{d}x}{x+1}.$$

(2) 两边同时积分,得

$$\int \frac{\mathrm{d}y}{y} = 2\int \frac{\mathrm{d}x}{x+1},$$

故 $y = C(x+1)^2$(C 为任意常数)为对应的一阶线性齐次微分方程的通解.

(3) 常数变易法. 设 $y = u(x)(x+1)^2$,则

$$y' = u'(x)(x+1)^2 + 2u(x)(x+1).$$

将 y, y' 代入原微分方程,得

$$u'(x) = x+1,$$

从而

$$u(x) = \int (x+1)\mathrm{d}x = \frac{1}{2}(x+1)^2 + C \quad (C\text{ 为任意常数}).$$

故 $y = u(x)(x+1)^2 = (x+1)^2\left[\dfrac{1}{2}(x+1)^2 + C\right]$ 为所求微分方程的通解.

例7 求微分方程 $2y' - y = e^x$ 的通解.

解 原微分方程可变形为

$$y' - \frac{1}{2}y = \frac{1}{2}e^x.$$

(1) 对应的线性齐次微分方程为

$$y' - \frac{1}{2}y = 0,$$

分离变量,得

$$\frac{dy}{y} = \frac{dx}{2}.$$

(2) 两边同时积分,得

$$\int \frac{dy}{y} = \int \frac{dx}{2},$$

故 $y = Ce^{\frac{x}{2}}$ (C 为任意常数) 为对应的一阶线性齐次微分方程的通解.

(3) 常数变易法. 设 $y = u(x)e^{\frac{x}{2}}$,则

$$y' = u'(x)e^{\frac{x}{2}} + \frac{1}{2}u(x)e^{\frac{x}{2}}.$$

将 y, y' 代入原微分方程,得

$$u'(x) = \frac{1}{2}e^{\frac{x}{2}},$$

从而

$$u(x) = \int \frac{1}{2}e^{\frac{x}{2}}dx = e^{\frac{x}{2}} + C \quad (C \text{ 为任意常数}).$$

故 $y = u(x)e^{\frac{x}{2}} = (e^{\frac{x}{2}} + C)e^{\frac{x}{2}} = Ce^{\frac{x}{2}} + e^x$ 为所求微分方程的通解.

注:例6和例7还可用另一种解法,即将 $P(x), Q(x)$ 直接代入通解公式 $y = e^{-\int P(x)dx}\left[\int Q(x)e^{\int P(x)dx}dx + C\right]$ 中求得微分方程的通解.

例6和例7的另一种解法

习题 8.2

1. 求下列微分方程的通解:

(1) $xy' - y\ln y = 0$;
(2) $y' = xy$;
(3) $\sqrt{1-x^2}\, y' = \sqrt{1-y^2}$;
(4) $\cos x \sin y\, dx + \sin x \cos y\, dy = 0$;
(5) $(xy^2 + x)dx + (y - x^2 y)dy = 0$;
(6) $\dfrac{dy}{dx} = 10^{x+y}$.

2. 求下列微分方程满足初始条件的特解:

(1) $(y^2 - 3x^2)dy + 2xy\, dx = 0, y\big|_{x=0} = 1$; (2) $y' = \dfrac{x}{y} + \dfrac{y}{x}, y\big|_{x=-1} = 2$.

3. 求下列微分方程满足初始条件的特解:

(1) $y' + \dfrac{y}{x} = \dfrac{\sin x}{x}, y\big|_{x=\pi} = 1$; (2) $y' - y\tan x = \sec x, y\big|_{x=0} = 0$.

4. 求一曲线方程,该曲线通过坐标原点,并且它在点 (x, y) 处的切线斜率等于 $2x + y$.

§8.3 可降阶的二阶微分方程

二阶及二阶以上的微分方程称为**高阶微分方程**.

一般来说,高阶微分方程没有普遍的解法. 对于有些高阶微分方程,我们可以通过代换将它们化成较低阶的微分方程来求解. 例如,二阶微分方程的一般形式为 $F(x,y,y',y'')=0$,若能解出 y'',则有 $y''=f(x,y,y')$. 如果我们能设法利用代换把它从二阶降至一阶,那么就有可能应用前面介绍的方法求出它的解了.

下面介绍三种容易降阶的二阶微分方程的解法.

一、$y''=f(x)$ 型的微分方程

这种二阶微分方程不显含未知函数 y 及其一阶导数,是最简单的二阶微分方程,通过两次积分就可得到它的通解,即

$$y' = \int f(x)\,dx + C_1,$$

$$y = \int y'\,dx = \int \left[\int f(x)\,dx + C_1\right]dx + C_2,$$

其中 C_1, C_2 为任意常数.

例 1 求微分方程 $y'' = e^{2x} - \cos x$ 满足初始条件 $y(0)=0, y'(0)=1$ 的特解.

解 对所给微分方程连续积分两次,得

$$y' = \frac{1}{2}e^{2x} - \sin x + C_1, \tag{8-4}$$

$$y = \frac{1}{4}e^{2x} + \cos x + C_1 x + C_2, \tag{8-5}$$

其中 C_1, C_2 为任意常数.

在式(8-4)中代入条件 $y'(0)=1$,得 $C_1 = \frac{1}{2}$;在式(8-5)中代入条件 $y(0)=0$,得 $C_2 = -\frac{5}{4}$. 因此,所给微分方程满足初始条件的特解为

$$y = \frac{1}{4}e^{2x} + \cos x + \frac{1}{2}x - \frac{5}{4}.$$

二、$y''=f(x,y')$ 型的微分方程

这种二阶微分方程的特点是:右端不显含未知函数 y. 若设 $y' = p(x)$,则 $y'' = \dfrac{dp}{dx} = p'$,代入原微分方程,得

$$p' = f(x,p).$$

这是一个关于变量 x,p 的一阶微分方程. 设其通解为 $p = \varphi(x,C_1)$, 而 $p = \dfrac{\mathrm{d}y}{\mathrm{d}x}$, 因此又得到一个一阶微分方程

$$\frac{\mathrm{d}y}{\mathrm{d}x} = \varphi(x,C_1).$$

分离变量, 得

$$\mathrm{d}y = \varphi(x,C_1)\mathrm{d}x.$$

两边同时积分, 得

$$\int \mathrm{d}y = \int \varphi(x,C_1)\mathrm{d}x.$$

故通解为

$$y = \int \varphi(x,C_1)\mathrm{d}x + C_2 \quad (C_1,C_2 \text{ 为任意常数}).$$

例 2 求微分方程 $(1+x^2)y'' = 2xy'$ 满足初始条件 $y\big|_{x=0} = 1, y'\big|_{x=0} = 3$ 的特解.

解 所给微分方程是 $y'' = f(x,y')$ 型的微分方程. 设 $y' = p(x)$, 代入原微分方程并分离变量, 得

$$\frac{\mathrm{d}p}{p} = \frac{2x}{1+x^2}\mathrm{d}x.$$

两边同时积分, 得

$$\ln|p| = \ln(1+x^2) + \ln|C_1|,$$

即

$$y' = p = C_1(1+x^2). \tag{8-6}$$

在式 (8-6) 中代入条件 $y'\big|_{x=0} = 3$, 得 $C_1 = 3$, 所以

$$y' = 3(1+x^2).$$

上式两边同时积分, 得

$$y = x^3 + 3x + C_2. \tag{8-7}$$

在式 (8-7) 中代入条件 $y\big|_{x=0} = 1$, 得 $C_2 = 1$. 于是, 所求特解为

$$y = x^3 + 3x + 1.$$

三、$y'' = f(y,y')$ 型的微分方程

这种二阶微分方程的特点是: 右端不显含自变量 x. 为了求出它的解, 令 $y' = p(y)$, 则利用复合函数的求导法则, 可把 y'' 化为对 y 的导数, 即

$$y'' = \frac{\mathrm{d}p}{\mathrm{d}x} = \frac{\mathrm{d}p}{\mathrm{d}y} \cdot \frac{\mathrm{d}y}{\mathrm{d}x} = p\frac{\mathrm{d}p}{\mathrm{d}y}.$$

这样原微分方程就成为

$$p\frac{\mathrm{d}p}{\mathrm{d}y} = f(y,p).$$

这是一个关于变量 y,p 的一阶微分方程. 设它的通解为

$$p = \varphi(y, C_1),$$

即 $y' = p = \varphi(y, C_1)$，这是一个可分离变量的微分方程，对其两边积分即可得到原微分方程的通解为

$$\int \frac{\mathrm{d}y}{\varphi(y, C_1)} = x + C_2 \quad (C_1, C_2 \text{ 为任意常数}).$$

例3 求微分方程 $y'' + (y')^3 = 0$ 的通解.

解 所给微分方程不显含自变量 x. 设 $y' = p(y)$，则 $y'' = p\frac{\mathrm{d}p}{\mathrm{d}y}$，从而原微分方程可化为

$$p\frac{\mathrm{d}p}{\mathrm{d}y} + p^3 = 0, \quad \text{即} \quad p\left(\frac{\mathrm{d}p}{\mathrm{d}y} + p^2\right) = 0,$$

得 $p = 0$ 或 $\frac{\mathrm{d}p}{\mathrm{d}y} + p^2 = 0$.

由 $p = 0$，即 $y' = 0$，得 $y = C$（C 为任意常数）.

对微分方程 $\frac{\mathrm{d}p}{\mathrm{d}y} + p^2 = 0$ 分离变量，得

$$-\frac{\mathrm{d}p}{p^2} = \mathrm{d}y.$$

两边同时积分，得

$$\int -\frac{\mathrm{d}p}{p^2} = \int \mathrm{d}y,$$

即

$$\frac{1}{p} = y + C_1 \quad (C_1 \text{ 为任意常数}).$$

将 $p = y'$ 回代，得

$$\frac{\mathrm{d}x}{\mathrm{d}y} = y + C_1.$$

分离变量，得

$$\mathrm{d}x = (y + C_1)\mathrm{d}y.$$

两边同时积分，得

$$\int \mathrm{d}x = \int (y + C_1)\mathrm{d}y.$$

故原微分方程的通解为

$$x = \frac{1}{2}y^2 + C_1 y + C_2 \quad (C_1, C_2 \text{ 为任意常数}).$$

注：由 $y' = 0$ 得到的解 $y = C$ 中只含有一个任意常数，故其不是通解.

习题 8.3

1. 求下列微分方程的通解:

(1) $y'' = x + \sin x$;

(2) $y'' = \dfrac{1}{1+x^2}$;

(3) $y'' = y' + x$;

(4) $xy'' = y' + x^2$.

2. 求下列微分方程满足初始条件的特解:

(1) $y'' = \sin x - \cos x, y\big|_{x=0} = 2, y'\big|_{x=0} = 1$;

(2) $y'' - 4y' + 3y = 0, y\big|_{x=0} = 6, y'\big|_{x=0} = 10$;

(3) $y'' + y' = 4e^x, y\big|_{x=0} = 4, y'\big|_{x=0} = -3$.

3. 已知某曲线,其方程满足微分方程 $yy'' + (y')^2 = 1$,并且与另一曲线 $y = e^{-x}$ 相切于点 $(0,1)$,求此曲线的方程.

考研真题

1. 微分方程 $\dfrac{dy}{dx} = \dfrac{y}{x} - \dfrac{1}{2}\left(\dfrac{y}{x}\right)^3 (x > 0)$ 满足初始条件 $y\big|_{x=1} = 1$ 的特解为 $y = \underline{\qquad}$.

【解答】令 $u = \dfrac{y}{x}$,则有 $\dfrac{dy}{dx} = u + x\dfrac{du}{dx}$,原微分方程化为 $u + x\dfrac{du}{dx} = u - \dfrac{1}{2}u^3$,即 $-\dfrac{2}{u^3}du = \dfrac{dx}{x}$. 两边同时积分,得 $\dfrac{1}{u^2} = \ln x + C$($C$ 为任意常数).

由初始条件 $y(1) = 1$,得 $C = 1$. 回代 $u = \dfrac{y}{x}$,得 $y^2 = \dfrac{x^2}{\ln x + 1}$,解出 $y = \dfrac{x}{\sqrt{1 + \ln x}}$.

2. 微分方程 $xy' + y = 0$ 满足初始条件 $y(1) = 1$ 的特解为 $y = \underline{\qquad}$.

【解答】由 $\dfrac{dy}{dx} = \dfrac{-y}{x}$ 分离变量,得 $\dfrac{dy}{-y} = \dfrac{dx}{x}$. 两边同时积分,得 $-\ln|y| = \ln|x| + C_1$(C_1 为任意常数),即 $\dfrac{1}{y} = Cx$($C = \pm e^{C_1}$). 利用初始条件 $y(1) = 1$,得 $C = 1$,所以 $y = \dfrac{1}{x}$.

3. 设 y_1, y_2 是一阶线性非齐次微分方程 $y' + p(x)y = q(x)$ 的两个特解. 若存在常数 λ, μ,使得 $\lambda y_1 + \mu y_2$ 是该微分方程的解,$\lambda y_1 - \mu y_2$ 是该微分方程对应的线性齐次微分方程的解,则 ( ).

A. $\lambda = \dfrac{1}{2}, \mu = \dfrac{1}{2}$

B. $\lambda = -\dfrac{1}{2}, \mu = -\dfrac{1}{2}$

C. $\lambda = \dfrac{2}{3}, \mu = \dfrac{1}{3}$

D. $\lambda = \dfrac{2}{3}, \mu = \dfrac{2}{3}$

【解答】因为 $\lambda y_1 - \mu y_2$ 是对应的线性齐次微分方程 $y' + p(x)y = 0$ 的解,所以代入得
$$\lambda[y_1' + p(x)y_1] - \mu[y_2' + p(x)y_2] = 0,$$
即 $(\lambda - \mu)q(x) = 0$,故 $\lambda - \mu = 0$.

又因为 $\lambda y_1 + \mu y_2$ 是微分方程 $y' + p(x)y = q(x)$ 的解,所以代入得
$$\lambda[y_1' + p(x)y_1] + \mu[y_2' + p(x)y_2] = q(x),$$

即 $(\lambda+\mu)q(x)=q(x)$,故 $\lambda+\mu=1$.

因此 $\lambda=\mu=\dfrac{1}{2}$.故选 A.

4. 设函数 $f(x)$ 在定义域 I 上的导数均大于零.若对于任意的 $x_0 \in I$,曲线 $y=f(x)$ 在点 $(x_0,f(x_0))$ 处的切线与直线 $x=x_0$ 及 x 轴所围成的平面图形的面积恒为 4,且 $f(0)=2$,求 $f(x)$ 的表达式.

【解答】设函数 $f(x)$ 在点 $(x_0,f(x_0))$ 的切线方程为 $y-f(x_0)=f'(x_0)(x-x_0)$.

令 $y=0$,得 $x=-\dfrac{f(x_0)}{f'(x_0)}+x_0$,且由题意可知

$$\dfrac{1}{2}|f(x_0)| \cdot \dfrac{|f(x_0)|}{f'(x_0)}=4.$$

因为点 x_0 是任意的,所以由上式得 $y'=\dfrac{1}{8}y^2$,解得 $\dfrac{1}{y}=-\dfrac{x}{8}+C$($C$ 为待定常数).又 $f(0)=2$,有 $C=\dfrac{1}{2}$,因此 $f(x)=\dfrac{8}{4-x}$ $(x \in I)$.

5. 设函数 $f(x)$ 连续,且满足方程 $\displaystyle\int_0^x f(x-t)\mathrm{d}t=\int_0^x (x-t)f(t)\mathrm{d}t+\mathrm{e}^{-x}-1$,求 $f(x)$.

【解答】令 $u=x-t$,则 $\displaystyle\int_0^x f(x-t)\mathrm{d}t=\int_x^0 f(u)(-\mathrm{d}u)=\int_0^x f(u)\mathrm{d}u$.代入方程可得

$$\int_0^x f(u)\mathrm{d}u=x\int_0^x f(t)\mathrm{d}t-\int_0^x tf(t)\mathrm{d}t+\mathrm{e}^{-x}-1,$$

两边同时求导数,得

$$f(x)=\int_0^x f(t)\mathrm{d}t-\mathrm{e}^{-x}. \qquad ①$$

由于 $f(x)$ 连续,因此 $\displaystyle\int_0^x f(t)\mathrm{d}t$ 可导,从而 $f(x)$ 也可导.对上式两边再求导数,得

$$f'(x)=f(x)+\mathrm{e}^{-x}. \qquad ②$$

在式①令 $x=0$,得 $f(0)=-1$.解微分方程②及代入初始条件 $f(0)=-1$,得

$$f(x)=-\dfrac{\mathrm{e}^x+\mathrm{e}^{-x}}{2}.$$

本章小结

知识导航图

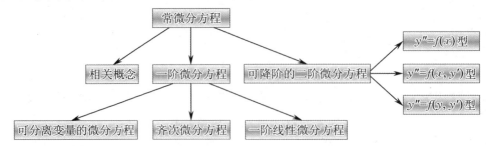

一、基本概念

1. 微分方程:含有未知函数的导数或微分的方程.

2. 微分方程的阶：微分方程中未知函数的导数或微分的最高阶数.

3. 微分方程的解：满足微分方程的函数.

4. 微分方程的通解和特解：通解是含有独立的任意常数的个数与阶数相同的解（注意通解并非全部解）；特解是不含任意常数的解.

5. 初始条件与初值问题：用于确定通解中任意常数的值的条件称为初始条件；求微分方程满足初始条件的解的问题称为初值问题.

二、一阶微分方程

1. 可分离变量的微分方程.

(1) 方程形式：$\psi(y)\mathrm{d}y = \varphi(x)\mathrm{d}x$ 或 $y' = f(x)g(y)$.

(2) 求解步骤如下：

第一步，分离变量，得 $\dfrac{\mathrm{d}y}{g(y)} = f(x)\mathrm{d}x$；

第二步，对上式两边同时积分，得 $\displaystyle\int \dfrac{\mathrm{d}y}{g(y)} = \int f(x)\mathrm{d}x + C$；

第三步，讨论 $g(y) = 0$ 的情况，确定解.

2. 齐次微分方程 $\dfrac{\mathrm{d}y}{\mathrm{d}x} = f\left(\dfrac{y}{x}\right)$.

求解方法（变量代换）：令 $u = \dfrac{y}{x}$，则 $y = xu$，$\dfrac{\mathrm{d}y}{\mathrm{d}x} = u + x\dfrac{\mathrm{d}u}{\mathrm{d}x}$. 代入原微分方程将其化为可分离变量的微分方程进行求解.

3. 一阶线性微分方程.

(1) 一阶线性齐次微分方程 $y' + P(x)y = 0$.

将其视为可分离变量的微分方程，分离变量后，得 $\dfrac{\mathrm{d}y}{y} = -P(x)\mathrm{d}x$. 两边同时积分即得微分方程的通解.

(2) 一阶线性非齐次微分方程 $y' + P(x)y = Q(x)$ 的常数变易法.

将其对应的线性齐次微分方程的通解 $y = C\mathrm{e}^{-\int P(x)\mathrm{d}x}$ 中的任意常数 C 换成未知函数 $u(x)$，再代入求出 $u(x)$.

(3) 一阶线性非齐次微分方程 $y' + P(x)y = Q(x)$ 的通解公式为

$$y = \mathrm{e}^{-\int P(x)\mathrm{d}x}\left[\int Q(x)\mathrm{e}^{\int P(x)\mathrm{d}x}\mathrm{d}x + C\right] \quad (C \text{ 为任意常数}).$$

三、可降阶的二阶微分方程

1. $y'' = f(x)$ 型的微分方程.

这种二阶微分方程不显含未知函数 y 及其一阶导数，是最简单的二阶微分方程，通过两次积分就可得到其通解为

$$y = \int y'\mathrm{d}x + C_2 = \int\left[\int f(x)\mathrm{d}x + C_1\right]\mathrm{d}x + C_2 \quad (C_1, C_2 \text{ 为任意常数}).$$

2. $y'' = f(x, y')$ 型的微分方程.

这种微分方程的特点是：右端不显含未知函数 y. 若设 $y' = p(x)$，则 $y'' = \dfrac{\mathrm{d}p}{\mathrm{d}x} = p'$，代入

原微分方程,得 $p' = f(x,p)$,这是一个关于变量 x,p 的一阶微分方程.设其通解为 $p = \varphi(x, C_1)$,而 $p = \dfrac{\mathrm{d}y}{\mathrm{d}x}$,因此又得到一个可分离变量的微分方程 $\dfrac{\mathrm{d}y}{\mathrm{d}x} = \varphi(x, C_1)$,其通解为

$$y = \int \varphi(x, C_1) \mathrm{d}x + C_2 \quad (C_1, C_2 \text{ 为任意常数}).$$

3. $y'' = f(y, y')$ 型的微分方程.

这种微分方程的特点是:右端不显含自变量 x. 为了求出它的解,令 $y' = p(y)$,则利用复合函数的求导法则,可把 y'' 化为对 y 的导数,即 $y'' = \dfrac{\mathrm{d}p}{\mathrm{d}x} = \dfrac{\mathrm{d}p}{\mathrm{d}y} \cdot \dfrac{\mathrm{d}y}{\mathrm{d}x} = p \dfrac{\mathrm{d}p}{\mathrm{d}y}$. 这样原微分方程就成为 $p \dfrac{\mathrm{d}p}{\mathrm{d}y} = f(y, p)$,这是一个关于变量 y, p 的一阶微分方程.设其通解为 $p = \varphi(y, C_1)$,即 $y' = p = \varphi(y, C_1)$,这是一个可分离变量的微分方程,对其积分即可得到它的通解为

$$\int \dfrac{\mathrm{d}y}{\varphi(y, C_1)} = x + C_2 \quad (C_1, C_2 \text{ 为任意常数}).$$

本章复习题

一、填空题

1. 微分方程的阶是指_____.
2. 微分方程的通解是指_____.
3. 微分方程 $\dfrac{\mathrm{d}^3 y}{\mathrm{d}x^3} + 3 \dfrac{\mathrm{d}^2 y}{\mathrm{d}x^2} + \dfrac{\mathrm{d}y}{\mathrm{d}x} + \mathrm{e}^x = 1$ 的通解应包含的任意常数的个数为_____.
4. 微分方程 $(y')^2 + (y'')^3 y + xy^4 = 0$ 的阶数为_____.
5. 微分方程 $y' = \mathrm{e}^{2x+y}$ 满足 $y\big|_{x=0} = 0$ 的特解为_____.
6. 微分方程 $y''' = \sin x$ 的通解为_____.
7. 微分方程 $\dfrac{1}{y}\mathrm{d}x + \dfrac{1}{x}\mathrm{d}y = 0$ 的通解为_____.
8. 一阶线性齐次微分方程 $\dfrac{\mathrm{d}y}{\mathrm{d}x} + P(x)y = 0$ 也是_____的微分方程.
9. 微分方程 $\dfrac{x}{1+y}\mathrm{d}y - \dfrac{y}{1+x}\mathrm{d}x = 0$ 的阶数为_____.
10. 微分方程 $y' + y = \mathrm{e}^{-x}$ 的通解为_____.

二、选择题

1. 下列( )是一阶线性微分方程.
   A. $xy' + 2y = x\sin x$
   B. $y' + 2xy = x^2 y^2$
   C. $(x+y)\mathrm{d}y + (x-y)\mathrm{d}x = 0$
   D. $y'' + 2(y')^2 + 3\mathrm{e}^y = 0$

2. 微分方程 $(y')^2 + (y'')^3 y + x(y''')^4 = 0$ 的阶数为( ).
   A. 4   B. 3   C. 2   D. 1

3. 下列( )不是微分方程.
   A. $(y')^3 + 3y = 0$
   B. $x^2 + y^2 = k^2$
   C. $\mathrm{d}y + \dfrac{1}{x}\mathrm{d}x = 2\mathrm{d}x$
   D. $y'' = \mathrm{e}^{x-y}$

4. 微分方程 $3y^2 dy + 3x^2 dx = 0$ 的阶数为( ).
A. 1   B. 3   C. 2   D. 0

5. 微分方程 $y' = e^{2x-y}$ 是( ).
A. 可直接积分的微分方程   B. 可分离变量的微分方程
C. 齐次微分方程   D. 一阶线性微分方程

6. 微分方程 $(x^3 + y^3)dx - 3xy^2 dy = 0$ 是( ).
A. 可直接积分的微分方程   B. 可分离变量的微分方程
C. 齐次微分方程   D. 一阶线性微分方程

7. 微分方程 $y' + P(x)y = 0$ 的通解公式为( ).
A. $y = Ce^{-\int P(x)dx}$ B. $y = e^{-\int P(x)dx}$ C. $y = Ce^{\int P(x)dx}$ D. $y = e^{\int P(x)dx}$

8. 推导一阶线性非齐次微分方程的通解使用下列方法中的( ).
A. 第一类换元积分法   B. 常数变易法   C. 第二类换元积分法   D. 分部积分法

9. 微分方程 $y' + P(x)y = Q(x)$ 的通解公式为( ).
A. $y = e^{-\int P(x)dx}\int Q(x)e^{\int P(x)dx}dx$
B. $y = e^{-\int P(x)dx}\left[\int Q(x)e^{\int P(x)dx}dx + C\right]$
C. $y = e^{\int P(x)dx}\int Q(x)e^{-\int P(x)dx}dx$
D. $y = e^{\int P(x)dx}\left[\int Q(x)e^{-\int P(x)dx}dx + C\right]$

三、计算题

1. 求微分方程 $\dfrac{x}{1+y}dx - \dfrac{y}{1+x}dy = 0$ 满足初始条件 $y\big|_{x=0} = 1$ 的特解.

2. 解初值问题 $\begin{cases} y'\sin x = y\ln y, \\ y\big|_{x=\frac{\pi}{2}} = e. \end{cases}$

3. 求微分方程 $y'' = 3\sqrt{y}$ 满足初始条件 $y\big|_{x=0} = 1, y'\big|_{x=0} = 2$ 的特解.

4. 求微分方程 $x^2 y'' + xy' = 1$ 的通解.

四、综合题

1. 求连续函数 $f(x)$,使其满足 $f(x) + 2\int_0^x f(t)dt = x^2$.

2. 若 $x^2 e^{-x^2}$ 是微分方程 $\dfrac{dy}{dx} + p(x)y = 2xe^{-x^2}$ 的一个特解,求此微分方程的通解.

3. 有一卫生球直径为 1 cm,放置一个月后直径变为 0.5 cm.假设它的挥发速度正比于其表面积,求卫生球半径与时间的关系,问:经过多长时间它能挥发完毕?

4. 已知某商品的需求价格弹性函数为 $\dfrac{EQ}{Ep} = -p(\ln p + 1)$,并且当 $p = 1$ 时,需求量 $Q = 1$.

(1) 求商品对价格的需求函数;

(2) 当 $p \to \infty$ 时,需求是否趋于稳定?

5. 设一曲线过点 $(1,1)$,且其上任一点处的切线在 y 轴上的截距等于其在同一点处的法线在 x 轴上的截距,求此曲线的方程.

第九章

无穷级数

无穷级数是数与函数的一种重要表达形式,也是微积分理论研究与实际应用中极其有力的工具.无穷级数在表达函数、研究函数性质、计算函数值及求解微分方程等方面都有着重要的应用.研究无穷级数及其和,可以说是研究数列及其极限的另一种形式.无论是在研究极限的存在性,还是计算这种极限时,这种形式都显示出很大的优越性.本章先介绍常数项级数的一些基本内容,然后讨论函数项级数,并着重讨论如何将函数展开成幂级数的问题.

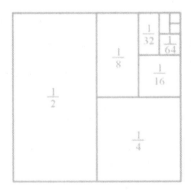

§9.1 常数项级数的概念与性质

对无穷多个数求和,这一问题困惑了数学家们长达几个世纪. 有的无穷多个数之和是一个确定的常数,例如,

$$\frac{1}{2}+\frac{1}{4}+\frac{1}{8}+\frac{1}{16}+\cdots=1,$$

这一结果可通过计算单位正方形被无数次平分后所得的面积之和得到,如图 9-1 所示. 而有的无穷多个数之和是无穷大,例如,

$$1+\frac{1}{2}+\frac{1}{3}+\frac{1}{4}+\cdots=+\infty,$$

这一结果我们将在后面的证明中给出. 还有许多类似这样的问题需要研究,例如,无穷多个数的和是否存在?若存在,那么值是多少?在满足什么条件下才存在?下面我们就来一一研究.

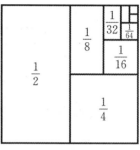

图 9-1

一、常数项级数的定义

定义 1 给定一个数列 $\{u_n\}$,把它的各项依次用加号连起来,所得的表达式

$$u_1+u_2+\cdots+u_n+\cdots$$

称为**常数项级数**,简称**级数**,记为 $\sum_{n=1}^{\infty} u_n$,即

$$\sum_{n=1}^{\infty} u_n = u_1+u_2+\cdots+u_n+\cdots,$$

其中第 n 项 u_n 称为级数的**一般项**或**通项**.

例如,我们常见的常数项级数有:等比数列各项之和 $\sum_{n=1}^{\infty} aq^{n-1}(a \neq 0)$ 称为**等比级数**,也称**几何级数**;级数 $\sum_{n=1}^{\infty} \frac{1}{n^p}(p>0)$ 称为 p-**级数**,当 $p=1$ 时,级数 $\sum_{n=1}^{\infty} \frac{1}{n}$ 称为**调和级数**.

上述级数的定义只是一个形式上的定义,它表示无穷多个数相加,问题是它是否具有"和"呢?这个"和"的确切意义又是什么呢?为了回答上述问题,我们引入下面的概念.

定义 2 记级数 $\sum_{n=1}^{\infty} u_n$ 的前 n 项之和为

$$s_n = u_1+u_2+\cdots+u_n,$$

称为级数 $\sum_{n=1}^{\infty} u_n$ 的前 n 项**部分和**. 当 n 取 $1,2,\cdots$ 时,它们构成一个新

的数列 $\{s_n\}$，即

$$s_1 = u_1,$$
$$s_2 = u_1 + u_2,$$
$$\cdots\cdots$$
$$s_n = u_1 + u_2 + \cdots + u_n,$$
$$\cdots\cdots$$

数列 $\{s_n\}$ 称为级数 $\sum\limits_{n=1}^{\infty} u_n$ 的前 n 项**部分和数列**.

显然，级数 $\sum\limits_{n=1}^{\infty} u_n$ 与它的部分和数列 $\{s_n\}$ 是一一对应的. 运用极限的思想，我们可以从级数 $\sum\limits_{n=1}^{\infty} u_n$ 的有限项之和出发，来理解无穷多个数相加的含义. 通过讨论它的部分和数列 $\{s_n\}$ 有无极限，从而引进级数收敛与发散的概念.

定义3 当 $n \to \infty$ 时，如果级数 $\sum\limits_{n=1}^{\infty} u_n$ 的前 n 项部分和数列 $\{s_n\}$ 有极限 s，则称**级数** $\sum\limits_{n=1}^{\infty} u_n$ **收敛**，s 称为级数 $\sum\limits_{n=1}^{\infty} u_n$ 的**和**，并写成

$$s = \sum_{n=1}^{\infty} u_n = u_1 + u_2 + \cdots + u_n + \cdots.$$

如果 $\{s_n\}$ 没有极限，则称**级数** $\sum\limits_{n=1}^{\infty} u_n$ **发散**.

当级数 $\sum\limits_{n=1}^{\infty} u_n$ 收敛时，其部分和 s_n 是它的和 s 的近似值，它们之间的差值

$$r_n = s - s_n = u_{n+1} + u_{n+2} + \cdots$$

称为级数的**余项**. 用近似值 s_n 代替和 s，所产生的误差是余项的绝对值 $|r_n|$.

例1 讨论等比级数 $\sum\limits_{n=1}^{\infty} aq^{n-1} = a + aq + aq^2 + aq^3 + \cdots + aq^{n-1} + \cdots$ 的敛散性，其中 $a \neq 0, q$ 为常数.

解 （1）当 $q \neq 1$ 时，级数的前 n 项部分和为

$$s_n = a + aq + aq^2 + aq^3 + \cdots + aq^{n-1} = \frac{a(1-q^n)}{1-q}.$$

于是，当 $|q| < 1$ 时，因为 $\lim\limits_{n\to\infty} q^n = 0$，所以有 $\lim\limits_{n\to\infty} s_n = \dfrac{a}{1-q}$，故此时该级数收敛，其和为

$$\sum_{n=1}^{\infty} aq^{n-1} = \frac{a}{1-q}.$$

当 $|q|>1$ 时,因为 $\lim\limits_{n\to\infty}q^n=\infty$,所以 $\lim\limits_{n\to\infty}s_n=\infty$,故此时该级数发散.

(2) 当 $|q|=1$ 时,若 $q=1$,则 $s_n=na\to\infty$,级数发散;若 $q=-1$,则级数为
$$a-a+a-a+\cdots,$$
于是 $s_n=\begin{cases}a, & n\text{ 为奇数}, \\ 0, & n\text{ 为偶数},\end{cases}$ 当 $n\to\infty$ 时,s_n 的极限不存在.故当 $|q|=1$ 时,该级数发散.

由上述讨论得如下结论:等比级数 $\sum\limits_{n=1}^{\infty}aq^{n-1}$ 当 $|q|<1$ 时收敛;当 $|q|\geqslant 1$ 时发散.

例如,级数 $\sum\limits_{n=1}^{\infty}\dfrac{(-1)^{n-1}}{2^{n-1}}$ 是收敛的,因为它是公比绝对值为 $|q|=\left|-\dfrac{1}{2}\right|<1$ 的等比级数.而级数 $\sum\limits_{n=1}^{\infty}2^{n-1}$ 是发散的,因为它是公比为 $q=2>1$ 的等比级数.

例 2 判定级数 $\sum\limits_{n=1}^{\infty}\dfrac{1}{n(n+1)}=\dfrac{1}{1\cdot 2}+\dfrac{1}{2\cdot 3}+\dfrac{1}{3\cdot 4}+\cdots+\dfrac{1}{n(n+1)}+\cdots$ 的敛散性.若级数收敛,求此级数的和.

解 由 $\dfrac{1}{n(n+1)}=\dfrac{1}{n}-\dfrac{1}{n+1}(n=1,2,\cdots)$,得级数的前 n 项部分和为
$$\begin{aligned}s_n&=\dfrac{1}{1\cdot 2}+\dfrac{1}{2\cdot 3}+\dfrac{1}{3\cdot 4}+\cdots+\dfrac{1}{n(n+1)}\\&=\left(1-\dfrac{1}{2}\right)+\left(\dfrac{1}{2}-\dfrac{1}{3}\right)+\left(\dfrac{1}{3}-\dfrac{1}{4}\right)+\cdots+\left(\dfrac{1}{n}-\dfrac{1}{n+1}\right)\\&=1-\dfrac{1}{n+1}.\end{aligned}$$

于是
$$s=\lim_{n\to\infty}s_n=\lim_{n\to\infty}\left(1-\dfrac{1}{n+1}\right)=1,$$
所以级数 $\sum\limits_{n=1}^{\infty}\dfrac{1}{n(n+1)}$ 收敛,其和为 1.

例 3 判定级数 $\sum\limits_{n=1}^{\infty}\ln\dfrac{n+1}{n}=\ln\dfrac{2}{1}+\ln\dfrac{3}{2}+\ln\dfrac{4}{3}+\cdots+\ln\dfrac{n+1}{n}+\cdots$ 的敛散性.

解 由 $\ln\dfrac{n+1}{n}=\ln(n+1)-\ln n(n=1,2,\cdots)$,得级数的前 n 项部分和为
$$\begin{aligned}s_n&=\ln\dfrac{2}{1}+\ln\dfrac{3}{2}+\ln\dfrac{4}{3}+\cdots+\ln\dfrac{n+1}{n}\\&=(\ln 2-\ln 1)+(\ln 3-\ln 2)+(\ln 4-\ln 3)+\cdots+[\ln(n+1)-\ln n]\\&=\ln(n+1).\end{aligned}$$

于是
$$\lim_{n\to\infty}s_n=\lim_{n\to\infty}\ln(n+1)=+\infty,$$
所以级数 $\sum\limits_{n=1}^{\infty}\ln\dfrac{n+1}{n}$ 发散.

例 4 判定级数 $\sum_{n=1}^{\infty}(-1)^{n-1}$ 的敛散性.

解 由

$$\sum_{n=1}^{\infty}(-1)^{n-1} = 1-1+1-1+\cdots+\cdots,$$

得级数的前 n 项部分和为 $s_n = \begin{cases} 1, & n \text{ 为奇数}, \\ 0, & n \text{ 为偶数}. \end{cases}$ 于是当 $n \to \infty$ 时,s_n 的极限不存在,故级数 $\sum_{n=1}^{\infty}(-1)^{n-1}$ 发散.

二、常数项级数的性质

定理 1 若级数 $\sum_{n=1}^{\infty} u_n$ 收敛,其和为 s,则 $\sum_{n=1}^{\infty} k u_n$($k$ 为任意常数)仍收敛,且其和为 ks.

证 设级数 $\sum_{n=1}^{\infty} u_n$ 与 $\sum_{n=1}^{\infty} k u_n$ 的部分和分别为 s_n 与 σ_n,则

$$\begin{aligned}
\lim_{n\to\infty}\sigma_n &= \lim_{n\to\infty}(ku_1+ku_2+\cdots+ku_n) \\
&= k\lim_{n\to\infty}(u_1+u_2+\cdots+u_n) \\
&= k\lim_{n\to\infty}s_n = ks.
\end{aligned}$$

故级数 $\sum_{n=1}^{\infty} k u_n$ 收敛,且其和为 ks.

显然,如果 $\{s_n\}$ 没有极限且 $k \neq 0$,那么 $\{\sigma_n\}$ 也不可能有极限. 因此,我们有如下的结论:级数的每一项同乘以一个非零常数后,它的敛散性不会改变.

定理 2 如果级数 $\sum_{n=1}^{\infty} u_n$ 与 $\sum_{n=1}^{\infty} v_n$ 均收敛,其和分别为 s 与 w,则级数 $\sum_{n=1}^{\infty}(u_n \pm v_n)$ 仍收敛,且其和为 $s \pm w$,即

$$\sum_{n=1}^{\infty}(u_n \pm v_n) = \sum_{n=1}^{\infty} u_n \pm \sum_{n=1}^{\infty} v_n.$$

证 设级数 $\sum_{n=1}^{\infty} u_n, \sum_{n=1}^{\infty} v_n, \sum_{n=1}^{\infty}(u_n \pm v_n)$ 的部分和分别为 s_n, w_n, t_n,则

$$\begin{aligned}
\lim_{n\to\infty}t_n &= \lim_{n\to\infty}[(u_1 \pm v_1)+(u_2 \pm v_2)+\cdots+(u_n \pm v_n)] \\
&= \lim_{n\to\infty}[(u_1+u_2+\cdots+u_n) \pm (v_1+v_2+\cdots+v_n)] \\
&= \lim_{n\to\infty}(s_n \pm w_n) = s \pm w.
\end{aligned}$$

此性质所表述的运算规律叫作级数的**逐项相加（减）法则**. 因此,定理 2 也可以叙述如下:两个收敛级数可以逐项相加与逐项相减. 这里要注意,该定理成立是以级数 $\sum_{n=1}^{\infty} u_n$ 与 $\sum_{n=1}^{\infty} v_n$ 都收敛为前提条件的.

定理 3 在级数中删去、增加或改变有限项,级数的敛散性不变.

证 我们只证明在级数的前面部分去掉有限项,不会改变级数的敛散性,其他情形可以类似得到.

设将级数 $\sum_{n=1}^{\infty} u_n = u_1 + u_2 + \cdots + u_n + \cdots$ 的前 k 项去掉,则得到的新级数为

$$u_{k+1} + u_{k+2} + \cdots + u_{k+n} + \cdots.$$

此级数的前 n 项部分和为

$$\sigma_n = u_{k+1} + u_{k+2} + \cdots + u_{k+n} = s_{k+n} - s_k,$$

其中 s_{k+n} 是原来级数的前 $k+n$ 项的和. 因为 s_k 是常数,所以当 $n \to \infty$ 时,σ_n 与 s_{k+n} 或者同时存在极限,或者同时不存在极限,故级数的敛散性不变.

例如,级数 $1^2 + 2^2 + \cdots + 1\,000^2 + \dfrac{9}{2} + \dfrac{9}{2^2} + \dfrac{9}{2^3} + \cdots$ 是收敛的,这是因为,$\dfrac{9}{2} + \dfrac{9}{2^2} + \dfrac{9}{2^3} + \cdots$ 是公比为 $q = \dfrac{1}{2} < 1$ 的等比级数,所以它是收敛的,而前面加的 $1^2 + 2^2 + \cdots + 1\,000^2$ 是有限项,不改变级数的敛散性,故级数 $1^2 + 2^2 + \cdots + 1\,000^2 + \dfrac{9}{2} + \dfrac{9}{2^2} + \dfrac{9}{2^3} + \cdots$ 也是收敛的.

定理 4 收敛级数加括号后所成的级数仍收敛,且其和不变.

注:(1) 根据加括号后所成的级数收敛,并不能断定原来的级数也收敛,即收敛级数去括号后未必仍收敛. 例如,级数 $(1-1) + (1-1) + \cdots$ 收敛于零,但级数 $\sum_{n=1}^{\infty} (-1)^{n-1} = 1 - 1 + 1 - 1 + \cdots$ 却是发散的.

(2) 若加括号后所成的级数发散,则原来的级数也发散. 这是因为,假如原级数收敛,则由定理 4 可知,加括号后的级数应该收敛,这与题设矛盾.

(3) 对于每一项都是正数的级数,无论加括号或去括号,都不影响它的敛散性.

定理 5（级数收敛的必要条件） 若级数 $\sum\limits_{n=1}^{\infty} u_n$ 收敛，则必有
$$\lim_{n \to \infty} u_n = 0,$$
即收敛级数的一般项必趋于 0.

证 设级数 $\sum\limits_{n=1}^{\infty} u_n$ 的部分和为 s_n，且 $s_n \to s(n \to \infty)$，则
$$\lim_{n \to \infty} u_n = \lim_{n \to \infty}(s_n - s_{n-1}) = \lim_{n \to \infty} s_n - \lim_{n \to \infty} s_{n-1}$$
$$= s - s = 0.$$

注：由定理 5 可知，$\lim\limits_{n \to \infty} u_n = 0$ 是判定级数收敛的必要条件而非充分条件. 事实上，许多发散级数的一般项是趋于 0 的，如调和级数 $\sum\limits_{n=1}^{\infty} \dfrac{1}{n}$（证明见 §9.2）. 因为当 $\lim\limits_{n \to \infty} u_n \neq 0$ 时，此级数必定发散，所以 $\lim\limits_{n \to \infty} u_n \neq 0$ 是判定级数 $\sum\limits_{n=1}^{\infty} u_n$ 发散的一种非常有效的方法.

例如，级数 $\sum\limits_{n=1}^{\infty} \dfrac{n}{3n+1} = \dfrac{1}{4} + \dfrac{2}{7} + \dfrac{3}{10} + \cdots + \dfrac{n}{3n+1} + \cdots$ 的一般项为 $u_n = \dfrac{n}{3n+1}$，因为 $\lim\limits_{n \to \infty} u_n = \lim\limits_{n \to \infty} \dfrac{n}{3n+1} = \dfrac{1}{3} \neq 0$，所以该级数是发散的.

当 $\lim\limits_{n \to \infty} u_n = 0$ 时，此级数也不一定是收敛的. 例如，在例 3 中讨论的级数 $\sum\limits_{n=1}^{\infty} \ln \dfrac{n+1}{n}$，虽然它的一般项的极限 $\lim\limits_{n \to \infty} \ln \dfrac{n+1}{n} = 0$，但它是发散的.

例 5 讨论下列级数的敛散性：

(1) $\sum\limits_{n=1}^{\infty} \left(\dfrac{1}{2^n} + \dfrac{1}{100n} \right)$；　　(2) $\sum\limits_{n=1}^{\infty} \left(\dfrac{7}{2^n} + \dfrac{5}{3^n} \right)$；　　(3) $\sum\limits_{n=1}^{\infty} \left(\dfrac{7}{\sqrt[n]{n}} + \dfrac{\pi}{7^n} \right)$.

解 (1) 由于 $\sum\limits_{n=1}^{\infty} \dfrac{1}{2^n}$ 是公比为 $q = \dfrac{1}{2} < 1$ 的等比级数，因此级数 $\sum\limits_{n=1}^{\infty} \dfrac{1}{2^n}$ 收敛. 但级数 $\sum\limits_{n=1}^{\infty} \dfrac{1}{100n} = \dfrac{1}{100} \sum\limits_{n=1}^{\infty} \dfrac{1}{n}$ 是发散的 $\left(\text{调和级数 } \sum\limits_{n=1}^{\infty} \dfrac{1}{n} \text{ 是发散的，后文有证}\right)$，所以由定理 2 可知，级数 $\sum\limits_{n=1}^{\infty} \left(\dfrac{1}{2^n} + \dfrac{1}{100n} \right)$ 发散.

(2) 由于 $\sum\limits_{n=1}^{\infty} \dfrac{7}{2^n}$ 是公比为 $q = \dfrac{1}{2} < 1$ 的等比级数，因此级数 $\sum\limits_{n=1}^{\infty} \dfrac{7}{2^n}$ 收敛. 又 $\sum\limits_{n=1}^{\infty} \dfrac{5}{3^n}$ 是公比为 $q = \dfrac{1}{3} < 1$ 的等比级数，从而级数 $\sum\limits_{n=1}^{\infty} \dfrac{5}{3^n}$ 也收敛. 故由定理 2 可知，级数 $\sum\limits_{n=1}^{\infty} \left(\dfrac{7}{2^n} + \dfrac{5}{3^n} \right)$ 收敛.

(3) 由于 $\lim\limits_{n\to\infty}\dfrac{7}{\sqrt[n]{n}}=7\neq 0$,因此由定理 5 可知,级数 $\sum\limits_{n=1}^{\infty}\dfrac{7}{\sqrt[n]{n}}$ 发散. 又 $\sum\limits_{n=1}^{\infty}\dfrac{\pi}{7^n}$ 是公比为 $q=\dfrac{1}{7}<1$ 的等比级数,从而级数 $\sum\limits_{n=1}^{\infty}\dfrac{\pi}{7^n}$ 收敛. 故由定理 2 可知,级数 $\sum\limits_{n=1}^{\infty}\left(\dfrac{7}{\sqrt[n]{n}}+\dfrac{\pi}{7^n}\right)$ 发散.

习题 9.1

1. 写出下列级数的一般项:

(1) $\dfrac{2}{1}-\dfrac{3}{2}+\dfrac{4}{3}-\dfrac{5}{4}+\dfrac{6}{5}+\cdots$;

(2) $1+\dfrac{1}{3}+\dfrac{1}{5}+\cdots$;

(3) $\dfrac{\sqrt{x}}{2}+\dfrac{x}{2\cdot 4}+\dfrac{x\sqrt{x}}{2\cdot 4\cdot 6}+\dfrac{x^2}{2\cdot 4\cdot 6\cdot 8}+\cdots$;

(4) $\dfrac{a^2}{3}-\dfrac{a^3}{5}+\dfrac{a^4}{7}-\dfrac{a^5}{9}+\cdots$.

2. 根据级数收敛与发散的定义,判定下列级数的敛散性:

(1) $\sum\limits_{n=1}^{\infty}(\sqrt{n+1}-\sqrt{n})$;

(2) $\sum\limits_{n=1}^{\infty}\dfrac{1}{(2n-1)(2n+1)}$.

3. 判定下列级数的敛散性:

(1) $0.001+\sqrt{0.001}+\sqrt[3]{0.001}+\cdots+\sqrt[n]{0.001}+\cdots$;

(2) $\dfrac{4}{5}-\dfrac{4^2}{5^2}+\dfrac{4^3}{5^3}-\dfrac{4^4}{5^4}+\cdots+(-1)^{n-1}\dfrac{4^n}{5^n}+\cdots$;

(3) $\dfrac{1}{2}+\dfrac{3}{4}+\dfrac{5}{6}+\dfrac{7}{8}+\cdots$;

(4) $\dfrac{1}{3}+\dfrac{1}{6}+\cdots+\dfrac{1}{3n}+\cdots$;

(5) $\sum\limits_{n=1}^{\infty}\left(\dfrac{1}{2^n}+\dfrac{1}{3^n}\right)$;

(6) $\sum\limits_{n=1}^{\infty}\sqrt{\dfrac{2n}{3n-1}}$;

(7) $\sum\limits_{n=1}^{\infty}\left(\dfrac{4^n-1}{5^n}\right)$;

(8) $\sum\limits_{n=1}^{\infty}\left(\dfrac{3^n}{2^n}+\dfrac{1}{n}\right)$.

4. 求级数 $\sum\limits_{n=1}^{\infty}\dfrac{1}{(n+1)(n+2)}$ 的和.

5. 选择题:

(1) 若级数 $\sum\limits_{n=1}^{\infty}u_n$ 收敛,$\sum\limits_{n=1}^{\infty}v_n$ 发散,则对于级数 $\sum\limits_{n=1}^{\infty}(u_n\pm v_n)$ 来说,下列结论中必定成立的是(   );

A. 级数收敛

B. 级数发散

C. 其敛散性不定

D. 等于 $\sum\limits_{n=1}^{\infty}u_n\pm\sum\limits_{n=1}^{\infty}v_n$

(2) 若级数 $\sum\limits_{n=1}^{\infty}u_n,\sum\limits_{n=1}^{\infty}v_n$ 都发散,则(   );

A. 级数 $\sum\limits_{n=1}^{\infty}(u_n+v_n)$ 发散

B. 级数 $\sum\limits_{n=1}^{\infty}u_nv_n$ 发散

C. 级数 $\sum_{n=1}^{\infty}(|u_n|+|v_n|)$ 发散 　　　　D. 级数 $\sum_{n=1}^{\infty}(u_n^2+v_n^2)$ 发散

(3) 正项级数 $\sum_{n=1}^{\infty}u_n$ 收敛是前 n 项部分和数列 $\{s_n\}$ 有界的(　　);

A. 必要条件　　　　B. 充分条件　　　　C. 充要条件　　　　D. 无关条件

(4) 若 $\lim\limits_{n\to\infty}u_n\neq 0$,则级数 $\sum_{n=1}^{\infty}u_n$(　　);

A. 一定收敛　　　　　　　　　　　　B. 一定发散

C. 一定条件收敛　　　　　　　　　　D. 可能收敛,也可能发散

(5) 若级数 $\sum_{n=1}^{\infty}u_n$ 发散,则 $\sum_{n=1}^{\infty}au_n(a\neq 0)$(　　).

A. 一定发散　　　　　　　　　　　　B. 可能收敛,也可能发散

C. $a>0$ 时收敛,$a<0$ 时发散　　　　D. $|a|<1$ 时收敛,$|a|>1$ 时发散

§9.2　正项级数及其审敛法

一般情况下,利用定义或级数的性质来判别级数的敛散性是很困难的,是否有更简单易行的判别方法呢?由于级数的敛散性可较好地归结为正项级数的敛散性问题,因此正项级数的敛散性判定就显得十分的重要.

一、正项级数及其收敛的基本定理

定义 1　若级数 $\sum_{n=1}^{\infty}u_n$ 满足条件

$$u_n\geqslant 0\quad(n=1,2,\cdots),$$

则称级数 $\sum_{n=1}^{\infty}u_n$ 为**正项级数**.

显然,正项级数的前 n 项部分和数列 $\{s_n\}$ 是单调增加数列,即

$$s_1\leqslant s_2\leqslant\cdots\leqslant s_n\leqslant\cdots,$$

故由数列的单调有界准则可以得到如下的定理.

定理 1　正项级数 $\sum_{n=1}^{\infty}u_n$ 收敛的充要条件是它的前 n 项部分和数列 $\{s_n\}$ 有界.

二、正项级数的审敛法

定理 2（比较判别法） 设 $\sum\limits_{n=1}^{\infty} u_n$ 和 $\sum\limits_{n=1}^{\infty} v_n$ 都是正项级数，且满足
$$u_n \leqslant v_n \quad (n=1,2,\cdots),$$
那么

(1) 若级数 $\sum\limits_{n=1}^{\infty} v_n$ 收敛，则级数 $\sum\limits_{n=1}^{\infty} u_n$ 也收敛（简称大敛则小敛）；

(2) 若级数 $\sum\limits_{n=1}^{\infty} u_n$ 发散，则级数 $\sum\limits_{n=1}^{\infty} v_n$ 也发散（简称小散则大散）．

证 设级数 $\sum\limits_{n=1}^{\infty} u_n$ 与级数 $\sum\limits_{n=1}^{\infty} v_n$ 的前 n 项部分和分别为
$$s_n = u_1 + u_2 + \cdots + u_n, \quad \sigma_n = v_1 + v_2 + \cdots + v_n,$$
则
$$s_n \leqslant \sigma_n \quad (n=1,2,\cdots).$$

(1) 若 $\sum\limits_{n=1}^{\infty} v_n$ 收敛，则部分和数列 $\{\sigma_n\}$ 有界，所以 $\{s_n\}$ 也有界，故 $\sum\limits_{n=1}^{\infty} u_n$ 收敛；

(2) 若 $\sum\limits_{n=1}^{\infty} u_n$ 发散，则部分和数列 $\{s_n\}$ 无界，所以 $\{\sigma_n\}$ 也无界，故 $\sum\limits_{n=1}^{\infty} v_n$ 发散．

例 1 判定调和级数 $\sum\limits_{n=1}^{\infty} \dfrac{1}{n} = 1 + \dfrac{1}{2} + \dfrac{1}{3} + \cdots + \dfrac{1}{n} + \cdots$ 的敛散性．

解 $\sum\limits_{n=1}^{\infty} \dfrac{1}{n} = 1 + \dfrac{1}{2} + \dfrac{1}{3} + \cdots + \dfrac{1}{n} + \cdots$
$$= \left(1 + \dfrac{1}{2}\right) + \left(\dfrac{1}{3} + \dfrac{1}{4}\right) + \left(\dfrac{1}{5} + \dfrac{1}{6} + \dfrac{1}{7} + \dfrac{1}{8}\right) + \cdots,$$
它的各项均大于级数
$$\dfrac{1}{2} + \left(\dfrac{1}{4} + \dfrac{1}{4}\right) + \left(\dfrac{1}{8} + \dfrac{1}{8} + \dfrac{1}{8} + \dfrac{1}{8}\right) + \cdots = \dfrac{1}{2} + \dfrac{1}{2} + \dfrac{1}{2} + \cdots$$
的对应项，而后一个级数是发散的．故由比较判别法可知，调和级数 $\sum\limits_{n=1}^{\infty} \dfrac{1}{n}$ 发散．

例 2 判定 p-级数 $\sum\limits_{n=1}^{\infty} \dfrac{1}{n^p} = 1 + \dfrac{1}{2^p} + \dfrac{1}{3^p} + \cdots + \dfrac{1}{n^p} + \cdots (p > 0)$ 的敛散性．

解 当 $0 < p \leqslant 1$ 时，$\dfrac{1}{n^p} \geqslant \dfrac{1}{n} (n=1,2,\cdots)$，由例 1 可知，调和级数 $\sum\limits_{n=1}^{\infty} \dfrac{1}{n}$ 发散，故级

数 $\sum_{n=1}^{\infty}\dfrac{1}{n^p}$ 发散.

当 $p>1$ 时,
$$\sum_{n=1}^{\infty}\dfrac{1}{n^p}=1+\left(\dfrac{1}{2^p}+\dfrac{1}{3^p}\right)+\left(\dfrac{1}{4^p}+\dfrac{1}{5^p}+\dfrac{1}{6^p}+\dfrac{1}{7^p}\right)+\left(\dfrac{1}{8^p}+\cdots+\dfrac{1}{15^p}\right)+\cdots$$
$$<1+\left(\dfrac{1}{2^p}+\dfrac{1}{2^p}\right)+\left(\dfrac{1}{4^p}+\dfrac{1}{4^p}+\dfrac{1}{4^p}+\dfrac{1}{4^p}\right)+\left(\dfrac{1}{8^p}+\cdots+\dfrac{1}{8^p}\right)+\cdots,$$

而后一个级数是公比为 $q=\dfrac{1}{2^{p-1}}<1$ 的等比级数,此级数是收敛的. 故由比较判别法可知,级数 $\sum_{n=1}^{\infty}\dfrac{1}{n^p}$ 收敛.

综上可知,当 $0<p\leqslant 1$ 时级数 $\sum_{n=1}^{\infty}\dfrac{1}{n^p}$ 发散;当 $p>1$ 时级数 $\sum_{n=1}^{\infty}\dfrac{1}{n^p}$ 收敛.

注:由于等比级数 $\sum_{n=1}^{\infty}aq^{n-1}$、调和级数 $\sum_{n=1}^{\infty}\dfrac{1}{n}$ 和 p-级数 $\sum_{n=1}^{\infty}\dfrac{1}{n^p}$ 经常作为比较的对象,因此通常也称它们为**基准级数**.

例 3 判定级数 $\sum_{n=1}^{\infty}\dfrac{1}{n^n}=1+\dfrac{1}{2^2}+\dfrac{1}{3^3}+\cdots+\dfrac{1}{n^n}+\cdots$ 的敛散性.

解 由于 $\dfrac{1}{n^n}\leqslant\dfrac{1}{2^{n-1}}(n=1,2,\cdots)$,而 $\sum_{n=1}^{\infty}\dfrac{1}{2^{n-1}}$ 是公比为 $q=\dfrac{1}{2}<1$ 的等比级数,此级数是收敛的,故由比较判别法可知,级数 $\sum_{n=1}^{\infty}\dfrac{1}{n^n}$ 收敛.

例 4 判定级数 $\sum_{n=1}^{\infty}\dfrac{1}{\sqrt{3n^2+n}}=\dfrac{1}{2}+\dfrac{1}{\sqrt{3\times 4+2}}+\cdots+\dfrac{1}{\sqrt{3n^2+n}}+\cdots$ 的敛散性.

解 由于 $\dfrac{1}{\sqrt{3n^2+n}}\geqslant\dfrac{1}{\sqrt{3n^2+n^2}}=\dfrac{1}{2n}(n=1,2,\cdots)$,而 $\sum_{n=1}^{\infty}\dfrac{1}{n}$ 发散,从而级数 $\sum_{n=1}^{\infty}\dfrac{1}{2n}$ 也发散,故由比较判别法可知,级数 $\sum_{n=1}^{\infty}\dfrac{1}{\sqrt{3n^2+n}}$ 发散.

例 5 判定级数 $\sum_{n=1}^{\infty}\dfrac{1}{\sqrt{4n^3-3}}=1+\dfrac{1}{\sqrt{4\times 8-3}}+\cdots+\dfrac{1}{\sqrt{4n^3-3}}+\cdots$ 的敛散性.

解 由于 $\dfrac{1}{\sqrt{4n^3-3}}\leqslant\dfrac{1}{\sqrt{4n^3-3n^3}}=\dfrac{1}{\sqrt{n^3}}(n=1,2,\cdots)$,而 $\sum_{n=1}^{\infty}\dfrac{1}{\sqrt{n^3}}$ 是 $p=\dfrac{3}{2}>1$ 的 p-级数,此级数是收敛的,故由比较判别法可知,级数 $\sum_{n=1}^{\infty}\dfrac{1}{\sqrt{4n^3-3}}$ 收敛.

推论 1（比较判别法的极限形式） 设 $\sum_{n=1}^{\infty}u_n$ 和 $\sum_{n=1}^{\infty}v_n$ 都是正项级数,且

$$\lim_{n\to\infty}\frac{u_n}{v_n}=l \quad (0\leqslant l\leqslant +\infty),$$

那么

(1) 若 $0<l<+\infty$,则级数 $\sum\limits_{n=1}^{\infty}u_n$ 与 $\sum\limits_{n=1}^{\infty}v_n$ 同时收敛或同时发散;

(2) 若 $l=0$,则当 $\sum\limits_{n=1}^{\infty}v_n$ 收敛时,$\sum\limits_{n=1}^{\infty}u_n$ 收敛;

(3) 若 $l=+\infty$,则当 $\sum\limits_{n=1}^{\infty}v_n$ 发散时,$\sum\limits_{n=1}^{\infty}u_n$ 发散.

例 6 判定级数 $\sum\limits_{n=1}^{\infty}\ln\left(1+\frac{1}{n^2}\right)=\ln(1+1)+\ln\left(1+\frac{1}{4}\right)+\cdots+\ln\left(1+\frac{1}{n^2}\right)+\cdots$ 的敛散性.

解 由 $\ln(1+x)\sim x(x\to 0)$ 可知,$\ln\left(1+\frac{1}{n^2}\right)\sim\frac{1}{n^2}(n\to\infty)$,从而

$$\lim_{n\to\infty}\frac{\ln\left(1+\frac{1}{n^2}\right)}{\frac{1}{n^2}}=1.$$

而级数 $\sum\limits_{n=1}^{\infty}\frac{1}{n^2}$ 收敛,故由比较判别法的极限形式可知,级数 $\sum\limits_{n=1}^{\infty}\ln\left(1+\frac{1}{n^2}\right)$ 收敛.

例 7 判定级数 $\sum\limits_{n=1}^{\infty}\sin\frac{1}{n}=\sin 1+\sin\frac{1}{2}+\cdots+\sin\frac{1}{n}+\cdots$ 的敛散性.

解 由 $\sin x\sim x(x\to 0)$ 可知,$\sin\frac{1}{n}\sim\frac{1}{n}(n\to\infty)$,从而

$$\lim_{n\to\infty}\frac{\sin\frac{1}{n}}{\frac{1}{n}}=1.$$

而级数 $\sum\limits_{n=1}^{\infty}\frac{1}{n}$ 发散,故由比较判别法的极限形式可知,级数 $\sum\limits_{n=1}^{\infty}\sin\frac{1}{n}$ 发散.

使用比较判别法或其极限形式,都需要找到一个已知其敛散性的级数作为比较对象,这多少有些困难.下面介绍的几种判别法,可以直接利用级数自身的特点来判断级数的敛散性.

定理 3(比值判别法) 设 $\sum\limits_{n=1}^{\infty}u_n$ 为正项级数,且

$$\lim_{n\to\infty}\frac{u_{n+1}}{u_n}=\rho,$$

那么

(1) 当 $\rho < 1$ 时,级数 $\sum_{n=1}^{\infty} u_n$ 收敛;

(2) 当 $\rho > 1$(包括 $\rho = +\infty$) 时,级数 $\sum_{n=1}^{\infty} u_n$ 发散;

(3) 当 $\rho = 1$ 时,级数 $\sum_{n=1}^{\infty} u_n$ 可能收敛,也可能发散.

例如,级数 $\sum_{n=1}^{\infty} \frac{1}{n(n+1)}$ 满足 $\lim\limits_{n \to \infty} \frac{u_{n+1}}{u_n} = 1$,由 §9.1 中的例 2 可知,它是收敛的. 又如,调和级数 $\sum_{n=1}^{\infty} \frac{1}{n}$ 也满足 $\lim\limits_{n \to \infty} \frac{u_{n+1}}{u_n} = 1$,但它是发散的.

注:比值判别法主要用于通项中含有 $a^n, n^n, n!$ 等这种因式的级数.

例 8 判定级数 $\sum_{n=1}^{\infty} \frac{n^3}{3^n}$ 的敛散性.

解 因为

$$\rho = \lim_{n \to \infty} \frac{u_{n+1}}{u_n} = \lim_{n \to \infty} \frac{\frac{(n+1)^3}{3^{n+1}}}{\frac{n^3}{3^n}} = \frac{1}{3} \lim_{n \to \infty} \left(\frac{n+1}{n}\right)^3 = \frac{1}{3} < 1,$$

所以由比值判别法可知,该级数收敛.

例 9 判定级数 $\sum_{n=1}^{\infty} \frac{x^n}{n} (x > 0)$ 的敛散性.

解 因为

$$\rho = \lim_{n \to \infty} \frac{u_{n+1}}{u_n} = \lim_{n \to \infty} \frac{x^{n+1}}{n+1} \cdot \frac{n}{x^n} = x,$$

所以当 $0 < x < 1$ 时该级数收敛;当 $x \geqslant 1$ 时该级数发散.

例 10 判定级数 $\sum_{n=1}^{\infty} \frac{n\cos^2 \frac{n}{3}\pi}{2^n}$ 的敛散性.

解 由于

$$\frac{n\cos^2 \frac{n}{3}\pi}{2^n} \leqslant \frac{n}{2^n} \quad \left(\text{因} \cos^2 \frac{n}{3}\pi \leqslant 1\right),$$

而级数 $\sum_{n=1}^{\infty} \frac{n}{2^n}$ 满足

$$\rho = \lim_{n \to \infty} \frac{u_{n+1}}{u_n} = \lim_{n \to \infty} \frac{\frac{n+1}{2^{n+1}}}{\frac{n}{2^n}} = \lim_{n \to \infty} \frac{1}{2} \cdot \frac{n+1}{n} = \frac{1}{2} < 1,$$

故由比值判别法可知,级数 $\sum_{n=1}^{\infty} \frac{n}{2^n}$ 收敛,从而级数 $\sum_{n=1}^{\infty} \frac{n\cos^2 \frac{n}{3}\pi}{2^n}$ 收敛.

定理 4（根值判别法） 设 $\sum_{n=1}^{\infty} u_n$ 为正项级数，且
$$\lim_{n\to\infty} \sqrt[n]{u_n} = \rho,$$
那么
(1) 当 $\rho < 1$ 时，级数收敛；
(2) 当 $\rho > 1$（包括 $\rho = +\infty$）时，级数发散；
(3) 当 $\rho = 1$ 时，级数可能收敛，也可能发散.

例 11 判定级数 $\sum_{n=1}^{\infty} \left(\dfrac{na}{n+1}\right)^n (a > 0)$ 的敛散性.

解 因为
$$\lim_{n\to\infty} \sqrt[n]{u_n} = \lim_{n\to\infty} \sqrt[n]{\left(\dfrac{na}{n+1}\right)^n} = \lim_{n\to\infty} \dfrac{na}{n+1} = a,$$
所以有：
当 $0 < a < 1$ 时，级数收敛；
当 $a > 1$ 时，级数发散；
当 $a = 1$ 时，根值判别法失效，但此时
$$\lim_{n\to\infty} u_n = \lim_{n\to\infty} \left(\dfrac{n}{n+1}\right)^n = \lim_{n\to\infty} \dfrac{1}{\left(1+\dfrac{1}{n}\right)^n} = \dfrac{1}{\mathrm{e}} \neq 0,$$
从而级数发散.

综上可知，当 $0 < a < 1$ 时，级数 $\sum_{n=1}^{\infty} \left(\dfrac{na}{n+1}\right)^n$ 收敛；当 $a \geqslant 1$ 时，级数 $\sum_{n=1}^{\infty} \left(\dfrac{na}{n+1}\right)^n$ 发散.

习题 9.2

1. 用比较判别法判定下列级数的敛散性：
(1) $1 + \dfrac{1}{3} + \dfrac{1}{5} + \dfrac{1}{7} + \cdots$；
(2) $\dfrac{1}{2} + \dfrac{1}{5} + \dfrac{1}{10} + \dfrac{1}{17} + \cdots + \dfrac{1}{n^2+1} + \cdots$；
(3) $\sum_{n=1}^{\infty} \dfrac{1}{n \cdot 2^n}$；
(4) $\sum_{n=1}^{\infty} \dfrac{1}{\ln(n+1)}$；
(5) $\dfrac{2}{1\times 3} + \dfrac{2^2}{3\times 3^2} + \dfrac{2^3}{5\times 3^3} + \dfrac{2^4}{7\times 3^4} + \cdots$；
(6) $\sum_{n=1}^{\infty} \dfrac{1}{\sqrt{n(n^2+1)}}$；
(7) $\sum_{n=1}^{\infty} \dfrac{1}{n\sqrt{n+1}}$；

(8) $\sum_{n=1}^{\infty} \ln\left(1+\frac{1}{n}\right)$;

(9) $\sum_{n=1}^{\infty} \frac{1}{3^n - 2^n}$.

2. 用比值判别法判定下列级数的敛散性:

(1) $\sum_{n=1}^{\infty} \frac{2n-1}{2^n}$;

(2) $\sum_{n=1}^{\infty} \frac{1}{n!}$;

(3) $\frac{2}{1\,000} + \frac{2^2}{2\,000} + \frac{2^3}{3\,000} + \frac{2^4}{4\,000} + \cdots$;

(4) $1 + \frac{5}{2!} + \frac{5^2}{3!} + \frac{5^3}{4!} + \cdots$;

(5) $\sum_{n=1}^{\infty} \frac{(n!)^2}{(2n)!}$;

(6) $\sum_{n=1}^{\infty} 2^n \sin \frac{\pi}{3^n}$.

3. 用根值判别法判定下列级数的敛散性:

(1) $\sum_{n=1}^{\infty} \left(1-\frac{1}{n}\right)^{n^2}$;

(2) $\sum_{n=1}^{\infty} \frac{1}{[\ln(n+1)]^n}$;

(3) $\sum_{n=1}^{\infty} \frac{3^n}{\left(\frac{n+1}{n}\right)^{n^2}}$;

(4) $\sum_{n=1}^{\infty} \left(\frac{3n^2}{n^2+1}\right)^n$.

§9.3 任意项级数及其审敛法

前面我们讨论了正项级数及其审敛法,本节将讨论任意项级数及其审敛法.任意项级数的各项可以是正数、负数或零,而交错级数是一类比较特殊的任意项级数.

一、交错级数及其审敛法

定义 1 若级数中的各项是正负交错的,即具有形式
$$\sum_{n=1}^{\infty} (-1)^{n-1} u_n \quad \text{或} \quad \sum_{n=1}^{\infty} (-1)^n u_n,$$
其中 $u_n > 0 (n=1,2,\cdots)$,则称为**交错级数**.

下面讨论交错级数 $\sum_{n=1}^{\infty} (-1)^{n-1} u_n$ 的敛散性.

定理 1(莱布尼茨定理) 若交错级数 $\sum_{n=1}^{\infty} (-1)^{n-1} u_n$ 满足:

(1) $u_n \geqslant u_{n+1} \quad (n=1,2,\cdots)$;

(2) $\lim_{n\to\infty} u_n = 0$,

则交错级数 $\sum_{n=1}^{\infty} (-1)^{n-1} u_n$ 收敛,且其和 $s \leqslant u_1$.

例 1 判定级数 $\sum_{n=1}^{\infty}(-1)^{n-1}\dfrac{1}{n}$ 的敛散性.

解 该级数是交错级数,且 $u_n = \dfrac{1}{n}$ 满足
$$\lim_{n\to\infty} u_n = \lim_{n\to\infty} \frac{1}{n} = 0.$$
又 $\dfrac{1}{n} > \dfrac{1}{n+1}$,即 $u_n \geqslant u_{n+1}(n=1,2,\cdots)$,所以该级数收敛.

二、任意项级数的绝对收敛与条件收敛

关于一般情形的既有正项又有负项的任意项级数,有下面的定理:

定理 2 如果任意项级数 $\sum\limits_{n=1}^{\infty} u_n$ 各项的绝对值所组成的级数 $\sum\limits_{n=1}^{\infty}|u_n|$ 收敛,则级数 $\sum\limits_{n=1}^{\infty} u_n$ 也收敛.

证 取
$$v_n = \frac{1}{2}(|u_n|+u_n) \quad (n=1,2,\cdots),$$
$$w_n = \frac{1}{2}(|u_n|-u_n) \quad (n=1,2,\cdots),$$
即
$$v_n = \begin{cases} |u_n|, & u_n \geqslant 0, \\ 0, & u_n \leqslant 0, \end{cases} \quad w_n = \begin{cases} 0, & u_n \geqslant 0, \\ |u_n|, & u_n \leqslant 0. \end{cases}$$
于是,有
$$0 \leqslant v_n \leqslant |u_n|, \quad 0 \leqslant w_n \leqslant |u_n|.$$
由级数 $\sum\limits_{n=1}^{\infty}|u_n|$ 收敛及正项级数的比较判别法可知,级数 $\sum\limits_{n=1}^{\infty} v_n$ 与 $\sum\limits_{n=1}^{\infty} w_n$ 都收敛. 又 $u_n = v_n - w_n$,所以级数 $\sum\limits_{n=1}^{\infty} u_n = \sum\limits_{n=1}^{\infty}(v_n - w_n) = \sum\limits_{n=1}^{\infty} v_n - \sum\limits_{n=1}^{\infty} w_n$ 收敛.

定义 2 若任意项级数 $\sum\limits_{n=1}^{\infty} u_n$ 各项的绝对值所组成的正项级数 $\sum\limits_{n=1}^{\infty}|u_n|$ 收敛,则称级数 $\sum\limits_{n=1}^{\infty} u_n$ **绝对收敛**;若级数 $\sum\limits_{n=1}^{\infty} u_n$ 收敛,而级数 $\sum\limits_{n=1}^{\infty}|u_n|$ 发散,则称级数 $\sum\limits_{n=1}^{\infty} u_n$ **条件收敛**.

因为任意项级数 $\sum\limits_{n=1}^{\infty} u_n$ 各项的绝对值所组成的级数 $\sum\limits_{n=1}^{\infty}|u_n|$ 都是正项级数,所以一切判定正项级数敛散性的判别法都可以用来判

定任意项级数是否绝对收敛. 若级数 $\sum_{n=1}^{\infty}|u_n|$ 收敛, 则 $\sum_{n=1}^{\infty}u_n$ 绝对收敛. 若级数 $\sum_{n=1}^{\infty}|u_n|$ 发散, 则 $\sum_{n=1}^{\infty}u_n$ 可能收敛, 也可能发散, 需用其他方法判定 $\sum_{n=1}^{\infty}u_n$ 的敛散性.

定理 3 若任意项级数 $\sum_{n=1}^{\infty}u_n$ 满足

$$\lim_{n\to\infty}\left|\frac{u_{n+1}}{u_n}\right|=l,$$

那么

(1) 当 $l<1$ 时, $\sum_{n=1}^{\infty}u_n$ 绝对收敛;

(2) 当 $l>1$ (包括 $l=+\infty$) 时, $\sum_{n=1}^{\infty}u_n$ 发散;

(3) 当 $l=1$ 时, $\sum_{n=1}^{\infty}u_n$ 可能绝对收敛, 可能条件收敛, 也可能发散.

例 2 证明: 级数 $\sum_{n=1}^{\infty}(-1)^n\frac{n!}{n^n}$ 绝对收敛.

证 因为

$$\lim_{n\to\infty}\left|\frac{u_{n+1}}{u_n}\right|=\lim_{n\to\infty}\frac{\frac{(n+1)!}{(n+1)^{n+1}}}{\frac{n!}{n^n}}=\lim_{n\to\infty}\left(\frac{n}{n+1}\right)^n=\lim_{n\to\infty}\frac{1}{\left(1+\frac{1}{n}\right)^n}=\frac{1}{e}<1,$$

所以该级数绝对收敛.

例 3 证明: 级数 $\sum_{n=1}^{\infty}(-1)^{n-1}\frac{2n-1}{n^2}$ 条件收敛.

证 对于正项级数 $\sum_{n=1}^{\infty}\left|(-1)^{n-1}\frac{2n-1}{n^2}\right|=\sum_{n=1}^{\infty}\frac{2n-1}{n^2}$, 由于 $\frac{2n-1}{n^2}\geqslant\frac{n}{n^2}=\frac{1}{n}$ ($n=1,2,\cdots$), 而调和级数 $\sum_{n=1}^{\infty}\frac{1}{n}$ 是发散的, 故由比较判别法可知, 此正项级数是发散的. 而交错级数 $\sum_{n=1}^{\infty}(-1)^{n-1}\frac{2n-1}{n^2}$ 满足莱布尼茨定理的收敛条件, 故此交错级数是收敛的. 因此, 级数 $\sum_{n=1}^{\infty}(-1)^{n-1}\frac{2n-1}{n^2}$ 是条件收敛的.

例 4 判定级数 $\sum_{n=1}^{\infty}\frac{\sin na}{2^n}$ 的敛散性.

解 由于 $\left|\frac{\sin na}{2^n}\right|\leqslant\frac{1}{2^n}$, 而 $\sum_{n=1}^{\infty}\frac{1}{2^n}$ 是公比为 $q=\frac{1}{2}<1$ 的等比级数, 此级数是收敛

的,故由比较判别法可知,级数 $\sum\limits_{n=1}^{\infty}\left|\dfrac{\sin na}{2^n}\right|$ 是收敛的. 因此,级数 $\sum\limits_{n=1}^{\infty}\dfrac{\sin na}{2^n}$ 绝对收敛.

例 5 判定级数 $\sum\limits_{n=1}^{\infty} nx^{n-1}$ 的敛散性.

解 因为
$$\lim_{n\to\infty}\left|\dfrac{u_{n+1}}{u_n}\right|=\lim_{n\to\infty}\dfrac{(n+1)|x|^n}{n|x|^{n-1}}=\lim_{n\to\infty}\left(1+\dfrac{1}{n}\right)\cdot|x|=|x|,$$

所以当 $|x|<1$ 时级数绝对收敛;当 $|x|>1$ 时级数发散;当 $|x|=1$ 时级数 $\sum\limits_{n=1}^{\infty} n$ 和级数 $\sum\limits_{n=1}^{\infty}(-1)^{n-1}n$ 均发散.

综上可知,当 $|x|<1$ 时级数绝对收敛;当 $|x|\geqslant 1$ 时级数发散.

习题 9.3

1. 判定下列交错级数的敛散性:

(1) $1-\dfrac{1}{\sqrt{2}}+\dfrac{1}{\sqrt{3}}-\dfrac{1}{\sqrt{4}}+\cdots$;

(2) $1-\dfrac{1}{2!}+\dfrac{1}{3!}-\dfrac{1}{4!}+\cdots$;

(3) $1-\dfrac{2}{3}+\dfrac{3}{5}-\dfrac{4}{7}+\cdots$;

(4) $\sum\limits_{n=1}^{\infty}\dfrac{(-1)^n}{\sqrt{n+1}}$.

2. 判定下列级数中哪些绝对收敛,哪些条件收敛:

(1) $1-\dfrac{1}{3^2}+\dfrac{1}{5^2}-\dfrac{1}{7^2}+\dfrac{1}{9^2}+\cdots$;

(2) $\dfrac{1}{2}-\dfrac{1}{2\times 2^2}+\dfrac{1}{3\times 2^3}-\dfrac{1}{4\times 2^4}+\cdots$;

(3) $\sum\limits_{n=1}^{\infty}\dfrac{(-1)^{n+1}}{\ln(n+1)}$;

(4) $\sum\limits_{n=1}^{\infty}\dfrac{\sin na}{(n+1)^2}$;

(5) $\dfrac{1}{2}-\dfrac{3}{10}+\dfrac{1}{2^2}-\dfrac{3}{10^2}+\dfrac{1}{2^3}-\dfrac{3}{10^3}+\cdots$;

(6) $\sum\limits_{n=1}^{\infty}(-1)^n\ln\left(1+\dfrac{1}{n^2}\right)$.

3. 选择题:

(1) 若交错级数 $\sum\limits_{n=1}^{\infty}(-1)^n u_n$ 满足( ),则它收敛;

A. $u_n\geqslant u_{n+1}$ $(n=1,2,\cdots)$

B. $\lim\limits_{n\to\infty} u_n=0$

C. $\lim\limits_{n\to\infty}\dfrac{u_{n+1}}{u_n}\leqslant 1$

D. $u_n\geqslant u_{n+1}(n=1,2,\cdots)$ 且 $\lim\limits_{n\to\infty} u_n=0$

(2) 设 $\sum\limits_{n=1}^{\infty} u_n$ 为任意项级数,那么( );

A. 若 $\sum\limits_{n=1}^{\infty}|u_n|$ 收敛,则 $\sum\limits_{n=1}^{\infty} u_n$ 条件收敛

B. 若 $\sum\limits_{n=1}^{\infty} u_n$ 收敛,则 $\sum\limits_{n=1}^{\infty}|u_n|$ 条件收敛

C. 若 $\sum\limits_{n=1}^{\infty}|u_n|$ 收敛,则 $\sum\limits_{n=1}^{\infty} u_n$ 收敛

D. 若 $\sum\limits_{n=1}^{\infty} u_n$ 条件收敛,则 $\sum\limits_{n=1}^{\infty} u_n$ 绝对收敛

(3) 下列级数中条件收敛的是( );

A. $\sum_{n=1}^{\infty}(-1)^{n+1}\sin\frac{1}{n}$ B. $\sum_{n=1}^{\infty}\frac{(-1)^{n-1}n}{2^n}$ C. $\sum_{n=1}^{\infty}\frac{(-1)^{n-1}n}{2n+3}$ D. $\sum_{n=1}^{\infty}\frac{(-1)^{n-1}}{3n+1}$

（4）下列级数中绝对收敛的是（　　）.

A. $\sum_{n=1}^{\infty}\frac{(-1)^n}{\sqrt{2n+1}}$ B. $\sum_{n=1}^{\infty}(-1)^n\left(\frac{3}{2}\right)^n$ C. $\sum_{n=1}^{\infty}\frac{(-1)^n}{\sqrt{n^3}}$ D. $\sum_{n=1}^{\infty}\frac{(-1)^n(n-1)}{n}$

§9.4　幂　级　数

前面我们讨论了常数项级数的敛散性问题，基本知道常数项级数满足何种条件时是收敛的. 但利用前面的方法，只能求出少数简单的常数项级数的和，对于一般的常数项级数的和，仍然没有比较好的计算办法. 在这一节中，我们通过解决幂级数的和问题，进而解决常数项级数的和问题.

一、函数项级数的定义

定义 1　设有一个定义在区间 I 上的函数列 $u_1(x)$, $u_2(x),\cdots,u_n(x),\cdots$，称由该函数列构成的和式

$$\sum_{n=1}^{\infty}u_n(x)=u_1(x)+u_2(x)+\cdots+u_n(x)+\cdots$$

为函数项级数.

二、幂级数及其收敛半径和收敛域

定义 2　函数项级数中最简单且最常见的一类级数是各项均为幂函数与常数之积的函数项级数，称为**幂级数**，它的形式是

$$\sum_{n=0}^{\infty}a_nx^n=a_0+a_1x+a_2x^2+\cdots+a_nx^n+\cdots, \quad (9-1)$$

其中常数 $a_0,a_1,a_2,\cdots,a_n,\cdots$ 称为**幂级数的系数**.

注：(1) 幂级数的表示形式也可以是

$$\sum_{n=0}^{\infty}a_n(x-x_0)^n=a_0+a_1(x-x_0)+a_2(x-x_0)^2+\cdots+a_n(x-x_0)^n+\cdots.$$

上述表达式是幂级数的一般形式，做变量代换 $t=x-x_0$，即可把它化为式（9-1）的形式. 因此，在后面的讨论中，若无特殊说明，我们就用幂级数 $\sum_{n=0}^{\infty}a_nx^n$ 作为主要的讨论对象.

(2) 当给幂函数(9-1)的 x 一个确定的点 x_0 时,就可以得到一个常数项级数

$$\sum_{n=0}^{\infty} a_n x_0^n = a_0 + a_1 x_0 + a_2 x_0^2 + \cdots + a_n x_0^n + \cdots,$$

可以用前面介绍过的常数项级数的审敛法判定其敛散性. 所有的收敛点的集合称为幂级数(9-1)的**收敛域**;所有的发散点的集合称为幂级数(9-1)的**发散域**.

下面我们来讨论幂级数 $\sum\limits_{n=0}^{\infty} a_n x^n$ 的收敛域与发散域.

先看一个幂级数的例子:

$$\sum_{n=0}^{\infty} x^n = 1 + x + x^2 + \cdots + x^n + \cdots.$$

这是公比为 $q = x$ 的等比级数,当 $|x| < 1$ 时级数收敛;当 $|x| \geq 1$ 时级数发散. 于是,得其收敛域为 $(-1,1)$,这是一个以坐标原点为中心的对称区间,其发散域为 $(-\infty, -1]$ 和 $[1, +\infty)$. 由等比级数的求和公式可知,幂级数 $\sum\limits_{n=0}^{\infty} x^n$ 在区间 $(-1,1)$ 内的和为 $\dfrac{1}{1-x}$,即

$$\sum_{n=0}^{\infty} x^n = \frac{1}{1-x} \quad (x \in (-1,1)),$$

并称 $s(x) = \dfrac{1}{1-x}$ 为幂级数 $\sum\limits_{n=0}^{\infty} x^n$ 的**和函数**.

从这个例子可以看出,幂级数 $\sum\limits_{n=0}^{\infty} x^n$ 的收敛域为一个区间,这个区间是一个以坐标原点为中心的对称区间. 事实上,这一结论对于一般的幂级数 $\sum\limits_{n=0}^{\infty} a_n x^n$ 也成立,即幂级数 $\sum\limits_{n=0}^{\infty} a_n x^n$ 的收敛域都是以坐标原点为中心的对称区间,在该区间内幂级数 $\sum\limits_{n=0}^{\infty} a_n x^n$ 有和函数 $s(x)$.

当幂级数 $\sum\limits_{n=0}^{\infty} a_n x^n$ 的 x 为某一确定的值时,它就成为一个任意项级数,可用比值判别法判定它的敛散性. 因为

$$\lim_{n \to \infty} \left| \frac{u_{n+1}}{u_n} \right| = \lim_{n \to \infty} \left| \frac{a_{n+1} x^{n+1}}{a_n x^n} \right| = \lim_{n \to \infty} \left| \frac{a_{n+1}}{a_n} \right| |x| = \rho |x|,$$

其中 $\rho = \lim\limits_{n \to \infty} \left| \dfrac{a_{n+1}}{a_n} \right|$,所以根据比值判别法可知:

(1) 当 $\rho |x| < 1$,即 $|x| < \dfrac{1}{\rho} = R$ 时,幂级数 $\sum\limits_{n=0}^{\infty} |a_n x^n|$ 收敛,从而幂级数 $\sum\limits_{n=0}^{\infty} a_n x^n$ 绝对收敛;

(2) 当 $\rho|x|>1$，即 $|x|>\dfrac{1}{\rho}=R$ 时，幂级数 $\sum\limits_{n=0}^{\infty}a_n x^n$ 发散；

(3) 当 $|x|=R$ 时，敛散性需另做判断.

这里我们把 R 称为幂级数 $\sum\limits_{n=0}^{\infty}a_n x^n$ 的**收敛半径**，开区间 $(-R,R)$ 称为幂级数 $\sum\limits_{n=0}^{\infty}a_n x^n$ 的**收敛区间**.

定理 1 若幂级数 $\sum\limits_{n=0}^{\infty}a_n x^n$ 的系数满足

$$\rho=\lim_{n\to\infty}\left|\dfrac{a_{n+1}}{a_n}\right|,$$

且该极限有确定意义，即极限值 ρ 是个有限数或无穷大，那么

(1) 当 $0<\rho<+\infty$ 时，收敛半径为 $R=\dfrac{1}{\rho}$，收敛域为 $(-R,R)$，$[-R,R]$，$(-R,R]$ 或 $[-R,R)$ 中的一种情况；

(2) 当 $\rho=0$ 时，收敛半径为 $R=+\infty$，收敛域为 $(-\infty,+\infty)$；

(3) 当 $\rho=+\infty$ 时，收敛半径为 $R=0$，收敛域为点 $x=0$.

例 1 求幂级数 $\sum\limits_{n=1}^{\infty}(-1)^n\dfrac{x^n}{n}=-x+\dfrac{x^2}{2}-\dfrac{x^3}{3}+\dfrac{x^4}{4}-\cdots+(-1)^n\dfrac{x^n}{n}+\cdots$ 的收敛半径和收敛域.

解 因为

$$\rho=\lim_{n\to\infty}\left|\dfrac{a_{n+1}}{a_n}\right|=\lim_{n\to\infty}\dfrac{\dfrac{1}{n+1}}{\dfrac{1}{n}}=1,$$

所以此幂级数的收敛半径为 $R=1$.

当 $x=1$ 时，$\sum\limits_{n=1}^{\infty}(-1)^n\dfrac{x^n}{n}=\sum\limits_{n=1}^{\infty}(-1)^n\dfrac{1}{n}$ 为交错级数，由莱布尼茨定理可知，此级数收敛；当 $x=-1$ 时，$\sum\limits_{n=1}^{\infty}(-1)^n\dfrac{x^n}{n}=\sum\limits_{n=1}^{\infty}\dfrac{1}{n}$ 是调和级数，它是发散的.

因此，幂级数 $\sum\limits_{n=1}^{\infty}(-1)^n\dfrac{x^n}{n}$ 的收敛域为 $(-1,1]$.

例 2 求幂级数 $\sum\limits_{n=0}^{\infty}\dfrac{x^n}{n!}$ 的收敛域.

解 因为

$$\rho=\lim_{n\to\infty}\left|\dfrac{a_{n+1}}{a_n}\right|=\lim_{n\to\infty}\dfrac{\dfrac{1}{(n+1)!}}{\dfrac{1}{n!}}=\lim_{n\to\infty}\dfrac{1}{n+1}=0,$$

所以此幂级数的收敛半径为 $R=+\infty$,从而幂级数 $\sum\limits_{n=0}^{\infty}\dfrac{x^n}{n!}$ 的收敛域为 $(-\infty,+\infty)$.

例 3 求幂级数 $\sum\limits_{n=1}^{\infty}\dfrac{2n+1}{2^{n+1}}x^{2n}$ 的收敛域.

解 该幂级数没有奇次幂项,不能应用定理 1,但可用正项级数的比值判别法. 因为

$$\lim_{n\to\infty}\left|\dfrac{u_{n+1}}{u_n}\right|=\lim_{n\to\infty}\left|\dfrac{\dfrac{2n+3}{2^{n+2}}x^{2n+2}}{\dfrac{2n+1}{2^{n+1}}x^{2n}}\right|=\lim_{n\to\infty}\left|\dfrac{2n+3}{2(2n+1)}\right|\cdot|x^2|=\dfrac{x^2}{2},$$

由比值判别法可知:

当 $\dfrac{x^2}{2}<1$,即 $|x|<\sqrt{2}$ 时,幂级数收敛;

当 $\dfrac{x^2}{2}>1$,即 $|x|>\sqrt{2}$ 时,幂级数发散;

当 $|x|=\sqrt{2}$ 时,因为 $\lim\limits_{n\to\infty}u_n=\lim\limits_{n\to\infty}\left(n+\dfrac{1}{2}\right)\neq 0$,所以幂级数发散.

综上可知,幂级数 $\sum\limits_{n=1}^{\infty}\dfrac{2n+1}{2^{n+1}}x^{2n}$ 的收敛域为 $(-\sqrt{2},\sqrt{2})$.

例 4 求幂级数 $\sum\limits_{n=0}^{\infty}\dfrac{1}{2^n}\left(\dfrac{x-2}{3}\right)^n$ 的收敛域.

解 令 $t=\dfrac{x-2}{3}$,则幂级数 $\sum\limits_{n=0}^{\infty}\dfrac{1}{2^n}\left(\dfrac{x-2}{3}\right)^n$ 变成 $\sum\limits_{n=0}^{\infty}\dfrac{1}{2^n}t^n$.

求 $\sum\limits_{n=0}^{\infty}\dfrac{1}{2^n}t^n$ 的收敛域. 由

$$\rho=\lim_{n\to\infty}\left|\dfrac{a_{n+1}}{a_n}\right|=\lim_{n\to\infty}\dfrac{\dfrac{1}{2^{n+1}}}{\dfrac{1}{2^n}}=\dfrac{1}{2},$$

得幂级数 $\sum\limits_{n=0}^{\infty}\dfrac{1}{2^n}t^n$ 的收敛半径为 $R=2$. 当 $t=\pm 2$ 时,$\sum\limits_{n=0}^{\infty}\dfrac{1}{2^n}t^n$ 即为 $\sum\limits_{n=0}^{\infty}(\pm 1)^n$,显然其一般项的极限 $\lim\limits_{n\to\infty}u_n\neq 0$,从而级数发散.

因此,幂级数 $\sum\limits_{n=0}^{\infty}\dfrac{1}{2^n}t^n$ 的收敛域是 $(-2,2)$. 由此可知,原幂级数 $\sum\limits_{n=0}^{\infty}\dfrac{1}{2^n}\left(\dfrac{x-2}{3}\right)^n$ 的收敛域为 $(-4,8)$.

注:求幂级数 $\sum\limits_{n=0}^{\infty}a_n x^n$ 收敛域的基本步骤如下:

(1) 求出收敛半径 R;

(2) 判定当 $x=\pm R$ 时常数项级数 $\sum\limits_{n=0}^{\infty}a_n R^n$,$\sum\limits_{n=0}^{\infty}a_n(-R)^n$ 的敛散性;

(3) 写出幂级数的收敛域.

三、幂级数的性质

下面我们不加证明地给出幂级数的一些基本性质.

性质 1 设幂级数 $\sum\limits_{n=0}^{\infty} a_n x^n$ 和 $\sum\limits_{n=0}^{\infty} b_n x^n$ 的收敛半径分别为 $R_1 > 0, R_2 > 0$,其和函数分别为 $f(x), g(x)$,则

$$\sum_{n=0}^{\infty}(a_n \pm b_n)x^n = \sum_{n=0}^{\infty} a_n x^n \pm \sum_{n=0}^{\infty} b_n x^n = f(x) \pm g(x),$$

且幂级数 $\sum\limits_{n=0}^{\infty}(a_n \pm b_n)x^n$ 的收敛半径为 $R = \min\{R_1, R_2\}$.

性质 2 幂级数 $\sum\limits_{n=0}^{\infty} a_n x^n$ 的和函数 $s(x)$ 在其收敛域上是连续函数.

性质 3 幂级数 $\sum\limits_{n=0}^{\infty} a_n x^n$ 的和函数 $s(x)$ 在其收敛区间内可导,且有逐项求导公式

$$s'(x) = \Big(\sum_{n=0}^{\infty} a_n x^n\Big)' = \sum_{n=1}^{\infty} n a_n x^{n-1}.$$

求导后得到的新幂级数的收敛半径与原幂级数的收敛半径相同,但端点处的敛散性可能不同.

性质 4 幂级数 $\sum\limits_{n=0}^{\infty} a_n x^n$ 的和函数 $s(x)$ 在其收敛域上可积,且有逐项积分公式

$$\int_0^x s(x)\mathrm{d}x = \int_0^x \sum_{n=0}^{\infty} a_n x^n \mathrm{d}x = \sum_{n=0}^{\infty} \int_0^x a_n x^n \mathrm{d}x = \sum_{n=0}^{\infty} \frac{a_n}{n+1} x^{n+1}.$$

积分后得到的新幂级数的收敛半径与原幂级数的收敛半径相同,但端点处的敛散性可能不同.

幂级数的和函数在其收敛域上是一个连续函数,利用幂级数逐项求导和逐项积分的性质,可以求得某些幂级数的和函数.

例 5 求幂级数 $\sum\limits_{n=0}^{\infty}(n+1)x^n$ 在收敛域内的和函数,并求 $\sum\limits_{n=0}^{\infty}\dfrac{n+1}{2^n}$ 的和.

解 先求幂级数 $\sum\limits_{n=0}^{\infty}(n+1)x^n$ 的收敛域. 由

$$\rho = \lim_{n\to\infty}\left|\frac{a_{n+1}}{a_n}\right| = \lim_{n\to\infty}\frac{n+2}{n+1} = 1,$$

得该幂级数的收敛半径为 $R = 1$.

当 $x = \pm 1$ 时,因为 $\lim\limits_{n\to\infty} u_n \neq 0$,所以级数发散,从而此幂级数的收敛域为 $(-1, 1)$.

设和函数为 $s(x)$,则 $s(x) = \sum\limits_{n=0}^{\infty}(n+1)x^n$,在收敛域 $(-1, 1)$ 内,有

$$\int_0^x s(x)\mathrm{d}x = \sum_{n=0}^{\infty}\int_0^x (n+1)x^n \mathrm{d}x = \sum_{n=0}^{\infty} x^{n+1} = \frac{x}{1-x},$$

从而

$$s(x) = \left[\int_0^x s(x)\mathrm{d}x\right]' = \left(\frac{x}{1-x}\right)' = \frac{1}{(1-x)^2} \quad (-1 < x < 1).$$

用 $x = \frac{1}{2}$ 代入幂级数 $\sum_{n=0}^{\infty}(n+1)x^n$，即得 $\sum_{n=0}^{\infty}\frac{n+1}{2^n}$. 而 $x = \frac{1}{2}$ 在收敛域内，所以

$$\sum_{n=0}^{\infty}\frac{n+1}{2^n} = \frac{1}{(1-x)^2}\bigg|_{x=\frac{1}{2}} = 4, \quad 即 \quad \sum_{n=0}^{\infty}\frac{n+1}{2^n} = 4.$$

习题 9.4

1. 选择题：

(1) 级数 $\sum_{n=1}^{\infty}\frac{x^n}{2^n \cdot n}$ 的收敛半径 $R = (\quad)$；

A. 1   B. 2   C. $\frac{1}{2}$ D. ∞

(2) 级数 $\sum_{n=0}^{\infty}\frac{2^n}{2+n}x^n$ 的收敛半径 $R = (\quad)$；

A. 1   B. 2   C. $\frac{1}{2}$ D. ∞

(3) 级数 $\sum_{n=0}^{\infty}(x-3)^n$ 的收敛域为 $(\quad)$.

A. $(-1,1)$ B. $(2,4)$ C. $[2,4]$ D. $(2,4]$

2. 求下列幂级数的收敛域：

(1) $x + \frac{x^2}{2} + \frac{x^3}{3} + \frac{x^4}{4} + \cdots$；

(2) $1 + \frac{x}{2!} + \frac{x^2}{4!} + \frac{x^3}{6!} + \cdots$；

(3) $\sum_{n=1}^{\infty}\frac{x^n}{(2n-1)(2n)}$；

(4) $\frac{1}{2} + \frac{x}{2^2} + \frac{x^2}{2^3} + \frac{x^3}{2^4} + \cdots$；

(5) $\sum_{n=1}^{\infty}\frac{x^{n-1}}{3^{n-1}n}$；

(6) $1 - \frac{x}{5\sqrt{2}} + \frac{x^2}{5^2 \cdot \sqrt{3}} - \frac{x^3}{5^3 \cdot \sqrt{4}} + \cdots$；

(7) $\sum_{n=1}^{\infty}\frac{\ln(n+1)}{n+1}x^{n+1}$；

(8) $\sum_{n=1}^{\infty}\left[\frac{(-1)^n}{2^n}x^n + 3^n x^n\right]$；

(9) $\sum_{n=1}^{\infty}\frac{(x-2)^n}{n^2}$；

(10) $\sum_{n=1}^{\infty}(-1)^{n-1}\frac{(2x-3)^n}{2n-1}$.

3. 求下列幂级数的收敛域，并求其和函数：

(1) $x - \frac{x^3}{3} + \frac{x^5}{5} - \frac{x^7}{7} + \cdots$；

(2) $1 + 2x + 3x^2 + 4x^3 + \cdots$.

§9.5 某些初等函数的幂级数展开式

§9.4 讨论了幂级数的收敛域及其和函数,但在许多应用中,我们遇到的却是相反的问题:给定函数 $f(x)$,要考虑它是否能在某个区间内展开成幂级数,即是否能找到这样一个幂级数,它在某区间内收敛,且其和恰好就是给定的函数 $f(x)$.如果能找到这样的幂级数,那么就称**函数 $f(x)$ 在该区间内能展开成幂级数**.

下面我们就来讨论如何将函数 $f(x)$ 展开成幂级数以及幂级数展开式的应用.

一、泰勒中值定理

上册学习了用微分做近似计算,由
$$f(x) = f(x_0) + f'(x_0)(x-x_0) + o(x-x_0),$$
当 $|x-x_0|$ 很小时,可舍去 $o(x-x_0)$,得到求 $f(x)$ 的近似公式
$$f(x) \approx f(x_0) + f'(x_0)(x-x_0),$$
其误差为
$$|R(x)| = |f(x) - f(x_0) - f'(x_0)(x-x_0)|.$$
这种近似表达式精度不高,做近似计算时不能具体估算出误差大小.为了达到一定精度的要求,可考虑用 n 次多项式 $p_n(x)$ 近似表示 $f(x)$.实际上,将微分近似计算公式推广,可得下面的泰勒中值定理.

定理 1 设函数 $f(x)$ 在包含点 x_0 的区间 (a,b) 内有一阶直到 $n+1$ 阶的连续导数,则当 x 取区间 (a,b) 内任何点时,$f(x)$ 都可以按 $(x-x_0)$ 的方幂展开为

$$f(x) = f(x_0) + f'(x_0)(x-x_0) + \frac{f''(x_0)}{2!}(x-x_0)^2 + \cdots$$
$$+ \frac{f^{(n)}(x_0)}{n!}(x-x_0)^n + R_n(x), \tag{9-2}$$

其中
$$R_n(x) = \frac{f^{(n+1)}(\xi)}{(n+1)!}(x-x_0)^{n+1} \quad (\xi \text{ 在 } x_0 \text{ 和 } x \text{ 之间})$$

称为**拉格朗日余项**,式(9-2) 称为**泰勒(Taylor) 公式**.

特别地,当 $x_0 = 0$ 时,
$$f(x) = f(0) + \frac{f'(0)}{1!}x + \frac{f''(0)}{2!}x^2 + \cdots + \frac{f^{(n)}(0)}{n!}x^n + R_n(x),$$
$$\tag{9-3}$$
其中
$$R_n(x) = \frac{f^{(n+1)}(\xi)}{(n+1)!}x^{n+1} \quad (\xi \text{ 在 } 0 \text{ 和 } x \text{ 之间}),$$

式(9-3) 称为**麦克劳林**(Maclaurin)**公式**.

当 x 在点 x_0 的某一邻域内时,函数 $f(x)$ 可以用 n 次泰勒多项式

$$p_n(x) = f(x_0) + f'(x_0)(x-x_0) + \frac{f''(x_0)}{2!}(x-x_0)^2 + \cdots$$
$$+ \frac{f^{(n)}(x_0)}{n!}(x-x_0)^n$$

来近似表达,其误差为余项的绝对值,即

$$|R_n(x)| = \left| \frac{f^{(n+1)}(\xi)}{(n+1)!}(x-x_0)^{n+1} \right|.$$

二、泰勒级数

如果函数 $f(x)$ 在区间 (a,b) 内各阶导数都存在,则对于任意的正整数 n,泰勒公式(9-2)都成立. 当 $n \to \infty$ 时,如果 $R_n(x) \to 0$,则有

$$f(x) = \lim_{n \to \infty} \left[f(x_0) + f'(x_0)(x-x_0) + \frac{f''(x_0)}{2!}(x-x_0)^2 + \cdots \right.$$
$$\left. + \frac{f^{(n)}(x_0)}{n!}(x-x_0)^n \right].$$

由于上式右端方括号内的式子是幂级数

$$\sum_{n=0}^{\infty} \frac{f^{(n)}(x_0)}{n!}(x-x_0)^n \qquad (9-4)$$

的前 $n+1$ 项组成的部分和式,因此上述幂级数收敛,且以 $f(x)$ 为和函数. 故函数 $f(x)$ 可以写成

$$f(x) = \sum_{n=0}^{\infty} \frac{f^{(n)}(x_0)}{n!}(x-x_0)^n,$$

即

$$f(x) = f(x_0) + f'(x_0)(x-x_0) + \frac{f''(x_0)}{2!}(x-x_0)^2 + \cdots$$
$$+ \frac{f^{(n)}(x_0)}{n!}(x-x_0)^n + \cdots.$$

幂级数(9-4) 称为函数 $f(x)$ 在点 x_0 处的**泰勒级数**.

特别地,当 $x_0 = 0$ 时,幂级数(9-4) 成为

$$\sum_{n=0}^{\infty} \frac{f^{(n)}(0)}{n!} x^n = f(0) + \frac{f'(0)}{1!}x + \frac{f''(0)}{2!}x^2 + \cdots$$
$$+ \frac{f^{(n)}(0)}{n!}x^n + \cdots, \qquad (9-5)$$

称为函数 $f(x)$ 的**麦克劳林级数**. 故麦克劳林级数是泰勒级数的特例.

如果 $f(x)$ 是初等函数,那么幂级数(9-4) 便是 $f(x)$ 在点 x_0 处展开所得的幂级数. 这一结论可叙述为下面的定理:

定理 2(初等函数展开定理) 设 $f(x)$ 为初等函数,且在包含点 x_0 的区间 (a,b) 内具有任意阶导数,则有

$$f(x) = \sum_{n=0}^{\infty} \frac{f^{(n)}(x_0)}{n!}(x-x_0)^n. \tag{9-6}$$

这个定理不予证明. 幂级数展开式(9-6)又称为函数 $f(x)$ 在点 x_0 处的**泰勒展开式**.

当 $x_0 = 0$ 时,式(9-6)成为

$$f(x) = \sum_{n=0}^{\infty} \frac{f^{(n)}(0)}{n!}x^n. \tag{9-7}$$

式(9-7)称为函数 $f(x)$ 的**麦克劳林展开式**.

三、直接展开法

利用泰勒展开式,把函数 $f(x)$ 在点 x_0 处展开成泰勒级数的步骤如下:

(1) 求出函数 $f(x)$ 在点 $x = x_0$ 处的各阶导数值;
(2) 按照泰勒级数公式(9-4)写出幂级数,并求出其收敛域;
(3) 求泰勒公式(9-2)中余项 $R_n(x)$ 的极限,若该极限为0,则步骤(2)中所得幂级数的和函数 $s(x)$ 在其收敛域内等于 $f(x)$;若该极限不为0,则步骤(2)中所得幂级数虽然收敛,但其和函数 $s(x)$ 不等于函数 $f(x)$.

例1 将函数 $f(x) = e^x$ 展开成 x 的幂级数.

解 由 $f^{(n)}(x) = e^x (n = 0,1,2,\cdots)$ 得

$$f(0) = 1, \quad f^{(n)}(0) = 1 \quad (n = 1,2,\cdots),$$

从而幂级数为

$$1 + x + \frac{1}{2!}x^2 + \cdots + \frac{1}{n!}x^n + \cdots.$$

由比值判别法可知,它的收敛域为 $(-\infty, +\infty)$.

$\forall x \in (-\infty, +\infty)$,考察上述幂级数余项的极限,有

$$\lim_{n \to \infty} |R_n(x)| = \lim_{n \to \infty} \left| \frac{e^\xi}{(n+1)!} x^{n+1} \right| \leqslant \lim_{n \to \infty} e^{|x|} \frac{|x|^{n+1}}{(n+1)!} \quad (\xi \text{ 在 } 0 \text{ 与 } x \text{ 之间}).$$

因为 $e^{|x|}$ 有界,而 $\frac{|x|^{n+1}}{(n+1)!}$ 是幂级数 $\sum_{n=0}^{\infty} \frac{x^n}{n!}$ 的一般项,由§9.4中的例2可知,幂级数 $\sum_{n=0}^{\infty} \frac{x^n}{n!}$ 收敛,从而 $\lim_{n \to \infty} \frac{|x|^{n+1}}{(n+1)!} = 0$,所以余项的极限为

$$\lim_{n \to \infty} R_n(x) = \lim_{n \to \infty} \frac{e^\xi}{(n+1)!} x^{n+1} = 0.$$

因此,得幂级数展开式

$$e^x = 1 + x + \frac{1}{2!}x^2 + \cdots + \frac{1}{n!}x^n + \cdots \quad (-\infty < x < +\infty).$$

例2 将函数 $f(x) = \sin x$ 展开成 x 的幂级数.

解 因为 $\sin x$ 的各阶导数为

$$f^{(n)}(x) = \sin\left(x + n \cdot \frac{\pi}{2}\right) \quad (n = 0, 1, 2, \cdots),$$

所以当 n 取 $0,1,2,3,\cdots$ 时，$f^{(n)}(0)$ 依次循环地取 $0,1,0,-1,\cdots$，得幂级数

$$x - \frac{x^3}{3!} + \frac{x^5}{5!} - \cdots + (-1)^n \frac{x^{2n+1}}{(2n+1)!} + \cdots.$$

易求得它的收敛域为 $(-\infty, +\infty)$.

$\forall x \in (-\infty, +\infty)$，考察上述幂级数余项的极限，有

$$\lim_{n \to \infty} |R_n(x)| = \lim_{n \to \infty} \left| \frac{\sin\left[\xi + \frac{(n+1)\pi}{2}\right]}{(n+1)!} x^{n+1} \right| \leqslant \lim_{n \to \infty} \frac{|x|^{n+1}}{(n+1)!},$$

与例 1 同理，有 $\lim\limits_{n \to \infty} R_n(x) = 0$. 故函数 $\sin x$ 的幂级数展开式为

$$\sin x = x - \frac{x^3}{3!} + \frac{x^5}{5!} - \cdots + (-1)^n \frac{x^{2n+1}}{(2n+1)!} + \cdots \quad (-\infty < x < +\infty).$$

四、间接展开法

间接展开法是以已知函数的幂级数展开式为基础，运用幂级数的运算性质（幂级数的四则运算、逐项求导或逐项积分）及变量代换等方法，将函数展开成幂级数.

例 3 将函数 $f(x) = \cos x$ 展开成 x 的幂级数.

解 因为 $(\sin x)' = \cos x$，而由例 2 可知

$$\sin x = x - \frac{x^3}{3!} + \frac{x^5}{5!} - \cdots + (-1)^n \frac{x^{2n+1}}{(2n+1)!} + \cdots \quad (-\infty < x < +\infty),$$

所以将上式两边求导数，即得所求幂级数展开式为

$$\cos x = 1 - \frac{x^2}{2!} + \frac{x^4}{4!} - \cdots + (-1)^n \frac{x^{2n}}{(2n)!} + \cdots \quad (-\infty < x < +\infty).$$

例 4 将函数 $f(x) = \dfrac{1}{1+x^2}$ 展开成 x 的幂级数.

解 已知

$$\frac{1}{1-x} = 1 + x + x^2 + \cdots + x^n + \cdots \quad (-1 < x < 1),$$

把上式中的 x 换成 $-x^2$，得

$$\frac{1}{1+x^2} = 1 - x^2 + x^4 - \cdots + (-1)^n x^{2n} + \cdots \quad (-1 < x < 1).$$

注：设函数 $f(x)$ 在区间 $(-R, R)$ 内的展开式为

$$f(x) = \sum_{n=0}^{\infty} a_n x^n \quad (-R < x < R).$$

如果上式右端的幂级数在该区间的端点处仍收敛，而函数 $f(x)$ 在 $x = R$ 和 $x = -R$ 处有定义且连续，则根据幂级数的和函数的连续性，上述展开式对 $x = R$ 和 $x = -R$ 也成立.

例 5 将函数 $f(x) = \ln(1+x)$ 展开成 x 的幂级数.

解 易知,$f'(x) = \dfrac{1}{1+x}$ 是收敛的等比级数 $\sum\limits_{n=0}^{\infty}(-1)^n x^n$ 的和函数,即

$$\frac{1}{1+x} = 1 - x + x^2 - x^3 + \cdots + (-1)^n x^n + \cdots \quad (-1 < x < 1).$$

将上式两边由 0 到 x 积分,得

$$\ln(1+x) = x - \frac{x^2}{2} + \frac{x^3}{3} - \cdots + (-1)^n \frac{x^{n+1}}{n+1} + \cdots \quad (-1 < x < 1).$$

因为上式右端幂级数当 $x=1$ 时收敛,而 $\ln(1+x)$ 在点 $x=1$ 处有定义且连续,所以函数 $\ln(1+x)$ 在区间 $(-1,1]$ 上能展开成上述幂级数.

例 6 将函数 $f(x) = \arctan x$ 展开成 x 的幂级数.

解 易知,$(\arctan x)' = \dfrac{1}{1+x^2}$ 是收敛的等比级数 $\sum\limits_{n=0}^{\infty}(-1)^n x^{2n}$ 的和函数,即

$$\frac{1}{1+x^2} = 1 - x^2 + x^4 - \cdots + (-1)^n x^{2n} + \cdots \quad (-1 < x < 1).$$

将上式两边由 0 到 x 积分,得

$$\arctan x = x - \frac{x^3}{3} + \frac{x^5}{5} - \cdots + (-1)^n \frac{x^{2n+1}}{2n+1} + \cdots \quad (-1 < x < 1).$$

由于上式右端幂级数在 $x = \pm 1$ 时均是收敛的交错级数,而函数 $\arctan x$ 在点 $x = \pm 1$ 处有定义且连续,因此函数 $\arctan x$ 的幂级数展开式为

$$\arctan x = x - \frac{x^3}{3} + \frac{x^5}{5} - \cdots + (-1)^n \frac{x^{2n+1}}{2n+1} + \cdots \quad (-1 \leqslant x \leqslant 1).$$

例 7 将函数 $f(x) = \dfrac{1}{2-x}$ 展开成 x 的幂级数.

解 $f(x) = \dfrac{1}{2-x} = \dfrac{1}{2} \cdot \dfrac{1}{1-\frac{x}{2}}$. 令 $t = \dfrac{x}{2}$,已知

$$\frac{1}{1-t} = 1 + t + t^2 + \cdots + t^n + \cdots = \sum_{n=0}^{\infty} t^n \quad (-1 < t < 1),$$

因此利用变量代换法,将上式中的 t 用 $\dfrac{x}{2}$ 代换,得

$$\frac{1}{2-x} = \frac{1}{2} \sum_{n=0}^{\infty} \left(\frac{x}{2}\right)^n \quad (-2 < x < 2).$$

*五、幂级数展开式的应用

在上册已经学过应用微分进行近似计算,这里再应用幂级数展开式进行近似计算,并讨论其他相关的应用.

1. 近似计算

在函数的幂级数展开式中,取前面有限项,就可得到函数的近似公式. 这对于计算复杂函数的函数值是非常方便的,可以把函数近似表示为 x 的多项式,而多项式的计算只需用到四则运算,非常简便.

例 8 计算 e 的近似值.

解 函数 e^x 的幂级数展开式为
$$e^x = 1 + x + \frac{x^2}{2!} + \cdots + \frac{x^n}{n!} + \cdots \quad (-\infty < x < +\infty),$$

令 $x = 1$,得
$$e = 1 + 1 + \frac{1}{2!} + \frac{1}{3!} + \cdots + \frac{1}{n!} + \cdots.$$

取前 $n+1$ 项之和作为 e 的近似值,有
$$e \approx 1 + 1 + \frac{1}{2!} + \frac{1}{3!} + \cdots + \frac{1}{n!}.$$

取 $n = 7$,即取级数前八项做近似计算,则有
$$e \approx 1 + 1 + \frac{1}{2!} + \frac{1}{3!} + \frac{1}{4!} + \frac{1}{5!} + \frac{1}{6!} + \frac{1}{7!} \approx 2.718\,25.$$

注:利用幂级数不仅可以计算一些函数值的近似值,而且还可以计算一些定积分 $\int_a^b f(x)\mathrm{d}x$ 的近似值. 我们可以在积分区间上把被积函数展开成幂级数,然后把这个幂级数逐项积分,再利用积分后的级数就可以计算它的近似值.

2. 幂级数展开式在实际问题中的应用

例 9(奖励基金创立问题) 为了创立某奖励基金,现需要筹集资金. 假定该基金从创立之日起,每年需要支付 4 百万元作为奖励,设基金的年利率为 5%,分别以:

(1) 年复利计算利息;

(2) 连续复利计算利息.

问:需要筹集的资金为多少?

解 (1) 若以年复利计算利息,则

第一次奖励发生在创立之日,其所需要筹集的资金为 4 百万元. 第二次奖励发生在第一年后,其所需要筹集的资金为
$$\frac{4}{1+0.05} \text{百万元} = \frac{4}{1.05} \text{百万元}.$$

第三次奖励发生在第二年后,其所需要筹集的资金为
$$\frac{4}{(1+0.05)^2} \text{百万元} = \frac{4}{1.05^2} \text{百万元}.$$

……

一直延续下去,则总共需要筹集的资金为
$$\left(4 + \frac{4}{1.05} + \frac{4}{1.05^2} + \cdots + \frac{4}{1.05^n} + \cdots\right) \text{百万元}.$$

这是一个公比为 $\frac{1}{1.05}$ 的等比级数,收敛于 $\dfrac{4}{1-\dfrac{1}{1.05}} = 84$.

因此,以年复利计算利息时,需要筹集资金 8 400 万元来创立该奖励基金.

(2) 若以连续复利计算利息,则

第一次奖励所需要筹集的资金为 4 百万元.

第二次奖励所需要筹集的资金为 $4e^{-0.05}$ 百万元.

第三次奖励所需要筹集的资金为 $4(e^{-0.05})^2$ 百万元.

……

一直延续下去,则总共需要筹集的资金为

$$[4+4e^{-0.05}+4(e^{-0.05})^2+4(e^{-0.05})^3+\cdots] 百万元.$$

这是一个公比为 $e^{-0.05}$ 的等比级数,收敛于 $\dfrac{4}{1-e^{-0.05}} \approx 82.02$.

因此,以连续复利计算利息时,需要筹集 8 202 万元来创立该奖励基金.

例 10 (巧智的农夫分牛问题) 著名的农夫分牛问题,在许多趣味数学书中都有收录,但是很少给出具体解题的思路和背后隐藏的数学问题. 农夫分牛问题的内容是:有一位农夫养了 17 头牛,临死前要把这 17 头牛分给自己的三个儿子. 遗嘱规定,老大得 $\dfrac{1}{2}$,老二得 $\dfrac{1}{3}$,老三得 $\dfrac{1}{9}$,但既不能把牛杀死,也不能卖了分钱. 农夫去世后,农夫的三个儿子怎么也想不出办法. 兄弟三人只好向邻居请教,邻居想了想,说:"我借给你们一头牛,就好分了."这样,老大得到 18 头的 $\dfrac{1}{2}$ 为 9 头,老二得到 $\dfrac{1}{3}$ 为 6 头,老三得到 $\dfrac{1}{9}$ 为 2 头,合计刚好为 17 头,剩下 1 头牛还给邻居. 农夫的问题得到解决,邻居的聪明才智令人赞扬.

我们再细细思考一下,这样分牛合理吗?也就是说,老大、老二和老三得到的牛数是否真的按农夫的遗嘱丝毫不差?

我们来仔细分析并计算这个问题.

假设就按 17 头牛进行分配,第一次分后,老大得到 $17 \times \dfrac{1}{2}$ 头牛,老二得到 $17 \times \dfrac{1}{3}$ 头牛,老三得到 $17 \times \dfrac{1}{9}$ 头牛.

由于牛不能分割,分数的分法在这里不起作用. 这就是农夫三个儿子想不出办法的原因.

为什么会出现分数而不是整数呢?问题就出在这里. 按照农夫的遗嘱,第一次分后不能够把 17 头牛完全分完,还剩下 $\dfrac{17}{18}$ 头牛. 每个人必须按照遗嘱继续分掉剩下的牛. 第二次分后,牛也没有分完,还剩下 $\dfrac{17}{18^2}$ 头牛. 每个人按照遗嘱继续分牛. 继续分下去,这就是一个收敛的无穷级数.

因此,老大得到的牛的数量为

$$\left(17 \times \frac{1}{2}+\frac{17}{18} \times \frac{1}{2}+\frac{17}{18^2} \times \frac{1}{2}+\frac{17}{18^3} \times \frac{1}{2}+\cdots\right) 头;$$

老二得到的牛的数量为

$$\left(17 \times \frac{1}{3}+\frac{17}{18} \times \frac{1}{3}+\frac{17}{18^2} \times \frac{1}{3}+\frac{17}{18^3} \times \frac{1}{3}+\cdots\right) 头;$$

老三得到的牛的数量为

$$\left(17\times\frac{1}{9}+\frac{17}{18}\times\frac{1}{9}+\frac{17}{18^2}\times\frac{1}{9}+\frac{17}{18^3}\times\frac{1}{9}+\cdots\right)\text{头}.$$

计算级数

$$\frac{1}{18}+\frac{1}{18^2}+\frac{1}{18^3}+\cdots=\frac{1}{17}.$$

于是,老大得到的牛的数量为

$$\left(17\times\frac{1}{2}+17\times\frac{1}{2}\times\frac{1}{17}\right)\text{头}=9\text{头};$$

老二得到的牛的数量为

$$\left(17\times\frac{1}{3}+17\times\frac{1}{3}\times\frac{1}{17}\right)\text{头}=6\text{头};$$

老三得到的牛的数量为

$$\left(17\times\frac{1}{9}+17\times\frac{1}{9}\times\frac{1}{17}\right)\text{头}=2\text{头}.$$

可以看到,经过级数计算的结果与邻居分牛的结果完全一致.

习题 9.5

1. 利用间接展开法将下列函数展开成 x 的幂级数,并确定其收敛域:

(1) $f(x)=\mathrm{e}^{-x^2}$;　　　　　　　(2) $f(x)=\cos^2 x$;

(3) $f(x)=x^3\mathrm{e}^{-x}$;　　　　　　(4) $f(x)=\dfrac{1}{3-x}$.

2. 利用已知展开式将下列函数展开成 $(x-2)$ 的幂级数,并确定其收敛域:

(1) $f(x)=\dfrac{1}{4-x}$;　　　　　　(2) $f(x)=\ln x$.

*3. 利用幂级数展开式近似计算下列各值(取前三项之和为近似值):

(1) $\sqrt{\mathrm{e}}$;　　　　　　　　　(2) $\sin 18°$;

(3) $\displaystyle\int_{0.1}^{1}\frac{\mathrm{e}^x}{x}\mathrm{d}x$.

考研真题

1. 将函数 $f(x)=\dfrac{1}{x^2-3x-4}$ 展开成 $(x-1)$ 的幂级数,并指出其收敛区间.

【解答】做变量代换,令 $t=x-1$,则

$$\frac{1}{x^2-3x-4}=\frac{1}{(t+1)^2-3(t+1)-4}=\frac{1}{(t-3)(t+2)}=-\frac{1}{5}\left(\frac{1}{3-t}+\frac{1}{2+t}\right).$$

因为

$$\frac{1}{3-t}=\frac{1}{3}\cdot\frac{1}{1-\frac{t}{3}}=\frac{1}{3}\sum_{n=0}^{\infty}\left(\frac{t}{3}\right)^n\quad(-3<t<3),$$

$$\frac{1}{2+t}=\frac{1}{2}\cdot\frac{1}{1+\frac{t}{2}}=\frac{1}{2}\sum_{n=0}^{\infty}\left(-\frac{t}{2}\right)^n\quad(-2<t<2),$$

所以
$$\frac{1}{x^2-3x-4}=-\frac{1}{5}\left(\frac{1}{3-t}+\frac{1}{2+t}\right)=-\frac{1}{15}\sum_{n=0}^{\infty}\left(\frac{t}{3}\right)^n-\frac{1}{10}\sum_{n=0}^{\infty}\left(-\frac{t}{2}\right)^n$$
$$=-\frac{1}{5}\sum_{n=0}^{\infty}\left[\frac{1}{3^{n+1}}+\frac{(-1)^n}{2^{n+1}}\right]t^n \quad (-2<t<2).$$

于是,有
$$\frac{1}{x^2-3x-4}=-\frac{1}{5}\sum_{n=0}^{\infty}\left[\frac{1}{3^{n+1}}+\frac{(-1)^n}{2^{n+1}}\right](x-1)^n \quad (-1<x<3).$$

2. 设 $\{u_n\}$ 是数列,则下列命题中正确的是( ).

A. 若级数 $\sum_{n=1}^{\infty}u_n$ 收敛,则 $\sum_{n=1}^{\infty}(u_{2n-1}+u_{2n})$ 收敛

B. 若级数 $\sum_{n=1}^{\infty}(u_{2n-1}+u_{2n})$ 收敛,则 $\sum_{n=1}^{\infty}u_n$ 收敛

C. 若级数 $\sum_{n=1}^{\infty}u_n$ 收敛,则 $\sum_{n=1}^{\infty}(u_{2n-1}-u_{2n})$ 收敛

D. 若级数 $\sum_{n=1}^{\infty}(u_{2n-1}-u_{2n})$ 收敛,则 $\sum_{n=1}^{\infty}u_n$ 收敛

【解答】根据级数性质:收敛级数任意添加括号后仍收敛,故 A 正确.

3. 幂级数 $\sum_{n=1}^{\infty}\frac{e^n-(-1)^n}{n^2}x^n$ 的收敛半径为_____.

【解答】因为 $\rho=\lim\limits_{n\to\infty}\left|\dfrac{\frac{e^{n+1}-(-1)^{n+1}}{(n+1)^2}}{\frac{e^n-(-1)^n}{n^2}}\right|=\lim\limits_{n\to\infty}\dfrac{n^2}{(n+1)^2}\cdot\dfrac{e^{n+1}-(-1)^{n+1}}{e^n-(-1)^n}=e$,所以该幂级数的收敛半径为 $R=\dfrac{1}{\rho}=\dfrac{1}{e}$.

4. 已知级数 $\sum_{n=1}^{\infty}(-1)^n\sqrt{n}\sin\dfrac{1}{n^\alpha}$ 绝对收敛,级数 $\sum_{n=1}^{\infty}\dfrac{(-1)^n}{n^{2-\alpha}}$ 条件收敛,则( ).

A. $0<\alpha\leqslant\dfrac{1}{2}$ B. $\dfrac{1}{2}<\alpha\leqslant 1$ C. $1<\alpha\leqslant\dfrac{3}{2}$ D. $\dfrac{3}{2}<\alpha<2$

【解答】由级数 $\sum_{n=1}^{\infty}(-1)^n\sqrt{n}\sin\dfrac{1}{n^\alpha}$ 绝对收敛,可得级数 $\sum_{n=1}^{\infty}(-1)^n\dfrac{1}{n^{\alpha-\frac{1}{2}}}$ 绝对收敛,则有 $\dfrac{3}{2}<\alpha$. 再由级数 $\sum_{n=1}^{\infty}(-1)^n\dfrac{1}{n^{2-\alpha}}$ 条件收敛,有 $0<2-\alpha\leqslant 1$,综上可得,答案为 D.

5. 设 $\{a_n\}$ 为正项数列,下列选项中正确的是( ).

A. 若 $a_n>a_{n+1}$,则 $\sum_{n=1}^{\infty}(-1)^{n-1}a_n$ 收敛

B. 若 $\sum_{n=1}^{\infty}(-1)^{n-1}a_n$ 收敛,则 $a_n>a_{n+1}$

C. 若 $\sum_{n=1}^{\infty}a_n$ 收敛,则存在常数 $p>1$,使得 $\lim\limits_{n\to\infty}n^p a_n$ 存在

D. 若存在常数 $p>1$,使得 $\lim\limits_{n\to\infty} n^p a_n$ 存在,则 $\sum\limits_{n=1}^{\infty} a_n$ 收敛

【解答】选项 D 为正项级数比较判别法的极限形式,故正确.其余选项,均可找到反例.

对于选项 A,构造反例: $a_n = 1 + \dfrac{1}{n}$,满足 $a_n > a_{n+1}$,但 $\lim\limits_{n\to\infty} a_n = 1 \neq 0$.

对于选项 B,构造反例: $a_n = \sqrt{n+1}\left(1-\cos\dfrac{\pi}{n}\right) \sim \dfrac{\pi^2}{2n^{\frac{3}{2}}}(n\to\infty)$,则级数 $\sum\limits_{n=1}^{\infty} (-1)^{n-1} a_n$ 收敛,但数列 $\{a_n\}$ 没有单调性.

对于选项 C,构造反例: $a_n = (-1)^n \dfrac{1}{n}$,则级数 $\sum\limits_{n=1}^{\infty} a_n$ 收敛,而对于任意实数 $p>1$, $\lim\limits_{n\to\infty} n^p \dfrac{(-1)^n}{n} = \lim\limits_{n\to\infty} (-1)^n n^{p-1}$ 不存在(因为 $p-1>0$).

6. 求幂级数 $\sum\limits_{n=0}^{\infty} (n+1)(n+3) x^n$ 的收敛域及和函数.

【解答】令 $a_n = (n+1)(n+3)$,因为 $\lim\limits_{n\to\infty} \left|\dfrac{a_{n+1}}{a_n}\right| = 1$,所以 $R = 1$.

当 $x = \pm 1$ 时,级数 $\sum\limits_{n=0}^{\infty} (n+1)(n+3) x^n$ 均发散,故该幂级数的收敛域为 $(-1,1)$.

设 $s(x) = \sum\limits_{n=0}^{\infty} (n+1)(n+3) x^n = \left[\sum\limits_{n=0}^{\infty} (n+3) x^{n+1}\right]'$,记 $\sigma(x) = \sum\limits_{n=0}^{\infty} (n+3) x^{n+1}$,则

$$\sigma(x) = \sum\limits_{n=0}^{\infty} (n+2) x^{n+1} + \sum\limits_{n=0}^{\infty} x^{n+1} = \left(\sum\limits_{n=0}^{\infty} x^{n+2}\right)' + \dfrac{x}{1-x}$$

$$= \left(\dfrac{x^2}{1-x}\right)' + \dfrac{x}{1-x} = \dfrac{3x - 2x^2}{(1-x)^2},$$

所以

$$s(x) = \left[\dfrac{3x - 2x^2}{(1-x)^2}\right]' = \dfrac{3-x}{(1-x)^3} \quad (-1 < x < 1).$$

7. 下列级数中发散的是( ).

A. $\sum\limits_{n=1}^{\infty} \dfrac{n}{3^n}$ B. $\sum\limits_{n=1}^{\infty} \dfrac{1}{\sqrt{n}} \ln\left(1+\dfrac{1}{n}\right)$ C. $\sum\limits_{n=2}^{\infty} \dfrac{(-1)^n + 1}{\ln n}$ D. $\sum\limits_{n=1}^{\infty} \dfrac{n!}{n^n}$

【解答】选项 A 为正项级数,因为 $\lim\limits_{n\to\infty} \dfrac{\frac{n+1}{3^{n+1}}}{\frac{n}{3^n}} = \dfrac{1}{3} < 1$,所以选项 A 收敛.

选项 B 为正项级数,因为 $\dfrac{1}{\sqrt{n}} \ln\left(1+\dfrac{1}{n}\right) \sim \dfrac{1}{n^{\frac{3}{2}}} (n\to\infty)$,所以选项 B 也是收敛的.

选项 D 为正项级数,因为 $\lim\limits_{n\to\infty} \dfrac{\frac{(n+1)!}{(n+1)^{n+1}}}{\frac{n!}{n^n}} = \dfrac{1}{e} < 1$,所以选项 D 也是收敛的.

而对于选项 C,有 $\sum\limits_{n=2}^{\infty} \dfrac{(-1)^n + 1}{\ln n} = \sum\limits_{n=2}^{\infty} \dfrac{(-1)^n}{\ln n} + \sum\limits_{n=2}^{\infty} \dfrac{1}{\ln n}$,根据莱布尼茨定理,

$\sum\limits_{n=2}^{\infty}\dfrac{(-1)^n}{\ln n}$ 收敛,由 $\lim\limits_{n\to\infty}\dfrac{\frac{1}{\ln n}}{\frac{1}{n}}=+\infty$ 可知,$\sum\limits_{n=2}^{\infty}\dfrac{1}{\ln n}$ 发散. 故选 C.

8. 级数 $\sum\limits_{n=1}^{\infty}\left(\dfrac{1}{\sqrt{n}}-\dfrac{1}{\sqrt{n+1}}\right)\sin(n+k)$($k$ 为常数)(　　).

A. 绝对收敛　　　　B. 条件收敛　　　　C. 发散　　　　D. 收敛性与 k 有关

【解答】由题目可得

$$\sum_{n=1}^{\infty}\left(\dfrac{1}{\sqrt{n}}-\dfrac{1}{\sqrt{n+1}}\right)\sin(n+k)=\sum_{n=1}^{\infty}\dfrac{\sqrt{n+1}-\sqrt{n}}{\sqrt{n}\sqrt{n+1}}\sin(n+k)$$

$$=\sum_{n=1}^{\infty}\dfrac{\sin(n+k)}{\sqrt{n}\sqrt{n+1}(\sqrt{n+1}+\sqrt{n})}.$$

因为 $\left|\dfrac{\sin(n+k)}{\sqrt{n}\sqrt{n+1}(\sqrt{n+1}+\sqrt{n})}\right|\leqslant\dfrac{1}{\sqrt{n}\sqrt{n+1}(\sqrt{n+1}+\sqrt{n})}\leqslant\dfrac{1}{n\sqrt{n}}$,所以由正项级数的比较判别法可知,该级数绝对收敛.

本章小结

知识导航图

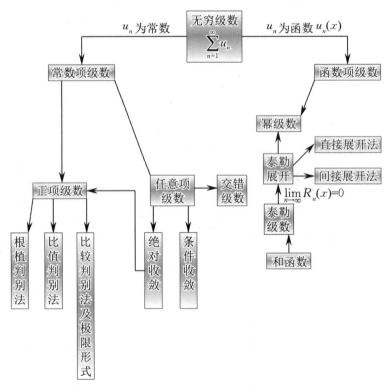

一、常数项级数的概念与性质

1. 常数项级数的收敛与发散的概念.

常数项级数: $\sum_{n=1}^{\infty} u_n = u_1 + u_2 + \cdots + u_n + \cdots$.

记前 n 项部分和 $s_n = \sum_{k=1}^{n} u_k$. 若 $\lim_{n\to\infty} s_n = s$, 则称级数 $\sum_{n=1}^{\infty} u_n$ 收敛, s 称为该级数的和, 记为 $s = \sum_{n=1}^{\infty} u_n$; 若 $\lim_{n\to\infty} s_n$ 不存在, 则称级数 $\sum_{n=1}^{\infty} u_n$ 发散.

2. 级数的基本性质与收敛的必要条件.

(1) 若 $\sum_{n=1}^{\infty} u_n$ 与 $\sum_{n=1}^{\infty} v_n$ 都收敛, α, β 为常数, 则 $\sum_{n=1}^{\infty} (\alpha u_n + \beta v_n)$ 收敛, 且

$$\sum_{n=1}^{\infty} (\alpha u_n + \beta v_n) = \alpha \sum_{n=1}^{\infty} u_n + \beta \sum_{n=1}^{\infty} v_n.$$

(2) 在级数中删去、增加或改变有限个项, 级数的敛散性不变.

(3) 收敛级数加括号后所成的级数仍收敛, 且其和不变.

(4) 级数 $\sum_{n=1}^{\infty} u_n$ 收敛的必要条件是 $\lim_{n\to\infty} u_n = 0$.

若 $\lim_{n\to\infty} u_n \neq 0$, 则可判定级数 $\sum_{n=1}^{\infty} u_n$ 发散. 注意不能由 $\lim_{n\to\infty} u_n = 0$ 判定 $\sum_{n=1}^{\infty} u_n$ 收敛.

3. 几何级数与 p-级数及其敛散性.

(1) 几何级数(等比级数) $\sum_{n=1}^{\infty} aq^{n-1} (a \neq 0)$, 当公比 $|q| < 1$ 时收敛; 当公比 $|q| \geq 1$ 时发散.

(2) p-级数 $\sum_{n=1}^{\infty} \frac{1}{n^p} (p > 0)$, 当 $p > 1$ 时收敛; 当 $p \leq 1$ 时发散.

二、正项级数审敛法(假定该部分的级数均为正项级数)

1. 比较判别法.

设 $u_n \leq v_n$, 那么

(1) 若 $\sum_{n=1}^{\infty} v_n$ 收敛, 则 $\sum_{n=1}^{\infty} u_n$ 也收敛;

(2) 若 $\sum_{n=1}^{\infty} u_n$ 发散, 则 $\sum_{n=1}^{\infty} v_n$ 也发散.

2. 比较判别法的极限形式.

设 $\lim_{n\to\infty} \frac{u_n}{v_n} = l$, 那么

(1) 当 $0 < l < +\infty$ 时, $\sum_{n=1}^{\infty} u_n$ 与 $\sum_{n=1}^{\infty} v_n$ 具有相同的敛散性;

(2) 当 $l = 0$ 时, 若 $\sum_{n=1}^{\infty} v_n$ 收敛, 则 $\sum_{n=1}^{\infty} u_n$ 也收敛;

(3) 当 $l = +\infty$ 时, 若 $\sum_{n=1}^{\infty} v_n$ 发散, 则 $\sum_{n=1}^{\infty} u_n$ 也发散.

3. 比值判别法.

设 $\lim\limits_{n\to\infty} \dfrac{u_{n+1}}{u_n} = \rho$,那么

(1) 当 $\rho < 1$ 时,$\sum\limits_{n=1}^{\infty} u_n$ 收敛;

(2) 当 $\rho > 1$(包括 $\rho = +\infty$) 时,$\sum\limits_{n=1}^{\infty} u_n$ 发散;

(3) 当 $\rho = 1$ 时,不能判定 $\sum\limits_{n=1}^{\infty} u_n$ 的敛散性.

4. 根值判别法.

设 $\lim\limits_{n\to\infty} \sqrt[n]{u_n} = \rho$,那么

(1) 当 $\rho < 1$ 时,$\sum\limits_{n=1}^{\infty} u_n$ 收敛;

(2) 当 $\rho > 1$(包括 $\rho = +\infty$) 时,$\sum\limits_{n=1}^{\infty} u_n$ 发散;

(3) 当 $\rho = 1$ 时,不能判定 $\sum\limits_{n=1}^{\infty} u_n$ 的敛散性.

三、任意项级数

1. 交错级数的莱布尼茨定理.

设交错级数 $\sum\limits_{n=1}^{\infty} (-1)^{n-1} u_n$ 满足:

(1) $u_n \geqslant u_{n+1}$ $(n = 1, 2, \cdots)$;

(2) $\lim\limits_{n\to\infty} u_n = 0$,

则级数 $\sum\limits_{n=1}^{\infty} (-1)^{n-1} u_n$ 收敛,且其和 $s \leqslant u_1$.

2. 任意项级数的绝对收敛与条件收敛.

(1) 若 $\sum\limits_{n=1}^{\infty} |u_n|$ 收敛,则 $\sum\limits_{n=1}^{\infty} u_n$ 一定收敛;若 $\sum\limits_{n=1}^{\infty} u_n$ 收敛,$\sum\limits_{n=1}^{\infty} |u_n|$ 不一定收敛.

(2) 若 $\sum\limits_{n=1}^{\infty} |u_n|$ 收敛,则称 $\sum\limits_{n=1}^{\infty} u_n$ 绝对收敛;若 $\sum\limits_{n=1}^{\infty} u_n$ 收敛,而 $\sum\limits_{n=1}^{\infty} |u_n|$ 发散,则称 $\sum\limits_{n=1}^{\infty} u_n$ 条件收敛.

四、幂级数

1. 幂级数的概念.

(1) 在点 $x = x_0$ 处的幂级数($(x - x_0)$ 的幂级数):

$$\sum_{n=0}^{\infty} a_n (x - x_0)^n = a_0 + a_1 (x - x_0) + a_2 (x - x_0)^2 + \cdots + a_n (x - x_0)^n + \cdots.$$

(2) 在点 $x = 0$ 处的幂级数(x 的幂级数):

$$\sum_{n=0}^{\infty} a_n x^n = a_0 + a_1 x + \cdots + a_n x^n + \cdots.$$

2.幂级数 $\sum\limits_{n=0}^{\infty} a_n x^n$ 的收敛半径和收敛域.

(1) 若收敛半径为 $R=+\infty$,则 $\sum\limits_{n=0}^{\infty} a_n x^n$ 在整个数轴上都收敛,收敛域为 $(-\infty,+\infty)$.

(2) 若收敛半径为 $R=0$,则 $\sum\limits_{n=0}^{\infty} a_n x^n$ 仅在点 $x=0$ 处收敛.

(3) 若收敛半径为 $R>0$,则 $\sum\limits_{n=0}^{\infty} a_n x^n$ 的收敛域为下列四种区间之一:
$$(-R,R),\quad [-R,R),\quad (-R,R],\quad [-R,R].$$

3.幂级数 $\sum\limits_{n=0}^{\infty} a_n x^n$ 的收敛半径 R 的求法.

设 $\rho=\lim\limits_{n\to\infty}\left|\dfrac{a_{n+1}}{a_n}\right|$,则有

(1) 当 $0<\rho<+\infty$ 时,$R=\dfrac{1}{\rho}$;

(2) 当 $\rho=0$ 时,$R=+\infty$;

(3) 当 $\rho=+\infty$ 时,$R=0$.

4.幂级数在其收敛区间内的基本运算性质:四则运算、逐项求导和逐项积分.

5.简单幂级数的和函数的求法.

(1) 用逐项求导和逐项积分的方法及等比级数的求和公式.

(2) 把已知函数的幂级数展开式反过来用.

五、函数展开成幂级数

1.泰勒级数与麦克劳林级数.

(1) $f(x)$ 在点 x_0 处的泰勒级数:
$$\sum_{n=0}^{\infty}\dfrac{f^{(n)}(x_0)}{n!}(x-x_0)^n = f(x_0)+f'(x_0)(x-x_0)+\dfrac{f''(x_0)}{2!}(x-x_0)^2+\cdots$$
$$+\dfrac{f^{(n)}(x_0)}{n!}(x-x_0)^n+\cdots.$$

(2) $f(x)$ 的麦克劳林级数:
$$\sum_{n=0}^{\infty}\dfrac{f^{(n)}(0)}{n!}x^n = f(0)+f'(0)x+\dfrac{f''(0)}{2!}x^2+\cdots+\dfrac{f^{(n)}(0)}{n!}x^n+\cdots.$$

2.将函数 $f(x)$ 展开成幂级数的方法.

(1) 直接展开法:套用幂级数展开式.

(2) 间接展开法:以已知的展开式为基础,运用变形、变量代换等方法以及四则运算、逐项求导和逐项积分等幂级数的运算性质.

3.六个常用的初等函数 $e^x, \ln(1+x), \sin x, \cos x, \arctan x, (1+x)^\alpha (\alpha\in\mathbf{R})$ 的幂级数展开式.

本章复习题

一、填空题

1. 数 $\sum\limits_{n=1}^{\infty} 2(-1)^n$ 的前 n 项之和为 $s_n =$ _____.

2. 若级数 $\sum\limits_{n=1}^{\infty} \dfrac{1}{n^{p+1}}$ 发散,则 p 应满足_____.

3. 级数 $\sum\limits_{n=1}^{\infty} \dfrac{1}{(5n-4)(5n+1)}$ 的和为_____.

4. 级数 $\sum\limits_{n=1}^{\infty} \dfrac{x^n}{2n(2n-1)}$ 的收敛半径为_____.

5. 级数 $\sum\limits_{n=1}^{\infty} \dfrac{1}{n!} x^n$ 的收敛域为_____.

6. 若级数 $\sum\limits_{n=0}^{\infty} a_n (x-1)^{2n}$ 在点 $x=2$ 处条件收敛,则其收敛域为_____.

7. 级数 $\sum\limits_{n=0}^{\infty} \dfrac{1}{2^n}$ 的和为_____.

8. 函数 $\dfrac{1}{1-x^2}$ 的麦克劳林展开式为_____.

9. 级数 $\sum\limits_{n=1}^{\infty} \dfrac{n+1}{3^n}$ 是_____(收敛的或发散的).

10. 级数 $\sum\limits_{n=1}^{\infty} (-1)^{n+1} \sin \dfrac{1}{\sqrt{n}}$ 是_____(发散的、条件收敛的或绝对收敛的).

二、选择题

1. 级数 $1 + \left(\dfrac{1}{2}\right)^2 + \left(\dfrac{1}{3}\right)^2 + \cdots + \left(\dfrac{1}{n}\right)^2 + \cdots$ 是( ).

   A. 等比级数　　　　B. 等差级数　　　　C. 调和级数　　　　D. p-级数

2. 设正项级数 $\sum\limits_{n=1}^{\infty} u_n$ 收敛,则下列级数中( )一定收敛.

   A. $\sum\limits_{n=1}^{\infty} (u_n + a) \ (0 \leqslant a < 1)$　　　　B. $\sum\limits_{n=1}^{\infty} \sqrt{u_n}$

   C. $\sum\limits_{n=1}^{\infty} \dfrac{1}{u_n}$　　　　D. $\sum\limits_{n=1}^{\infty} (-1)^n u_n$

3. 设正项级数 $\sum\limits_{n=1}^{\infty} u_n$ 收敛,则( ).

   A. 极限 $\lim\limits_{n \to \infty} \dfrac{u_{n+1}}{u_n}$ 小于 1　　　　B. 极限 $\lim\limits_{n \to \infty} \dfrac{u_{n+1}}{u_n}$ 小于等于 1

   C. 若极限 $\lim\limits_{n \to \infty} \dfrac{u_{n+1}}{u_n}$ 存在,则其值小于 1　　　　D. 若极限 $\lim\limits_{n \to \infty} \dfrac{u_{n+1}}{u_n}$ 存在,则其值小于等于 1

4. 若幂级数 $\sum\limits_{n=0}^{\infty} a_n (x-1)^n$ 在点 $x = -1$ 处条件收敛,则级数 $\sum\limits_{n=0}^{\infty} a_n$ ( ).

A. 条件收敛   B. 绝对收敛   C. 发散   D. 敛散性不能确定

5. 级数 $\sum\limits_{n=0}^{\infty}(-1)^n\left(1-\cos\dfrac{\alpha}{n}\right)$（常数 $\alpha>0$）(　　).

A. 条件收敛   B. 绝对收敛   C. 发散   D. 敛散性与 α 有关

6. 利用级数收敛时其一般项必趋于 0 的性质,可知下列级数中(　　)一定发散.

A. $\sum\limits_{n=1}^{\infty}\sin\dfrac{\pi}{3^n}$ B. $\sum\limits_{n=1}^{\infty}\dfrac{n\cdot 2^n}{3^n}$

C. $\sum\limits_{n=1}^{\infty}\arctan\dfrac{1}{n^2}$ D. $1-\dfrac{3}{2}+\dfrac{4}{3}-\dfrac{5}{4}+\cdots$

7. 若级数 $\sum\limits_{n=1}^{\infty}u_n$ 收敛,则下列级数中(　　)收敛.

A. $\sum\limits_{n=1}^{\infty}(u_n+100)$ B. $\sum\limits_{n=1}^{\infty}(u_n-100)$ C. $\sum\limits_{n=1}^{\infty}100u_n$ D. $\sum\limits_{n=1}^{\infty}\dfrac{100}{u_{n+1}-u_n}$

8. 下列级数中(　　)收敛.

A. $\sum\limits_{n=1}^{\infty}\dfrac{\cos^2 n}{5^n}$ B. $\sum\limits_{n=1}^{\infty}\dfrac{5^n}{4^n}$ C. $\sum\limits_{n=1}^{\infty}\dfrac{n}{1\,000n+1}$ D. $\sum\limits_{n=1}^{\infty}\dfrac{1}{\sqrt{n+1}}$

9. 下列级数中(　　)发散.

A. $\sum\limits_{n=1}^{\infty}\dfrac{1}{n}\ln\left(1+\dfrac{1}{n}\right)$ B. $\sum\limits_{n=1}^{\infty}\ln\left(1+\dfrac{1}{n^3}\right)$ C. $\sum\limits_{n=1}^{\infty}\ln\left(1+\dfrac{1}{\sqrt{n}}\right)$ D. $\sum\limits_{n=1}^{\infty}\sin\dfrac{1}{n^2}$

10. 级数 $\sum\limits_{n=1}^{\infty}\dfrac{1}{1+a^n}$(　　).

A. 当 $a>0$ 时收敛

B. 当 $a>0$ 时发散

C. 当 $0<|a|\leqslant 1$ 时发散,当 $|a|>1$ 时收敛

D. 当 $0<|a|\leqslant 1$ 时收敛,当 $|a|>1$ 时发散

三、计算题

1. 判定下列级数的敛散性:

(1) $\sum\limits_{n=1}^{\infty}\dfrac{1}{n+3}$;   (2) $\sum\limits_{n=1}^{\infty}(-1)^n 2$;

(3) $\sum\limits_{n=1}^{\infty}\dfrac{n+1}{n}$;   (4) $\sum\limits_{n=1}^{\infty}\sin\dfrac{\pi}{2^n}$;

(5) $\sum\limits_{n=1}^{\infty}\left(1-\cos\dfrac{2}{n}\right)$;   (6) $\sum\limits_{n=1}^{\infty}\dfrac{n!}{n^n}$.

2. 判定下列正项级数的敛散性:

(1) $\sum\limits_{n=1}^{\infty}\dfrac{1}{(n+1)(n+2)}$;   (2) $\sum\limits_{n=1}^{\infty}\dfrac{1}{\sqrt{n(n^2+5)}}$;

(3) $\sum\limits_{n=1}^{\infty}\dfrac{1}{1+a^n}\ (a>0)$;   (4) $\sum\limits_{n=1}^{\infty}\dfrac{n+1}{2n^4+1}$;

(5) $\sum_{n=1}^{\infty} \frac{3^n}{n \cdot 2^n}$;

(6) $\sum_{n=1}^{\infty} \frac{1}{(2n-1) \cdot 2^n}$;

(7) $\sum_{n=1}^{\infty} \frac{n}{3^n}$;

(8) $\sum_{n=1}^{\infty} (e^{\frac{1}{\sqrt{n}}} - 1)$.

3. 判定下列级数是否收敛. 如果是收敛级数,指出其是绝对收敛还是条件收敛:

(1) $\sum_{n=1}^{\infty} (-1)^n \frac{1}{2n-1}$;

(2) $\sum_{n=1}^{\infty} \frac{(-1)^n}{\sqrt{n+1}}$;

(3) $\sum_{n=1}^{\infty} \frac{\sin n\alpha}{n^2}$;

(4) $\sum_{n=1}^{\infty} (-1)^{n+1} \frac{1}{n\pi} \sin \frac{\pi}{n}$;

(5) $\sum_{n=1}^{\infty} (-1)^n \left(1 - \cos \frac{\pi}{n^2}\right)$;

(6) $\sum_{n=1}^{\infty} (-1)^{n+1} \frac{n}{10n+1}$.

4. 求下列幂级数的收敛域:

(1) $\sum_{n=0}^{\infty} (2n)! x^n$;

(2) $\sum_{n=1}^{\infty} n x^n$;

(3) $\sum_{n=1}^{\infty} \frac{x^n}{2^n \cdot n^2}$;

(4) $\sum_{n=0}^{\infty} (-1)^n \frac{x^{2n+1}}{2n+1}$;

(5) $\sum_{n=1}^{\infty} \frac{(x+2)^n}{2^n n}$;

(6) $\sum_{n=1}^{\infty} \frac{2^n}{n} (x-1)^n$.

5. 求下列幂级数的收敛域及和函数:

(1) $\sum_{n=0}^{\infty} \frac{1}{n+1} x^{n+1}$;

(2) $\sum_{n=0}^{\infty} (n+1) x^{n+1}$.

6. 将下列函数展开成 x 的幂级数:

(1) $\ln(1+x)$;

(2) $\sin \frac{x}{2}$;

(3) e^{-x^2};

(4) $\frac{1}{1-x^2}$.

四、综合题

1. 判定级数 $\sum_{n=1}^{\infty} \frac{1}{\sqrt{n}} \ln\left(\frac{n+1}{n}\right)$ 的敛散性.

2. 判定级数 $\sum_{n=2}^{\infty} (-1)^{n-1} \frac{\ln n}{n}$ 的敛散性.

3. 将函数 $f(x) = \ln(1+x-2x^2)$ 展开成 x 的幂级数,并求其收敛域.

4. 假定银行的年利率为 5%,并以年复利计算利息,问:某公司应在银行中一次性存入多少资金,才能保证从存入之日起,以后每年都能从银行提取 300 万元作为职工的福利直至永远?

参 考 答 案

第 五 章

习题5.1

1. (1) $\frac{1}{3}x^6$; (2) $-\sin x$; (3) $\sqrt{t}$; (4) $-2\arcsin x$.

2. 略.

3. (1) $f(x) = \frac{1}{\sqrt{1+x^2}}$; (2) $f(x) = -\frac{x}{(1+x^2)^{\frac{3}{2}}}$.

4. $-4\sin 2x$.

5. $x^3 + 1$.

6. (1) D; (2) C.

习题5.2

1. (1) A; (2) B; (3) D; (4) B.

2. (1) $-\frac{1}{x} + C$; (2) $\frac{2}{5}x^{\frac{5}{2}} + C$; (3) $2\sqrt{x} + C$; (4) $\frac{3}{10}x^{\frac{10}{3}} + C$; (5) $-\frac{2}{3}x^{-\frac{3}{2}} + C$;

   (6) $\frac{m}{m+n}x^{\frac{m+n}{m}} + C$; (7) $\frac{5}{4}x^4 + C$; (8) $\sqrt{\frac{2h}{g}} + C$; (9) $\frac{2^x e^x}{1+\ln 2} + C$.

3. (1) $x^2 + 3x + C$;   (2) $\frac{x^4}{4} - \frac{2}{3}x^3 + \frac{x^2}{2} + C$;

   (3) $2\sqrt{x} + \frac{2}{3}x^{\frac{3}{2}} + C$;   (4) $-3x^{-\frac{1}{3}} - 6x^{\frac{2}{3}} + \frac{12}{5}x^{\frac{5}{3}} + C$;

   (5) $3x - \frac{2}{\ln 3 - \ln 2}\left(\frac{3}{2}\right)^x + C$;   (6) $-2\cos x - 3\sin x + C$;

   (7) $2\arctan x - 3\arcsin x + C$;   (8) $x^3 + \arctan x + C$;

   (9) $2(x - \arctan x) + C$;   (10) $2e^x - 2\sqrt{x} + C$;

   (11) $\arcsin x + C$;   (12) $-\frac{1}{x} - \arctan x + C$;

   (13) $\tan x - \sec x + C$;   (14) $-2\cos x + C$;

   (15) $\frac{1}{2}(x - \sin x) + C$;   (16) $-\cot x + \tan x + C$;

   (17) $-\left(\frac{1}{x} + \frac{1}{x^2} - \frac{1}{x^3}\right) + C$;   (18) $\frac{2^x + 2^{2x-1}}{\ln 2}$.

4. $y = x^2 - 3$.

5. (1) 27 m; (2) $\sqrt[3]{216}$ s = 6 s.

6. $C(x) = x^2 + 10x + 20$.

习题 5.3

1. (1) $\frac{1}{2}$; (2) $\frac{1}{5}$; (3) $\frac{1}{2}$; (4) $\frac{1}{6}$; (5) $-\frac{1}{4}$; (6) $\frac{1}{2}$; (7) $-\frac{1}{2}$; (8) 2;

(9) -1; (10) -1; (11) $\frac{1}{2}$; (12) $\frac{1}{2}$; (13) $\frac{1}{3}$; (14) $\frac{1}{3}$; (15) $\frac{1}{3}$; (16) $\frac{1}{2}$.

2. (1) $\frac{1}{2}\ln|2x+3|+C$;   (2) $-\frac{1}{5}\cos 5x + C$;

(3) $-\frac{1}{8}(1-x)^8 + C$;   (4) $\frac{1}{5}e^{5x}+C$;

(5) $-\frac{1}{2}(2-3x)^{\frac{2}{3}}+C$;   (6) $\frac{x}{2}+\frac{1}{12}\sin 6x + C$;

(7) $-\frac{3}{4}\ln|1-x^4|+C$;   (8) $\frac{1}{2}\sec^2 x + C$;

(9) $\frac{1}{2}x^2 - \frac{9}{2}\ln(9+x^2)+C$;   (10) $\frac{\sqrt{2}}{4}\ln\left|\frac{1-\sqrt{2}x}{1+\sqrt{2}x}\right|+C$;

(11) $-2\cos\sqrt{x}+C$;   (12) $-\frac{1}{(\ln 2)4^x}+C$;

(13) $\frac{1}{11}\tan^{11}x + C$;   (14) $\frac{1}{2}\ln(x^2+1)+\arctan x + C$;

(15) $-\frac{1}{3}\sqrt{2-3x^2}+C$;   (16) $x-\ln(1+e^x)+C$;

(17) $\cos\frac{1}{x}+C$;   (18) $\sin x - \frac{\sin^3 x}{3}+C$;

(19) $2\arctan\sqrt{x}+C$;   (20) $\frac{1}{4}\ln^4 x + C$;

(21) $-\arctan(\cos x)+C$;   (22) $-\frac{1}{2}e^{-x^2}+C$;

(23) $\ln|\ln x|+C$;   (24) $\frac{2}{\sqrt{3}}\arctan\frac{2}{\sqrt{3}}\left(x+\frac{1}{2}\right)+C$;

(25) $\frac{1}{3}\sec^3 x - \sec x + C$;   (26) $\ln|\tan x|+C$;

(27) $-\frac{1}{x\ln x}+C$;   (28) $\frac{1}{2}\ln^2(\tan x)+C$.

3. (1) $2(\sqrt{x}-\ln|1+\sqrt{x}|)+C$;

(2) $\frac{3}{2}\sqrt[3]{(x+1)^2}-3\sqrt[3]{x+1}+3\ln|\sqrt[3]{x+1}+1|+C$;

(3) $\frac{x}{\sqrt{1-x^2}}+C$;   (4) $\frac{1}{2}\arctan x + \frac{x}{2(1+x^2)}+C$;

(5) $\frac{1}{2}\arcsin x - \frac{1}{2}x\sqrt{1-x^2}+C$;   (6) $\arccos\frac{1}{x}+C$;

(7) $\frac{\sqrt{2}}{2}\ln(\sqrt{2}x+\sqrt{2x^2+1})+C$;   (8) $\ln|x+\sqrt{x^2-4}|+C$.

习题 5.4

1. (1) $-x\cos x + \sin x + C$;   (2) $-(x+1)e^{-x} + C$;

   (3) $(x+1)\ln(x+1) - x + C$;   (4) $x\arctan x - \frac{1}{2}\ln(x^2+1) + C$;

   (5) $\frac{x}{2}[\cos(\ln x) + \sin(\ln x)] + C$;   (6) $x\sec x - \ln|\sec x + \tan x| + C$;

   (7) $x(\ln^2 x - 2\ln x + 2) + C$;   (8) $-\frac{1}{x}\arctan x - \frac{1}{2}\ln\left(1 + \frac{1}{x^2}\right) + C$;

   (9) $2x\sin\frac{x}{2} + 4\cos\frac{x}{2} + C$;   (10) $-x\cot x + \ln|\sin x| + C$;

   (11) $\frac{1}{2}(e^x\cos x + e^x\sin x) + C$;   (12) $-\frac{1}{2}x^2 + x\tan x + \ln|\cos x| + C$;

   (13) $x\arccos x - (1-x^2)^{\frac{1}{2}} + C$;   (14) $\frac{1}{4}x^2 + \frac{1}{4}x\sin 2x + \frac{1}{8}\cos 2x + C$;

   (15) $-\frac{1}{4}x\cos 2x + \frac{1}{8}\sin 2x + C$;   (16) $3e^{\sqrt[3]{x}}(\sqrt[3]{x^2} - 2\sqrt[3]{x} + 2) + C$.

2. $x\cos x - \sin x + C$.

习题 5.5

(1) $\tan x - \sec x + C$;

(2) $2x\sqrt{e^x - 1} - 4\sqrt{e^x - 1} + 4\arctan\sqrt{e^x - 1} + C$;

(3) $\frac{1}{2}(\ln|\sin x + \cos x| + x) + C$;

(4) $\frac{1}{6}\ln\frac{(x+1)^2}{|x^2 - x + 1|} + \frac{\sqrt{3}}{3}\arctan\frac{2x-1}{\sqrt{3}} + C$;

(5) $-\frac{1}{x} - \arctan x + C$;   (6) $\arcsin(2x - 1) + C$;

(7) $a\arcsin\frac{x}{a} - \sqrt{a^2 - x^2} + C$;   (8) $\frac{1}{4}\ln\left|\frac{x-1}{x+1}\right| - \frac{1}{2}\arctan x + C$;

(9) $x + 2\ln\left|\frac{e^x - 1}{e^x}\right| + C$;   (10) $-\frac{x^2 e^x}{2+x} + xe^x - e^x + C$.

第 六 章

习题 6.1

1. (1) 2;   (2) $\frac{\pi R^2}{4}$;   (3) 0.

2. $s = \int_1^3 (3t + 5)dt = 22$ m.

3. (1) $\int_0^1 x^2 dx > \int_0^1 x^3 dx$;   (2) $\int_1^2 \ln x\, dx > \int_1^2 \ln^2 x\, dx$;

   (3) $\int_0^1 x\, dx > \int_0^1 \ln(1+x)\, dx$;   (4) $\int_{-\frac{\pi}{2}}^0 \sin x\, dx < \int_0^{\frac{\pi}{2}} \sin x\, dx$.

4. (1) $6 \leqslant \int_1^4 (x^2+1)\mathrm{d}x \leqslant 51$;　　(2) $\pi \leqslant \int_{\frac{\pi}{4}}^{\frac{5\pi}{4}} (1+\sin^2 x)\mathrm{d}x \leqslant 2\pi$;

(3) $\dfrac{2}{\mathrm{e}} \leqslant \int_{-1}^{1} \mathrm{e}^{-x^2}\mathrm{d}x \leqslant 2$;　　(4) $0 \leqslant \int_1^2 (2x^3-x^4)\mathrm{d}x \leqslant \dfrac{27}{16}$.

5. (1) $S = \int_0^1 (x^2+1)\mathrm{d}x$;　　(2) $S = \int_1^{\mathrm{e}} \ln x\,\mathrm{d}x$;

(3) $S = \int_0^1 x^2\mathrm{d}x + \int_1^2 x\,\mathrm{d}x$;　　(4) $S = \int_{-1}^{2} (x+2-x^2)\mathrm{d}x$.

6. $\int_0^{\pi} \sin x\,\mathrm{d}x$.

习题 6.2

1. (1) e^{x^2-x};　(2) $-\dfrac{1}{\sqrt{1+x^4}}$;　(3) $2x\sqrt{1+x^4}$;　(4) $4x^3 - 2\sin x\cos x$.

2. (1) $\dfrac{1}{2}$;　(2) 1.

3. 点 $x=0$ 处有极大值 0,点 $x=4$ 处有极小值 $-\dfrac{32}{3}$;点 $\left(2, -\dfrac{16}{3}\right)$ 为拐点;区间 $(-1,0)$ 内单调增加,凸的;区间 $(0,2)$ 内单调减少,凸的;区间 $(2,4)$ 内单调减少,凹的;区间 $(4,5)$ 内单调增加,凹的;最大值为 0,最小值为 $-\dfrac{32}{3}$.

4. (1) $\dfrac{17}{6}$;　(2) $\dfrac{7}{6}$;　(3) $\dfrac{\pi}{3}$;　(4) $\dfrac{a^2}{6}$;　(5) $1-\dfrac{\pi}{4}$;　(6) $\dfrac{40}{3}$;　(7) $1-\dfrac{\pi}{4}$;

(8) $\dfrac{3}{2}$;　(9) $\dfrac{5}{2}$;　(10) $\dfrac{\pi}{2}$;　(11) -1;　(12) $\dfrac{\pi}{2}-1$;　(13) $\sqrt{3}-2$;

(14) $2\cos 1$;　(15) $\dfrac{1}{2} - \dfrac{1}{2}\ln 2$;　(16) $\dfrac{\pi}{3a}$;　(17) $\pi - \dfrac{4}{3}$;

(18) 0;　(19) $\arctan \mathrm{e} - \dfrac{\pi}{4}$;　(20) $\mathrm{e} - \sqrt{\mathrm{e}}$.

5. $\dfrac{1}{2\ln 2} + \dfrac{2}{3}$.

6. (1) $\dfrac{1}{2}$;　(2) 不连续. 原因略.

习题 6.3

1. (1) $4-2\ln 3$;　(2) $4-2\arctan 2$;　(3) $\dfrac{\pi}{6}$;　(4) $2-\dfrac{\pi}{2}$;　(5) $\dfrac{a^4\pi}{16}$;　(6) $\dfrac{\pi}{3}+\dfrac{\sqrt{3}}{2}$;

(7) $\dfrac{\pi}{8} - \dfrac{1}{4}$;　(8) $\dfrac{\sqrt{2}}{2}$.

2. (1) 0;　(2) $\dfrac{\pi^3}{324}$;　(3) π;　(4) 0.

3. ～ **4.** 略.

5. $k = \dfrac{1}{3}, a = 0, b = 8$.

习题 6.4

1. (1) $\dfrac{1}{4}(e^2+1)$; (2) $\dfrac{\pi}{4}$; (3) $4(2\ln 2-1)$; (4) $\left(\dfrac{\sqrt{3}}{6}-\dfrac{1}{4}\right)\pi+\dfrac{1}{2}\ln 2$;

   (5) π^2; (6) $2-\dfrac{2}{e}$; (7) $\dfrac{1}{2}[e(\sin 1-\cos 1)+1]$; (8) $\ln 2-\dfrac{1}{2}$.

2. $\dfrac{1}{2}\left(\dfrac{1}{e}-1\right)$.

3. e.

习题 6.5

1. (1) 1; (2) $\dfrac{32}{3}$; (3) $\dfrac{3}{2}-\ln 2$; (4) $e+\dfrac{1}{e}-2$; (5) $\dfrac{4}{3}$; (6) $\dfrac{7}{6}$.

2. $a=-4, b=6, c=0$.

3. 50 t; 100 t.

4. (1) 当产量为 250 台时,总利润最大,最大利润是 6.25 万元;

   (2) 在总利润最大的基础上又生产了 50 台时,总利润减少了 0.25 万元.

习题 6.6

1. (1) 不正确. 本题是无界函数的广义积分,有瑕点 $x=0\in[-2,2]$. 因为

$$\int_{-2}^{2}\dfrac{\mathrm{d}x}{x^2}=\int_{-2}^{0}\dfrac{\mathrm{d}x}{x^2}+\int_{0}^{2}\dfrac{\mathrm{d}x}{x^2}=\lim_{\varepsilon\to 0^+}\left(-\dfrac{1}{x}\right)\Big|_{-2}^{-\varepsilon}+\lim_{\varepsilon\to 0^+}\left(-\dfrac{1}{x}\right)\Big|_{\varepsilon}^{2}=+\infty,$$

所以该广义积分是发散的.

   (2) 不正确,因为

$$\int_{-\infty}^{+\infty}\dfrac{x}{\sqrt{1+x^2}}\mathrm{d}x=\int_{-\infty}^{0}\dfrac{x}{\sqrt{1+x^2}}\mathrm{d}x+\int_{0}^{+\infty}\dfrac{x}{\sqrt{1+x^2}}\mathrm{d}x$$
$$=\lim_{a\to -\infty}\int_{a}^{0}\dfrac{\mathrm{d}(1+x^2)}{2\sqrt{1+x^2}}+\lim_{b\to +\infty}\int_{0}^{b}\dfrac{\mathrm{d}(1+x^2)}{2\sqrt{1+x^2}}$$
$$=\lim_{a\to -\infty}\left(\sqrt{1+x^2}\Big|_{a}^{0}\right)+\lim_{b\to +\infty}\left(\sqrt{1+x^2}\Big|_{0}^{b}\right),$$

极限不存在,所以该广义积分是发散的.

2. (1) 收敛, $\dfrac{1}{2}$; (2) 发散; (3) 发散; (4) 收敛, π; (5) 收敛, 1; (6) 发散.

3. 当 $k>1$ 时收敛;当 $k\leqslant 1$ 时发散.

4. (1) 30; (2) $\dfrac{16}{105}$; (3) 24; (4) $\dfrac{\sqrt{2\pi}}{16}$.

第 七 章

习题 7.1

1. $f\left(x+y,\dfrac{y}{x}\right)=(x+y)^2-\left(\dfrac{y}{x}\right)^2$.

2. $f(x,y)=e^{\frac{x^2+y^2}{2}}xy$, $f(\sqrt{2},\sqrt{2})=2e^2$.

3. (1) $\{(x,y)\,|\,x\geqslant 1,-\infty<y<+\infty\}$; (2) $\{(x,y)\,|\,|x|\leqslant 1,|y|\geqslant 1\}$;

(3) $\{(x,y) | x^2+y^2 > 1\}$； (4) $\{(x,y) | x+y < 0\}$.   作图略.

4. 两个函数不同. 理由略.

5. (1) 1； (2) $-\dfrac{1}{4}$； (3) 1； (4) 2； (5) 2； (6) 0.

6. 略.

7. 不连续.

8. (1) $D = \{(x,y) | x^2+y^2 = 1\}$； (2) $D = \{(x,y) | y^2 = 2x\}$；
   (3) $D = \{(x,y) | y = 2x^2\}$； (4) $D = \{(x,y) | x+y = 0\}$.

习题 7.2

1. A.

2. (1) $z'_x = 2xy^2$, $z'_y = 2x^2 y$； (2) $z'_x = y\mathrm{e}^{xy}+2xy$, $z'_y = x\mathrm{e}^{xy}+x^2$；

   (3) $z'_x = \dfrac{x'_x\sqrt{x^2+y^2}-x(\sqrt{x^2+y^2})'_x}{x^2+y^2} = \dfrac{y^2}{(x^2+y^2)^{\frac{3}{2}}}$,

   $z'_y = -\dfrac{x}{x^2+y^2}(\sqrt{x^2+y^2})'_y = -\dfrac{xy}{(x^2+y^2)^{\frac{3}{2}}}$；

   (4) $z'_x = \mathrm{e}^{\sin x}\cos x\cos y$, $z'_y = \mathrm{e}^{\sin x}(-\sin y) = -\mathrm{e}^{\sin x}\sin y$；

   (5) $u'_x = \mathrm{e}^{x^2 y^3 z^5}(x^2 y^3 z^5)'_x = 2xy^3 z^5 \mathrm{e}^{x^2 y^3 z^5}$, $u'_y = \mathrm{e}^{x^2 y^3 z^5}(x^2 y^3 z^5)'_y = 3x^2 y^2 z^5 \mathrm{e}^{x^2 y^3 z^5}$,

   $u'_z = \mathrm{e}^{x^2 y^3 z^5}(x^2 y^3 z^5)'_z = 5x^2 y^3 z^4 \mathrm{e}^{x^2 y^3 z^5}$.

3. 1.

4. (1) $\dfrac{2}{5}$； (2) 0； (3) -1； (4) $\dfrac{4}{3}$.

5. (1) $z''_{xx} = -y^4 \sin(xy^2)$, $z''_{yy} = 2x[\cos(xy^2) - 2xy^2\sin(xy^2)]$,

   $z''_{xy} = z''_{yx} = 2y[\cos(xy^2) - xy^2\sin(xy^2)]$；

   (2) $z''_{xx} = \dfrac{2xy}{(x^2+y^2)^2}$, $z''_{yy} = \dfrac{-2xy}{(x^2+y^2)^2}$, $z''_{xy} = z''_{yx} = \dfrac{y^2-x^2}{(x^2+y^2)^2}$；

   (3) $z''_{xx} = 12x^2 - 8y^2$, $z''_{yy} = 12y^2 - 8x^2$, $z''_{xy} = z''_{yx} = -16xy$；

   (4) $z''_{xx} = y^2 \mathrm{e}^{xy}$, $z''_{yy} = x^2 \mathrm{e}^{xy}$, $z''_{xy} = z''_{yx} = (1+xy)\mathrm{e}^{xy}$.

6. (1) $\mathrm{d}z = \left(y + \dfrac{1}{y}\right)\mathrm{d}x + \left(x - \dfrac{x}{y^2}\right)\mathrm{d}y$； (2) $\mathrm{d}z = \mathrm{e}^{\frac{y}{x}}\left(-\dfrac{y}{x^2}\mathrm{d}x + \dfrac{1}{x}\mathrm{d}y\right)$；

   (3) $\mathrm{d}z = \dfrac{\sqrt{xy}}{2xy^2}(y\mathrm{d}x - x\mathrm{d}y)$； (4) $\mathrm{d}u = (y+z)\mathrm{d}x + (x+z)\mathrm{d}y + (y+x)\mathrm{d}z$.

7. 所需材料体积的近似值为 14.8 m³，精确值为 13.632 m³.

习题 7.3

1. (1) $\dfrac{\mathrm{d}z}{\mathrm{d}x} = \mathrm{e}^x(\cos x - \sin x)$； (2) $\dfrac{\mathrm{d}z}{\mathrm{d}x} = \mathrm{e}^{\sin x - 2x^3}(\cos x - 6x^2)$； (3) $\dfrac{\mathrm{d}z}{\mathrm{d}x} = \dfrac{1+x+3x^2}{x+x^3}$；

   (4) $\dfrac{\partial z}{\partial x} = 3x^2 \sin y\cos^2 y - 3x^2 \sin^2 y\cos y$,

   $\dfrac{\partial z}{\partial y} = -2x^3 \sin^2 y\cos y + x^3 \sin^3 y + x^3 \cos^3 y - 2x^3 \cos^2 y\sin y$；

(5) $\dfrac{\partial z}{\partial x} = \dfrac{y}{x^2(x^2-y^2)}\sin\dfrac{y}{x} - \dfrac{2x}{(x^2-y^2)^2}\cos\dfrac{y}{x}$,

$\dfrac{\partial z}{\partial y} = -\dfrac{1}{x(x^2-y^2)}\sin\dfrac{y}{x} + \dfrac{2y}{(x^2-y^2)^2}\cos\dfrac{y}{x}$;

(6) $\dfrac{\partial z}{\partial x} = 6x+5y$, $\dfrac{\partial z}{\partial y} = 5x+4y$.

2. (1) $\dfrac{\mathrm{d}y}{\mathrm{d}x} = -\dfrac{y+1}{x+1}$;   (2) $\dfrac{\mathrm{d}y}{\mathrm{d}x} = -\dfrac{\mathrm{e}^x - y^2}{\cos y - 2xy}$;

(3) $\dfrac{\mathrm{d}y}{\mathrm{d}x} = \dfrac{y^2}{1-xy}$;   (4) $\dfrac{\partial z}{\partial x} = \dfrac{y[1+(xz)^2]-z}{x}$, $\dfrac{\partial z}{\partial y} = \dfrac{y[1+(xz)^2]}{x}$;

(5) $\dfrac{\partial z}{\partial x} = \dfrac{yz-\sqrt{xyz}}{\sqrt{xyz}-xy}$, $\dfrac{\partial z}{\partial y} = \dfrac{xz-2\sqrt{xyz}}{\sqrt{xyz}-xy}$;

(6) $\dfrac{\partial z}{\partial x} = \dfrac{z}{x+z}$, $\dfrac{\partial z}{\partial y} = \dfrac{z^2}{y(x+z)}$, $\dfrac{\partial^2 z}{\partial x \partial y} = \dfrac{xz^2}{y(x+z)^3}$.

3. 略.

习题 7.4

1. A.

2. (1) 极小值 $f(-4,1) = -1$;   (2) 极大值 $f(2,-2) = 8$;   (3) 极小值 $f(1,1) = -1$.

3. 长为 $\sqrt[3]{100}$ m,宽为 $\sqrt[3]{100}$ m,高为 $\sqrt[3]{100}$ m.

4. 三个正数均为 $\dfrac{a}{3}$.

5. $\dfrac{8\sqrt{3}}{9}r^3$.

6. 点 $\left(\dfrac{a}{\sqrt{3}}, \dfrac{b}{\sqrt{3}}, \dfrac{c}{\sqrt{3}}\right)$.

7. 当生产 80 t 甲产品和 120 t 乙产品时,总利润最大,且最大利润为 $L(80,120) = 42\,000$ 元.

习题 7.5

1. (1) $\mathrm{d}x\mathrm{d}y$;   (2) 所有小闭区域中的最大直径;   (3) $\dfrac{2\pi}{3}$;   (4) $\dfrac{\pi}{3}$;   (5) $I_1 = 4I_2$.

2. (1) 16π;   (2) $\dfrac{3}{2}$.

3. (1) $\iint\limits_{D}(x+y)^2\mathrm{d}\sigma > \iint\limits_{D}(x+y)^3\mathrm{d}\sigma$;   (2) $\iint\limits_{D}\ln(x+y)\mathrm{d}\sigma > \iint\limits_{D}[\ln(x+y)]^2\mathrm{d}\sigma$.

4. (1) $0 \leqslant I \leqslant 2$;   (2) $2 \leqslant I \leqslant 8$;   (3) $36\pi \leqslant I \leqslant 100\pi$.

习题 7.6

1. (1) $\dfrac{8}{3}$;   (2) $\dfrac{3}{2}$;   (3) $\dfrac{1}{2}$;   (4) $\dfrac{1}{35}$;   (5) $1-\sin 1$;   (6) 0.

2. (1) $\displaystyle\int_0^1 \mathrm{d}y \int_{\mathrm{e}^y}^{\mathrm{e}} f(x,y)\mathrm{d}x$;   (2) $\displaystyle\int_0^1 \mathrm{d}y \int_0^{2y} f(x,y)\mathrm{d}x$;   (3) $\displaystyle\int_0^1 \mathrm{d}x \int_x^1 f(x,y)\mathrm{d}y$.

第 八 章

习题 8.1

1. (1) B； (2) B； (3) A； (4) D； (5) D.

2. 满足初始条件的特解为 $y = (4+2x)e^{-x}$.

3. $u(x) = \int (1+x)\mathrm{d}x = \dfrac{x^2}{2} + x + C$.

4. (1) $y' = x^2$； (2) $yy' + 2x = 0$.

习题 8.2

1. (1) $y = e^{Cx}$； (2) $y = Ce^{\frac{1}{2}x^2}$； (3) $\arcsin y = \arcsin x + C$；
(4) $\sin x \sin y = C$； (5) $1 + y^2 = C(x^2 - 1)$； (6) $10^x + 10^{-y} = C$.

2. (1) $y^2(1-y) = x^2$； (2) $y^2 = 2x^2(\ln|x| + 2)$.

3. (1) $y = \dfrac{1}{x}(\pi - 1 - \cos x)$； (2) $y = \dfrac{x}{\cos x}$.

4. $y = 2(e^x - x - 1)$.

习题 8.3

1. (1) $y = \dfrac{1}{6}x^3 - \sin x + C_1 x + C_2$； (2) $y = x\arctan x - \dfrac{1}{2}\ln(1+x^2) + C_1 x + C_2$；
(3) $y = C_1 e^x - \dfrac{1}{2}x^2 - x + C_2$； (4) $y = \dfrac{1}{3}x^3 + \dfrac{C_1}{2}x^2 + C_2$.

2. (1) $y = \cos x - \sin x + 2x + 1$； (2) $y = 4e^x + 2e^{3x}$；
(3) $y = 2\cos x - 5\sin x + 2e^x$.

3. $y = 1 - x$.

第 九 章

习题 9.1

1. (1) $(-1)^{n-1}\dfrac{n+1}{n}$； (2) $\dfrac{1}{2n-1}$； (3) $\dfrac{x^{\frac{n}{2}}}{2 \cdot 4 \cdot 6 \cdots (2n)}$； (4) $(-1)^{n-1}\dfrac{a^{n+1}}{2n+1}$.

2. (1) 发散； (2) 收敛.

3. (1) 发散； (2) 收敛； (3) 发散； (4) 发散；
(5) 收敛； (6) 发散； (7) 收敛； (8) 发散.

4. $\dfrac{1}{2}$.

5. (1) B； (2) C； (3) C； (4) B； (5) A.

习题 9.2

1. (1) 发散； (2) 收敛； (3) 收敛； (4) 发散； (5) 收敛；
(6) 收敛； (7) 发散； (8) 发散； (9) 收敛.

2. (1) 收敛； (2) 收敛； (3) 发散； (4) 收敛； (5) 收敛； (6) 收敛.

3. (1) 收敛； (2) 收敛； (3) 发散； (4) 发散.

习题 9.3

1. (1) 收敛； (2) 收敛； (3) 发散； (4) 收敛.

2. (1) 绝对收敛； (2) 绝对收敛； (3) 条件收敛；
(4) 绝对收敛； (5) 绝对收敛； (6) 绝对收敛.

3. (1) D； (2) C； (3) A； (4) C.

习题 9.4

1. (1) B； (2) C； (3) B.

2. (1) $[-1,1)$； (2) $(-\infty,+\infty)$； (3) $[-1,1]$； (4) $[-2,2]$； (5) $[-3,3)$；
(6) $(-5,5]$； (7) $[-1,1)$； (8) $\left(-\dfrac{1}{3},\dfrac{1}{3}\right)$； (9) $[1,3]$； (10) $(1,2)$.

3. (1) 幂级数的收敛域为 $[-1,1]$，和函数为 $s(x)=\arctan x$；
(2) 幂级数的收敛域为 $(-1,1)$，和函数为 $s(x)=\dfrac{1}{(1-x)^2}$.

习题 9.5

1. (1) $e^{-x^2}=\sum\limits_{n=0}^{\infty}\dfrac{1}{n!}(-x^2)^n=\sum\limits_{n=0}^{\infty}\dfrac{(-1)^n}{n!}x^{2n}$ $(-\infty<x<+\infty)$；

(2) $\cos^2 x=1+\sum\limits_{n=0}^{n}(-1)^n\dfrac{(2x)^{2n}}{2(2n)!}$ $(-\infty<x<+\infty)$；

(3) $x^3 e^{-x}=\sum\limits_{n=0}^{\infty}\dfrac{(-1)^n}{n!}x^{n+3}$ $(-\infty<x<+\infty)$；

(4) $\dfrac{1}{3-x}=\sum\limits_{n=0}^{\infty}\dfrac{1}{3^{n+1}}x^n$ $(-3,3)$.

2. (1) $\dfrac{1}{4-x}=\sum\limits_{n=0}^{\infty}\dfrac{1}{2^{n+1}}(x-2)^n$ $(0<x<4)$；

(2) $\ln x=\ln 2+\sum\limits_{n=1}^{\infty}\dfrac{(-1)^{n-1}}{n 2^n}(x-2)^n$ $(0<x\leqslant 4)$.

3. (1) $\sqrt{e}=e^{\frac{1}{2}}\approx 1+\dfrac{1}{2}+\dfrac{1}{2!}\left(\dfrac{1}{2}\right)^2=1.625$；

(2) $\sin 18°=\sin\dfrac{\pi}{10}\approx\dfrac{\pi}{10}-\dfrac{1}{3!}\left(\dfrac{\pi}{10}\right)^3+\dfrac{1}{5!}\left(\dfrac{\pi}{10}\right)^5\approx 0.309\ 0$；

(3) $\displaystyle\int_{0.1}^{1}\dfrac{e^x}{x}dx\approx\int_{0}^{0.1}\left(\dfrac{1}{x}+1+\dfrac{1}{2!}x\right)dx=\left(\ln x+x+\dfrac{1}{4}x^2\right)\Big|_{0.1}^{1}\approx 3.450\ 1$.

复习题参考答案

图书在版编目(CIP)数据

经济数学. 下 / 吴珊主编. — 北京:北京大学出版社,2020.8
ISBN 978-7-301-31429-6

Ⅰ. ①经… Ⅱ. ①吴… Ⅲ. ①经济数学 Ⅳ. ①F224.0

中国版本图书馆 CIP 数据核字(2020)第 120860 号

书　　　名	经济数学(下)
	JINGJI SHUXUE (XIA)
著作责任者	吴　珊　主编
责任编辑	王剑飞
标准书号	ISBN 978-7-301-31429-6
出版发行	北京大学出版社
地　　　址	北京市海淀区成府路 205 号　100871
网　　　址	http://www.pup.cn
电子信箱	zpup@pup.cn
新浪微博	@北京大学出版社
电　　　话	邮购部 010-62752015　发行部 010-62750672　编辑部 010-62765014
印刷者	湖南省众鑫印务有限公司
经销者	新华书店
	787 毫米×1092 毫米　16 开本　12.5 印张　312 千字
	2020 年 8 月第 1 版　2022 年 7 月第 2 次印刷
定　　　价	39.00 元

未经许可,不得以任何方式复制或抄袭本书之部分或全部内容。
版权所有,侵权必究
举报电话:010-62752024　电子信箱:fd@pup.pku.edu.cn
图书如有印装质量问题,请与出版部联系,电话:010-62756370